Walter Jens

Macht der Erinnerung

Walter Jens

Macht der Erinnerung

Betrachtungen eines deutschen Europäers

Artemis & Winkler

Die Deutsche Bibliothek – CIP-Einheitsaufnahme

Jens, Walter:
Macht der Erinnerung: Betrachtungen eines deutschen Europäers /
Walter Jens. – Düsseldorf; Zürich: Artemis und Winkler, 1997
ISBN 3-538-07054-7

2. Auflage 1998

Satz: Fotosatz Moers, Mönchengladbach
Druck und Bindung: Clausen & Bosse, Leck
Printed in Germany
ISBN 3-538-07054-7

Inhalt

Deutsche Europäer – Laudationes

Epilog

Für Wilfried Barner
in Freundschaft zum 60. Geburtstag

Vorwort

Die vorliegenden Prosastücke unterschiedlicher Art – Reden, Essays, Dialoge, kurze Monographien von Lokalitäten und Personen, Parallel-Viten, die Zeitübergreifendes verdeutlichen sollen, imaginäre Gespräche in der Weise Lukians – wollen in erster Linie als gesellige Erzählungen gelesen sein, die, hier Anekdote, dort persönliches Bekenntnis, dem »mittleren Stil« verpflichtet sind – einem literarischen Genus, das auf Ausgleich bedacht ist. Denkspiele, die ins Offene weisen, haben mit fundamentalistischer Rechthaberei nichts zu tun; Fragen sind ihnen wichtiger als rasche Antworten; das Florett steht in Ehren – der Fechter, der es mit Noblesse zu führen weiß und scheinbar altvorderliche Begriffe wie *Höflichkeit* niemals preisgibt, ohnehin. Anders steht's mit dem Breitschwert und dem Barden, der, die Moral des »Gutmenschen« verachtend, ein Stück erlauchtester deutscher Geschichte leichtfertig verspielt.

Unter diesen Aspekten habe ich wiederum einen imaginären Olymp nachzubauen versucht – übrigens auf Paul Hindemiths, eines der grandiosesten (und witzigsten) Epistolographen Spuren –, einen Olymp, auf dem die Meister, intelligent, weltläufig und, natürlich, kontrovers ihre Argumente austauschen: der junge David und der alte Goethe, Liebermann in Berlin und Sophokles in Athen, Montaigne und Carlo Schmid, Wolfgang Hildesheimer und Hans Küng über Johannes XXIII. diskutierend (was sie leidenschaftlich gern taten). Alle, auf unterschiedlichen Ebenen, erzählerisch vereint im Zeichen der *concordia discors,* der zwieträchtigen Eintracht über die Zeiten hinweg. (So teuer – *zu* teuer vielleicht, Magister Philipp Melanchthon? – sie auch erkauft war.)

Mai 1997 *Walter Jens*

Prolog

LOB DES GESPRÄCHS

Wer sich ans Allgemeine wagt, lautet eine alte rhetorische Weisheit, sei gut beraten, wenn er um des Erregens von Aufmerksamkeit, Wohlwollen und Lernlust willen, nicht magistral (dazu, das Allergefährlichste bei Ausstellungseröffnungen, ausufernd und pedantisch), sondern gleichsam überfallartig begänne: das Große knapp und pointiert vom Einzelnen, aber Signifikanten aus ins Blickfeld rückend – und dies aus Gründen der Ökonomie, aber auch, ich gesteh's, der Passion. »In meinen ganzen Schreibereien« – Fontane im Mai 1890 an Theodor Wolff – »suchte ich mich mit den sogenannten Hauptsachen immer schnell abzufinden, um bei den Nebensachen liebevoll, vielleicht zu liebevoll, verweilen zu können.«

Beginnen wir also, am Anfang eines bescheidenen Disputs, der den Strukturen des lukianischen Totengesprächs folgt (übersetzt übrigens einst von Reuchlin) ... beginnen wir mit einem philosophischen Diskurs, der mir über die Jahre und Jahrzehnte hinweg als Inbegriff eines idealen Gesprächs erschienen ist.

Der Schauplatz: Tübingen, eine Villa auf dem Österberg, wo der klassische Philologe und Editor Ernst Zinn zu Hause war. Die Gesprächsteilnehmer: anfangs eher stumme Statisten, die sich, je weiter der Abend voranschritt, in eine Schar enragierter Choreuten verwandelte. Der Hauptakteur: ein kleiner, schnurrbärtiger Herr, auf den ersten Blick eher buchhalterisch wirkend, auf den zweiten aber wie ein *magi-*

ster ludi, der binnen kurzem zu einem gewaltigen *soliloquium* ausholen sollte. Da freilich hatte er die Rechnung ohne den anderen Protagonisten des Abends gemacht, der nur mit Mühe an sich hielt und schon nach kurzer Zeit nicht mehr daran zu hindern war, seinen Nachbarn in der zweiten Reihe allerlei Maliziositäten ins Ohr zu flüstern (*flüstern:* ein Euphemismus): »Kein Zweifel, der Kerl ist begabt. (Pause) Aber er verharrt auf der Erde. (Lautes Schneuzen) Konservative kommen nun einmal nicht unter die Sterne. (Pause, dann beängstigend laut:) Brechen nicht auf. Unwägbarkeit und Offenheit – die Begriffe fehlen in ihrem Wörterbuch.«

Der kleine Herr auf dem Sofa jedoch ließ sich ob solchen Zwischenredens nicht im geringsten beirren (offensichtlich hatte er mit dergleichen gerechnet), lehnte sich vielmehr, kaum war der Sermon zu Ende, eher heiter zurück und gab artig Auskunft, als die Anwesenden – von denen viele, wie Schüler in einem Seminar, eifrig mitgeschrieben, andere hingegen schlichtweg gedöst hatten – ihre Fragen stellten.

Und dann, auf einmal, geschah es; nun begann jener Augenblick, der den Sermon zu einer Sternstunde, dem Inbegriff eines dialektischen (also nicht auf rüden Antithesen aufgebauten) Disputs machen sollte. Ein Teilnehmer (ich glaube, es war ein Privatgelehrter aus der Buchhandlung Gastl) stellte eine flüchtigem Anschein nach abwegige Frage, die plötzlich, niemand außer dem Privatgelehrten hatte damit gerechnet, ins Zentrum des Disputs führen sollte: »Herr Professor Heidegger, überschätzen Sie nicht doch die Bedeutung der Kunst...« Unmöglich, den Satz zu Ende zu sprechen. Der Mann, in der zweiten Reihe sitzend, sprang auf – Ernst Bloch natürlich; man hat ihn längst erkannt –, verteidigte Heidegger in einem gewaltigen, mehr und mehr ausufernden Koreferat, die Zuhörer verloren ihre Schüchternheit – und das um so mehr, als sie merkten, daß sich's dort gut einmischen läßt, wo der eine der genialere Erzähler, der andere hingegen der bei weitem bessere Dialektsprecher war. (Zwischen Meßkirch, Konstanz und Freiburg ist die berühmte – und, ach, so traurige – Replik Hebels auf eine Erkundigung Tiecks: »Sagen Sie, Herr Kirchenrat, warum schreiben Sie nichts mehr?« nun einmal sachkundiger, mit winziger schwäbischer Verfremdung, zu artikulieren als von Ludwigshafen aus: »Mir fallt halt nichts mehr ein.«)

Ein unvergeßliches Gespräch, in der Tat! Steif und divergent, zornig und gänzlich unbeeindruckt beginnend, fanden die beiden großen Philosophen (die übrigens, was gern unterschlagen wird, bis zu ihrem Tod Mitglieder der Berliner Akademie der Künste waren) im Zeichen Hebels Gemeinsamkeiten, die sie für einen Abend lang in einem Dialog Wahrheit erkennen ließ, die vorher undenkbar gewesen war. Bloch und Heidegger wurden, gut platonisch, zu Sachwaltern jenes Gesprächs, das – zu studieren in der zu Recht gerühmten Analyse und Textsammlung von Claudia Schmölders – zum Nachteil der politischen Kultur der Völker, von der Antike bis zum heutigen Tag, freilich immer noch eher ein Nischen-Dasein führt: bewundert, aber rar.

Während der Didaktiker wegen seines Scharfsinns, der sich in der Kunst des *docere* bewährt, und der Volks- oder Gerichtsredner durch großes Pathos, mitreißende Gewalt – Metapher auf Metapher gehäuft, eine bewunderswerter als die andere – und herzbewegendes Rühren der Gemüter Ruhm und Ansehen gewinnt, ist für den Sachwalter des *ethos*, den leger erzählenden, witzig, amüsant, mit Esprit und Grandezza gesegneten Gesprächs-Meister das Operieren mit bescheideneren Mitteln der Kunst das wichtigste aller Rhetoren-Geschäfte.

So betrachtet scheint es an der Zeit zu sein, die Meister des Ausgleichs, der bürgerlichen Familiarität, des demokratischen Fragen-Stellens endlich wieder in ihre Rechte zu setzen. Jawohl, der Anwalt des Gesprächs will rehabilitiert sein: gerade weil er nicht der *eine Große* ist, nicht der brillierende Kanzel-Redner und schon gar nicht der Agitator von eigenen Gnaden – ein Demagoge, der das Gegenbild zum *vir bonus* der klassischen Rhetorik abgibt.

Wohlgemerkt, hier geht es nicht um das Hohelied der Kleinen und Feinen, die sich nur auf's Team-Spiel verstehen: im Gegenteil ist auch in der Gesprächskunst der unter Gleichrangigen exzellierende Anwalt des artistischen Sermons zu allerletzt jemand, der sein Licht unter den Scheffel stellt, aber eben auch niemand aus der Gilde jener, die, ungeachtet aller Bescheidenheitsfloskeln (»die Mannschaft zählt, nicht der einzelne, das Spiel, nicht der Protagonist«), auf einen sehr persönlichen Triumph abzielen. Die Devise des wahren Gesprächsmeisters lautet vielmehr: Je besser und intelligenter die anderen sind, desto besser kann auch ich selbst mich im *mittleren,* von Eleganz und Witz geprägten Stil entfalten. (Ausnahmen gibt's natürlich immer: Montaigne zum Beispiel mochte, um des Ritter-Glanzes beim verbalen Turnier willen, von einem *remis* nichts wissen, Einklang bei Diskussionen galt ihm als unerwünscht; doch steht er eher allein mit so aristokratischem Beharren auf agonalen Prinzipien ausgerechnet in einer Gattung, die, vom 1. vorchristlichen bis zum 19. nachchristlichen Jahrhundert durch Zentralbegriffe wie »Urbanität« und »common sense«, »Bereitschaft zur Versöhnung« und »entspanntes Sich-gehen-Lassen«, »freundschaftliche Rekreation«, »erholsames Voneinander-Lernen« und »Steigerung von Erkenntnis und Einsicht mit Hilfe des Dialogs« bestimmt wird.)

Das Leitwort heißt Geselligkeit – Geselligkeit, die sich in der Form von Geben und Nehmen bewährt, will heißen: Niemand oktroyiert dem anderen seine eigene Ansicht, niemand aber redet auch dem Partner nach dem Mund und gibt derart die eigene – korrigierbare! – Meinung zum Nachteil des Gesamtgesprächs der Beliebigkeit und der Ubiquität preis – nachzulesen im interessantesten (und dazu zeitgemäßesten) Traktat über das Gespräch, Schleiermachers »Versuch einer Theorie des geselligen Betragens«, jenem bis heute immer noch nicht genug gewürdigten Diskurs, der, weitab von religiöser Engstirnigkeit, einen freien Disputationsstil für verbindlich erklärt, in dem Großes und Kleines, das Haus und die Gesellschaft derart miteinander kommunizieren, daß sich, so Schleiermacher, am Ende ein Zustand ergibt, »der die Sphäre eines Individuums in die Lage bringt, daß sie von den Sphären anderer so mannigfaltig als möglich durchschnitten werde, und jeder seiner eignen Grenzpunkte ihm die Aussicht in eine andere und fremde Welt gewähre, so daß alle Erscheinungen der Menschheit ihm nach und nach bekannt, und auch die fremdesten Gemüter und Verhältnisse ihm befreundet und gleichsam nachbarlich werden können. Diese Aufgabe wird durch den freien Umgang vernünftig sich untereinander bildender Menschen gelöst«.

Freie Geselligkeit als Fundament einer humanen Sozietät, geprägt durch ein *schickliches,* will heißen, die Interessen aller Teilnehmer reflektierendes Gespräch, das von jedem Einzelnen, so Schleiermacher, zugleich *Elastizität* (sonst wäre Kommunikation unmöglich) als auch, der andere Zentralbegriff, ein gewisses Maß an *Undurchdringlichkeit* verlangt (fehlte sie, man verharrte bei unverbindlicher Plauderei): Ist das, am Ende dieses Jahrhunderts, im Zeichen von

Gruppen-Isolation und ubiquitären, auf pure All- und Unverbindlichkeit abzielenden Internet-Angeboten, nichts als ein liebenswerter Versuch, demokratische Gesprächs-Überlegungen, wie sie in den rhetorischen Lehrbüchern stehen, neu zu beleben – grundsympathisch, aber obsolet?

Die auf der Dialektik von *solitaire* und *solidaire* beruhende Diskurs-Fähigkeit freier und gleichberechtigter Bürger – zusammengefaßt in Jürgen Habermas' Begriff der herrschaftsfreien Kommunikation –: ein Anachronismus, nichts weiter? Schleiermachers Chiffre *Gewandtheit* als *conditio sine qua non* einer sich im Gespräch bewährenden Humanität (»kein mir bekanntes Wort drückt besser die Fähigkeit aus, sich in jeden Raum zu fügen und zugleich in seiner eigensten Gestalt dazustehen und sich zu bewegen«): ein hochidealistisches Konstrukt und nicht mehr? Ich denke nein – für mich ist gerade Schleiermachers Traktat ein Entwurf, der geeignet sein könnte, dem Diskurs zwischen den Deutschen in Ost und West verläßlicher Helfer zu sein. *Elastizität* und *Entschiedenheit*, unter dem Oberbegriff *Gewandtheit* miteinander verbunden – könnte das nicht eine Formel sein, mit deren Hilfe dort operiert werden mag, wo die Fähigkeit, sich in andere hineinzuversetzen und ihre Gedankenwelt dem eigenen Kosmos gleichzustellen (ein zentraler Topos der europäischen Gesprächs-Literatur), mit gelassenem, von fundamentalistischer Selbstgewißheit weit entferntem Betonen des je Eigenen zu verbinden ist?

In einem Augenblick, da die Deutschen in Ost und West weiter denn je voneinander entfernt sind, täte uns ein Rekurs auf die großen Meister des von Zartheit, Ambivalenz, Unangestrengtheit, Ironie und Konzilianz geprägten Gesprächs (zu denen natürlich auch die entsprechenden Gegenbilder gehören – man denke an den Feind aller

Causeure, Fragensteller, Unentschiedenen und tiefmenschlichen Zweifler: den dröhnenden Ideologen Baron Neuhoff aus Hofmannsthal *Schwierigem*) ... in einem solchen Augenblick täte uns eine Besinnung auf die mit den Grundprinzipien der weltoffenen, durch keine gesellschaftlichen Rang-Ungleichheiten, welcher Art immer sie seien, bestimmten Gesprächsprinzipien schon deshalb gut, weil sie uns, nicht zuletzt durch blitzartig ins Spiel gebrachte Diskurs-Verweigerer, von der Unverzichtbarkeit des Gesprächs in einer humanen Gesellschaft überzeugte, von ihrer Würde, aber auch von ihrer Gefährdung, ja Vernichtung in Diktaturen.

Erinnern wir uns – ich wähle ein charakteristisches Beispiel – an den 1. Oktober 1933, den Tag der Premiere *Nathans des Weisen*, eines Stücks, das auf »arischen« Bühnen nicht mehr gespielt werden durfte (an seiner Stelle hatte, dekretiert und öffentlich bekanntgegeben, der *Kaufmann von Venedig* zu treten, mit Shylocks Hohn- und Spottfigur): In der ersten Spielstätte des Jüdischen Kulturbundes, dem Berliner Theater in der Charlottenstraße, noch einmal *Nathan*, in Szene gesetzt unter den Augen der Geheimen Staatspolizei; noch einmal das »Judenstück«, herablassend beobachtet vom Propagandaministerium und geduldet, weil sich von den Schauspielern bis zu den Logenschließern und Garderobenfrauen nur Juden im Theater aufhalten durften.

Noch einmal Nathan, dessen Söhne Opfer des Holocausts wurden – gespielt vom Schauspieler Kurt Katsch als einsamem Mann, der, bevor der Vorhang fällt, stumm zu seinem Betpult zurückkehrt, um so zu verdeutlichen, daß das Gespräch zu Ende sei.

Hätte man's wissen können, wie nahe das Unheil vor der Tür stand, beim Flüstergespräch hinter vorgehaltener Hand in der Charlottenstraße – diesem ach so kläglichen Disput in den Zirkeln des Max-Reinhardt-Publikums? (»Wir bitten unsere Mitglieder dringend«, so das Programmheft, »jede große Autoauffahrt vor dem Haus zu vermeiden und ... zu berücksichtigen, daß wir Repräsentanten einer in Not befindlichen Gemeinschaft sind und auf politische Gespräche jeder Art zu verzichten haben.«)

Ich denke, es ist bewegend zu sehen, wie, als Hinweis auf den bevorstehenden Holocaust, zuerst das Gespräch verboten und eine Kommunikationslosigkeit verfügt wurde, die von den Juden um des Überlebens willen zu akzeptieren war – hinzunehmen in großer Traurigkeit über jenen im Zeichen der Gesprächsverweigerung der Nationalsozialisten vollzogenen Heimatverlust der Israeliten, den Hellsichtige längst vorausgesehen hatten, Ernst Simon in Palästina zum Beispiel, der schon 1929 die These vertrat: »Kein lebendiger Jude hat den Nathan, und sei es auch nur als Modell, mitgezeugt; aber Nathan hat, in Verbindung mit der sozialen, politischen und geistigen Entwicklung, Hunderttausende von Scheinjuden nach seinem Ebenbilde gemacht. Wir aber, die wir Lessings tapfere Humanität nur allzusehr, gerade in unserer jungen Nationalbewegung brauchen könnten, wenden uns dennoch von seinem blassen ... Judenbilde ab und hören lieber mit Heinrich Heine in der Nacht des Jom Kippur Shylocks Stöhnen und Rufen: ›Jessica, mein Kind!‹«

Hatte er recht, Ernst Simon, als er das Schweigen der Juden geißelte, die auch dann noch um die Assimilation kämpften, als längst sichtbar geworden war, wie gnadenlos das Gesprächsverbot war? Vergebens die Berufung auf Lessing, der, dies sei nicht vergessen, im Jüdischen Kulturbund kongenial dargestellt wurde: Der Regisseur Karl Loewenberg und der Protagonist Kurt Katsch waren im Recht, als sie vor dem Finale den verstummten und resignierten Nathan am Betpult allein ließen und derart die Szenenanweisung des Stücks (»unter stummen Wiederholungen allerseitiger Umarmungen fällt der Vorhang«) sinnfällig machten. Ein sprachloser, sich dem starren Reglement der Konvention fügender Nathan verweist auf das Ende des lebendigen Gesprächsaustauschs zwischen Menschen, die zugleich sie selbst und anders sein dürfen und dabei in freiem Diskurs über private und öffentliche Probleme – das eine so wenig wie das andere reglementierbar – in gleicher Weise die Welt, wie sie ist, und die Welt, wie sie sein könnte, veranschaulichen: »Was nicht Gegenstand des Gesprächs werden kann«, heißt es in Hannah Arendts *Rede über Lessing. Von der Menschlichkeit in finsteren Zeiten* … »Was nicht Gegenstand des Gesprächs werden kann, mag erhaben oder furchtbar oder unheimlich sein, es mag auch eine Menschenstimme finden, durch die es in die Welt hineintönt; menschlich gerade ist es nicht. Erst indem wir darüber sprechen, vermenschlichen wir, was in der Welt, wie das, was in unserem eigenen Interesse vorgeht, und in diesem Sprechen lernen wir, menschlich zu sein.«

Das sind Sätze, denke ich, die – noch einmal sei's gesagt – gerade heute gelten, da die Menschen aus zwei deutschen Staaten immer weniger über eine unterschiedliche, aber die Gegenwart mit-bedeutende und die Zukunft präfigurierende Denkweise wissen, über ihrer beider Einsamkeit, ihre zerschlagene und ihre unter Ängsten und Mühen neu aufzubauende Sozialität.

In solchem Augenblick sind wahrer, jahrzehntelang außer Kraft gesetzter Gesprächskultur entsprechend, Menschen gefragt, die sich in andere, als Gleichberechtigte, hineinversetzen können, um auf diese Weise die Würde und Schönheit der Partnerschaft ins Licht zu setzen – nicht magistral, sondern human, bescheiden, ehrgeizlos und lustig, eher in Lessings und Fontanes als in Montaignes Weise.

Brückenbauer, die sich im Gespräch bewähren, sind hier und heute gefragt, keine Polarisierer, sondern Menschen, denen es darum zu tun ist, das Trennende im Akt phantasievollen Eingedenkens durch die Benennung exemplarischer Details sichtbar zu machen – der grundverschiedenen Zeitbemessung zum Beispiel: Sagt jemand, der in der DDR gelebt hat, anno 96: »Ach, das war doch nach dem XI. Plenum«, so fragt der Westdeutsche: »Von welchem Land wird hier gesprochen – der Sowjetunion etwa?« Oder – ein zumal für die Sachwalter kirchlichen Lebens signifikantes Exempel: Gibt der Amtsbruder aus dem Osten zu bedenken: »Es ist, trotz allem, vieles besser geworden, nach dem 6. März«, neigt der Konfrater aus dem Westen, der nichts von dem Gespräch zwischen Erich Honecker und Bischof Schönherr, anno 78, weiß, voller Bewunderung das Haupt: Was die sofort parat haben, an historischem Wissen, die Schwestern und Brüder in Brandenburg und Sachsen-Anhalt! 6. März – natürlich! 1521! Luther wird vom Kaiser nach Worms geladen, »um der Lehren und Bücher halben, die von dir ausgegangen sein, Erkundigung zu empfangen«.

Auf der anderen Seite aber: Was wissen, in offenem, allem Autoritätsanspruch fernen Gespräch erörtert, die Ostdeutschen von jenen Exerzitien, mit deren Hilfe sich Christenmenschen in Heidelberg oder Tübingen auf die Demonstrationen vor Mutlangen einrichteten? Was von den Rollenspielen – gerade wie zu Thomasius' Zeit oder im Tübinger Adels-Konvikt, dem collegium illustre –: »stelle dir vor, du seist Polizist. Was würdest du denken, wenn du uns forttragen müßtest?«

Kurzum, was nottut, hier und jetzt, ist vor allem anderen, sich, belehrt durch die von der Rhetorik vorgegebenen Muster einer demokratischen Streitkultur, in höflichen und behutsamen Sermonen, ehrlich und vorurteilslos, miteinander bekannt zu machen: paritätisch natürlich, Frauen und Männer in bunter Reihe – politisch beredte Herren und Damen, die mit Luthers Weibspersonen nicht das geringste zu tun haben: die nämlich konnten sich, wie man weiß, nur über Haushaltsfragen ergehen – das freilich mit ciceronianischer Verve: »Aber wenn sie«, so Luther, »über öffentliche Angelegenheiten sprechen, so taugt das nicht. Denn wenn es ihnen auch an Worten nicht fehlt, so fehlt es ihnen doch am richtigen Verständnis für die Sache – wenn sie daher über öffentliche Fragen [im Gespräch] reden, so ist das derart wirr und unpassend, daß nichts darüber hinausgeht. Daher ist klar, daß die Frau für den Haushalt geschaffen ist, der Mann aber für das öffentliche Leben.«

Tempi passati, gottlob. Vergessen wir nicht, daß zur Vervollkommnung eines wahren, also toleranten und von wechselseitigem Geben und Nehmen bestimmten, dazu, wenn irgend möglich, fontanesk plauderhaften und amüsanten Gesprächs zwei Vertreter der species humana – dies beweist aufs schönste die europäische Romanliteratur – von besonderem Gewicht sind: geistliche Herren und beredte Frauen, also unterhaltliche Damen im Stil Fontanes oder Thomas Manns (von Stine und Lene bis hin zur Mut-em-enet in der *Joseph*-Tetralogie), eine Garde charmanter Wohlrednerinnen, aller Gesellschaftskreise, wohlgemerkt, die Pittelkow schlägt sämtliche Barone und Grafen mit Natürlichkeit und Witz in die Flucht, während sich manche Männer, Hans Castorp an der Spitze, ihnen gegenüber wie rechte *Stiesel* ausnehmen. (Wie man in Hamburg sagt.)

Wäre ich am Ende dieses kleinen Toasts genötigt, Symposiarchen zu benennen, Tischgesprächs-Meister(innen) also, deren Amt Immanuel Kant ebenso exakt wie witzig bestimmte (um Gotteswillen keine Stille während des Gesprächs: »Man muß einen Gegenstand, der unterhaltend ist, beinahe erschöpfen, ehe man zu einem anderen übergeht«) … hätte ich, aus einer imaginären Schar gestandener Unterhaltungs-Künstler eine Handvoll Souveräne des Tisch-Disputs in ihr Amt einzuweisen, dann würde ich mich zunächst einmal weigern, auch nur *ein* Wort zu den unsäglichen, durch ein stereotypes »wir sehen uns noch« – was so viel heißt wie: »die sind wir los« – charakterisierten cocktail-parties zu sagen – und kein Wort auch zu den Strategien, mit deren Hilfe Monsieur und Madame beim Entrée strategisch exakt berechnen, mit welchem Gast sie in wie langer Zeit welche Geschäfte tätigen müßten, statt dessen aber neben den causierenden Damen aus Petersburg, Brighton on Sea, Paris, Deauville, Heringsdorf oder Berlin Pfarrer herbeirufen, Pastor Wunderlich zum Beispiel, der in Thomas Manns *Buddenbrooks* so akkurat und feinsinnig zu sprechen versteht, als wäre er gerade aus einer lübischen Schleiermacher-Gesellschaft gekommen, »den Kopf ein wenig zur Seite geneigt, ein feines und spaßhaftes Lächeln auf seinem weißen Gesicht und die freie Hand in zierlichen kleinen Gesten bewegend, in dem freien und behaglichen Plauderton, den er auch auf der Kanzel bewahrte. (…) ›Und wohlan, so lassen Sie sich denn belieben, ein Glas dieses artigen Tropfens mit mir zu leeren.‹«

Und das, wurde mir berichtet, könnte vielleicht auch am Schluß dieser kleinen Soireé – 500 Jahre Tübinger Rhetorik – möglich sein. Vielleicht! Emeriti, auch wenn sie Institutsgründer sind – 30 Jahre Rhetorisches Seminar –, mögen sich damit begnügen, zum Schluß ihrer Laudatio im Stil vergangener Zeiten das Motto benennen, Goethes *Märchen* entnommen, dem ihre Darlegungen folgten: »›Was ist herrlicher als Gold?‹ fragte der König. ›Das Licht‹, antwortete die Schlange. ›Was ist erquicklicher als Licht?‹ fragte jener. ›Das Gespräch‹, antwortete diese.«

Das Gespräch – eines der höchsten Güter in einer freien Gesellschaft, unverzichtbar, bedroht und verteidigungswert! Das Gespräch, dessen Finessen und Strukturen, verbale Tricks und Inszenierungen auf verschiedenen Stilhöhen (meist der mittleren) im Seminar für Allgemeine Rhetorik vor Jahr und Tag derart durchexerziert wurden, daß die Studierenden – inzwischen längst zu bedeutenden Publizisten utriusque generis gereift – sich befähigt sahen, Lieblingsfiguren auszusuchen, die sie hernach, Zeit und Raum überspringend, in Komposition und Stil angemessen zusammenführen konnten: Emma Bovary und Effi Briest, Hamlet und Machiavell, Schachgroßmeister Steinitz und Anton Bruckner, Clara Zetkin und Christa Wolf (im beinahe frauenleeren Parlament), Dubslav von Stechlin auf einer Wahlversammlung der Grünen. Da gewannen, Semester für Semester, Probleme der Zeit, gespiegelt in Personen, eine Luzidität, die ich, dem Beispiel meines großen Vorgängers Ludwig Uhland folgend, gar zu gern noch einmal aufglänzen lassen würde – mit der idealen Besetzung, wie sich versteht: Angelsächsische und mediterane Liebhaber der Geselligkeit, die lieber über das Wetter reden als über die Trinität, Seit an Seit mit jenem Unvergleichlichen, der selbst aus Brieffetzen Gespräche komponierte, wie sie geistreicher und allein darum im deutsch-deutschen Gespräch sympathetischer nicht zu denken sind. Man höre! »Mamas Laune ist verhältnismäßig sehr gut. Heute früh hatte sie das Bedürfniß sich zu unterhalten und trotzdem ich gern noch weiter geschlafen hätte, entspann sich, völlig vom Zaun gebrochen, folgendes Gespräch:

Sie. Ich weiß nicht wie die Frommen so gegen das Verbrennen sein können; Asche und Erdenstaub ist doch ganz dasselbe, wenn sich's um Auferstehung handelt.
Ich. Ja, so sind die Frommen. Der Kaiser red't auch so.
Sie. Ja, der. Das macht, weil sie immer eine Wand um sich 'rum haben. Er sollte nur mal unerkannt durch die Straßen gehn und hören wie das Volk spricht, so wie Hassan.
Ich. Harun.
Sie. Harun al Hassan. Uebrigens find' ich, daß Friedels neuer Anzug sehr gut sitzt.
Ich. Ja.
Sie. Und ich will auch gleich mal nachsehn ob mein Knie heilt. (Sie thut es.) Ja, es heilt. Ich habe so sehr gesunde Säfte.
Ich. Ja wohl.

Ich muß sagen, daß solche kleinen Erlebnisse sehr zu meiner Erheitrung beitragen.« – So Fontane am 15. Juli 1896 an Tochter Mete.

Nein, besser geht's wirklich nicht: fragt sich nur, wo fände er statt, unser – *gymnastikos* à la Lessing inszenierter – Schlußsermon zu Ehren und zum Lob des Gesprächs? Nun, natürlich dort, wo wir unseren Essay begannen – in Tübingen, und zwar im Ambiente der einzig möglichen Lokalität dieser Stadt, dem Evangelischen Stift, wo, wie man weiß, Wilhelm Hauff einst den Satan akademische Würden erwerben ließ: Diabolos, Promovend und Doktorvater in einer

Person. Zu Füßen des Schloßbergs also, stelle ich mir vor, öffnete der Ephorus den Debattierenden die Tür und Dubslav von Stechlin introduzierte, thematisch-präzise, mit der ihm eigenen Bonhommie die Rede über die Rede: »Schweigen kleidt' nicht jeden. Und dann sollen wir uns ja auch durch die Sprache vom Tier unterscheiden. Also wer am meisten red't, ist der reinste Mensch.« Womit der Disput zwischen dem Meister und seinen Partnern, Männern und Frauen, die wir Rhetoriker nach oft erprobter Weise schon zu finden wüßten, tatsächlich begänne ... *vorläufig* zumindest, da Dubslav, dem offenbar erst jetzt klar zu werden begänne, auf wie illustrem Boden er sich in Tübingens geistlicher Anstalt befände, um seines märkischen Seelenheils willen wissen ließe, er sei zwar eigentlich kirchlich (»wenigstens kirchlicher als mein guter Pastor [es wird immer schlimmer mit ihm], aber ich bin so im Ausdruck mitunter ungenierter, als man vielleicht sein soll, und bei ›niedergefahren zur Hölle‹ kann mir's passieren, daß ich nolens volens ein bißchen tolles Zeug rede ... Muß ich mich [also] in acht nehmen?«).

Nun, der Ephorus, denke ich, winkte, zu Domina Adelheids Entsetzen, mit serener Toleranz ab und zitierte Lessing: »Hier sage jeder, was ihm Wahrheit dünkt, und die Wahrheit selbst sei Gott empfohlen.«

Und damit begänne dann definitiv eines jener Gespräche, deren Sozialität und Menschlichkeit auf wenigen Antworten – selbst sie, verfremdend, in Anführungszeichen gesetzt – und unerschöpflichen Fragen beruht.

Darüber war nachzudenken an diesem Abend – im Zeichen der rhetorica docens et utens, deren phantasievolle Entwürfe ein Miteinander ins Blickfeld rücken, in dem sich, als verpflichtende Summe, gesellschaftliche Gleichheit *und*

Verschiedensein verwirklichen können – und zwar nicht nur im Unisono höfisch-steifer Umarmung, sondern im vielzüngigen, quicklebendigen Gespräch an der Grenze von Prosa und Poesie.

Staat und Stadt

NACHDENKEN ÜBER DEUTSCHLAND

Nachdenkend über Deutschland, das eine (herrschende) und das andere (und bessere), versuche ich, eingangs, unsere Geschichte gleichsam »von unten« zu betrachten, aus ungewohnter, aber unverzichtbarer Perspektive, und die Befreiung Deutschlands vom Nationalsozialismus mit den Augen jener zu sehen, der Juden vor allem, die einen Blutzoll entrichten mußten, der bald darauf zum Vor-Zeichen der Zerstörung eines Landes werden sollte, des *alten* Deutschlands, das es, Vereinigung hin, Vereinigung her, *so* niemals wieder geben wird: geprägt, in seiner Kultur, nicht zuletzt durch jüdische Menschen, die Bürger und nicht nur Mit-Bürger waren.

Gedenken also soll am Anfang von Überlegungen stehen, die durch Verse eingeleitet werden, in denen die Vernichtung von Menschen und Städten in Deutschland Symbolcharakter gewinnt: Das Brennen der Kirchen, anno 1945, im Bombenhagel, weist, bedachtsam gelesen, auf die Brände sieben Jahre vorher zurück: als die Synagogen in Flammen standen.

Da Christus brennend sank vom Kreuz – o Todesgrauen!
Es schrien die erzenen Trompeten
Der Engel, fliegend im Feuersturm.
Ziegel wie rote Blätter wehten.
Und heulend riß im wankenden Turm
Und Quadern schleudernd das Gemäuer,

Als berste des Erdballs Eisenkern.
O Stadt in Feuer!
[...]
Hier war kein Gesetz. Es schrieb das Leid
Mit aschiger Schrift: Wer kann bestehn?
Denn nahe war die Zeit.
O öde Stadt, wie war es spät,
Es gingen die Kinder, die Greise
Auf staubigen Füßen durch mein Gebet.
Die löchrigen Straßen sah ich sie gehn.
Und wenn sie schwankten unter der Last
Und stürzten mit gefrorener Träne,
Nie kam im Nebel der langen Winterchausseen
Ein Simon von Kyrene.

Wer wissen möchte, wie es anno 1945 aussah in Deutschland; wer die Not des Krieges, das Elendslos der Kreatur, die Zerstörung der Gräber, das Ende derer, die, bevor die Himmelsgeschwader kamen, noch am Leben waren, und den zweiten Tod der Gestorbenen in ihrer Ruhe, die sich in Höllenlärm verwandelte, so leibhaftig vor Augen sehen möchte, wie kein Bild es je darstellen könnte, der lese Peter Huchels Gedicht *Bericht des Pfarrers vom Untergang seiner Gemeinde* – einen Epitaph, der, geschrieben in der Weise des Andreas Gryphius, nicht nur den Menschen in der DDR, die diesen jesuanischen Traktat wie einen Kassiber bewahrten (»Pfarrer« und »Gemeinde«, »Christus« und »Simon von Kyrene« als Leit- und Gegenbegriffe in widriger Umgebung), sondern in gleicher Weise den Überlebenden von Hamburg und Köln, Frankfurt und Freiburg bezeugte: »Ja, so ist es gewesen, damals im Krieg, als die Kirchen brannten, die Keller zusammenstürzten und die Kinder um Hilfe riefen, in ihren

Gräbern aus Holz und Beton.« – »Hier war kein Gesetz«, heißt der Schlüsselsatz des Gedichts – ein Diktum von vier Worten, das, über den Untergang der kleinen und großen Gemeinden derer, die sich damals, vor fünfzig Jahren, noch zu Jesus Christus bekannten, hinaus auf eine andere, dem Juden am Kreuz nah verbundene Menschengruppe verweist, deren Gotteshäuser schon Jahre zuvor, im November 1938, in Flammen standen: Der Brand der Synagogen leuchtete den Feuerstürmen in den Städten voraus.

Wer geglaubt hatte, es sei, folgenlos, nur Wind gesät worden, in den Stunden eines als »Reichskristallnacht« verharmlosten, in Wahrheit von Brand und Mord gezeichneten Dunkels, hatte sich gründlich getäuscht: Spätestens fünf Jahre danach, im Inferno von Lübeck und Hamburg, Freiburg und Leipzig, Berlin und Dresden, als Deutschlands Städte sich, mit Erich Kästner zu sprechen, in Sodom und Gomorrha verwandelten, mußte erkannt werden, daß Orkane geerntet worden waren.

Hier war kein Gesetz. Kein Tag war zu kurz, um Gott zu erkennen: Ich denke, die Worte des Pfarrers aus Peter Huchels Gedicht erhalten erst dann ihre eigentliche, über das Heute hinausdeutende Verweiskraft, wenn man sie aus der Sichtweise jener geschundenen Juden betrachtet, deren Einsamkeit, beginnend im April 1933, nicht erst im Zeichen von Pogrom und Gas auf die – wie bald! – in Schutt und Asche versinkenden Städte vorauswies.

Stellvertretend für alle Juden Deutschlands hat Berlins großer Rabbiner Joachim Prinz schon anno 1935 geschrieben: »Das neue Ghetto ist ein Leben in den vier Wänden. Es ist ein Leben ohne Dinge, ohne Echo, ohne ›Leben‹. Es wird zum Schemen. Jetzt im Herbst fährt man durch rot gefärbte Wälder, die der Nadelwald scharf kontrastiert. Man denkt an die Tage von einst: Der Ausflug am freien Tag, die Wanderung, die Fahrt der Jugend – ach, wie kümmerlich ist das alles für uns geworden! Auf den Weinbergen stehen fröhliche Menschen. Sie singen. Durch die Straßen der Stadt fahren die Karren mit den großen Holzbottichen, die den Most aufnehmen sollen. In den Wirtshäusern ... mit den großartig zierlichen Ornamenten der Fachwerkhäuser und den geraden Straßenzeilen wird eifrig gesäubert. Unsere Menschen hatten einmal an alledem Anteil. Am Lied und am Wein. ›Schon hebt sich auch das Herbsten an‹, haben wir einmal gesungen. Das ist zu Ende.«

Geschrieben wenige Jahre, bevor jenen, deren Intelligenz wie kaum eine andere Bevölkerungsgruppe die Kultur unseres Landes bestimmt hat, zur Kenntnis gegeben wurde: »Die Befestigung des Judensterns mit Druckknöpfen, Sicherheitsnadeln, Stecknadeln oder ähnlichen Behelfen ist unzulässig und wird strengstens mit staatspolizeilichen Mitteln geahndet werden« – eine Order an Juden in Deutschland, die es unbedingt vermeiden müßten, vor Geschäften Schlange zu stehen; Juden, die keine Frisöre, keine öffentlichen Büchereien, keine Telefonzellen aufsuchen durften; Juden, denen es verboten war, einen Kanarienvogel zu halten; Juden, die, in totaler Einsamkeit, sich nur auf einem kleinen, genau umschriebenen, eng begrenzten Terrain zu bewegen hatten – Juden, deren Namen vergessen worden sind, keine Tafel, irgendwo an einem Haus, erinnert an sie, erinnert an Menschen, die nicht zu anonymen Opfern verdinglicht sein wollen, sondern – endlich! – wieder ihre Unverwechselbarkeit zurückgewinnen müssen: als Individuen, die personale Trauer und kein Registrieren in administrativer Weise verdienen – so, als triumphierte die Verwaltung noch im Angesicht des Todes – ja, gerade da.

Das Wort *Opfer* kollektiviert und läßt millionenfach unterscheidbares Leben in einer Formel gerinnen. Opfer – das ist leicht gesagt – *zu* leicht. Erst wenn ein Name, ein Schicksal, ein Leiden, ein Quentchen Hoffnung auftaucht, tritt das, was *war* (und sich nie wiederholen darf) in die Dimension der Gegenwart ein.

Brief der Chirurgischen Abteilung des Krankenhauses der Israelitischen Gemeinde an die Straßenbahnverwaltung der Stadt Frankfurt am Main vom 13. Februar 1942: »Der hier in stationärer Behandlung befindliche Karl Israel Hirsch wird mit Genehmigung des Stadtgesundheitsamtes im Universitätsröntgeninstitut wegen einer Geschwulst bestrahlt. ... Der körperliche Zustand des Patienten macht es ihm unmöglich, den Weg zu Fuß zurückzulegen. Wir ersuchen Sie daher höflich, für den obengenannten Patienten und eine Begleitschwester die Benutzung der Straßenbahn ausschließlich für den Weg Gagernstraße – Städtisches Krankenhaus und zurück für die Dauer der Strahlenbehandlung genehmigen zu wollen.« Unterzeichnet: Dr. Werner Knulp.

Wer war dieser Mann? Und was wurde aus Karl Israel Hirsch? Gestorben an seinem Tumor? Genesen, um danach ins Gas geschickt zu werden? Was – wir fragen weiter, indem wir den Anzeigenteil einer Nummer der *Jüdischen Rundschau* aufschlagen –: Was ist aus dem Mann geworden, der am 17. September 1935 das Inserat aufgab: »Moskito-Bettnetze für Erez [Israel], passend für jede Lagerstatt, sehr faltig gearbeitet, Reichsmark 15.– A. Danzinger, Breslau, Kaiser Wilhelm Straße 11. Palästina-Ausrüstungen.«

Unzählige Fragen, wenige Antworten: Wie haben die Universitätsprofessoren in Hamburg die Demütigung ihrer jüdischen Kollegen aufgenommen? Wie die Vertreibung von Männern wie Ernst Cassirer, dem ersten Rektor israelitischer

Abstammung an einer deutschen Universität – eine Ehre für Hamburg –, wie die Emigration von Erwin Panofsky oder William Stern? Was wußte man vom jüdischen Kulturbund in der Hartungstraße, einem Ort, von dem aus später die Transporte nach Auschwitz gingen? Wer gedachte des Oberrabbiners Joseph Carlebach, der mit seiner Frau und drei Kindern im Konzentrationslager Jungfernhof bei Riga ermordet wurde? Was wurde, nach dem Pogrom vom November 1938, über den Abriß der Synagoge am Bornplatz erzählt, dessen Kosten die jüdische Gemeinde zu bezahlen hatte? Wo – nochmals – sind die Tafeln: *Hier wohnte einmal; hier hat gelebt …*

Der Pfarrer in seiner Gemeinde, ein todkranker Mann, ein Unternehmer auf Abruf, eine Reihe von illustren Professoren, Koryphäen wie Cassirer und Panofsky, ein Oberrabbiner – Momentaufnahmen aus Lebensläufen von deutschen Menschen, die zu bedenken und, im Akt sorgfältigen Eingedenkens, zu bewahren unsere Aufgabe ist: die Pflicht von Bürgern, deren Erinnerungsbereitschaft über die Kultur in unserem Lande befindet. Humanität im Hier und Jetzt ist undenkbar, wenn wir nicht lernen, menschlich, das heißt, auf die *Einzelnen* schauend, mit unseren Toten umzugehen: mit den Kindern, die in Dresden verbrannten und – wer weiß? – Töchter und Söhne von Eltern waren, die nicht wegsahen, als der Gemeindediener Leo Jehuda Schornstein zur Belustigung einer gaffenden Menge erniedrigt wurde … fromme Geräte und Gewänder, Zylinder und Thora-Kronen als Karnevals-Attribute verhöhnt.

Und dann die Deserteure, die von einer gnadenlosen Militärjustiz zum Tod verurteilt wurden! All die Gefallenen, die so gern gelebt hätten und statt dessen für Führer, Volk und Vaterland in den Krieg ziehen mußten. Und abermals und immer wieder die verhöhnten, gefolterten, ermordeten Juden! Die Sinti und Roma! Die Bibelforscher! Die Märtyrer der entschiedenen Linken! Die Deportierten! Ich denke, wir haben in Deutschland Geschichte zu lange nur von oben betrachtet, aus der Perspektive der Sieger und nicht aus der Sicht jener, die im Dunkel waren statt im Licht. Wer von uns erinnert sich nicht des Prachtgemäldes des wilhelminischen Hofmalers Anton von Werner, auf dem die Kaiserproklamation von Versailles zu sehen ist, mit Bismarck im Zentrum, dem Heros in der weißen Kürassieruniform (in Wahrheit trug er einen dunklen Rock), Moltke neben ihm, dahinter, eingefügt auf allerhöchsten Wunsch, der Kriegsminister Roon?

Ein prächtiges Bild; die Älteren haben es in der Schule studiert; aber wer von unseren Lehrern hat uns erzählt, daß am gleichen Tag, da sich im französischen Schloß die Notabeln des Reichs, Diplomaten und Fürsten, gekrönte Häupter und Emissäre der Höfe (Volksvertreter waren nicht geladen) zu einer Zeremonie vereinten, über die Prinz Otto von Bayern an seinen Bruder König Ludwig schrieb: »Alles so kalt, so stolz, so glänzend, so prunkend und großtuerisch und herzlos und leer« ... wer hat uns, mit Hilfe pädagogischer Verfremdungskunst, berichtet, daß im Januar 1871 Bismarcks Gegenspieler in erheblich bescheidenerem Ambiente einer eher prosaischen Tätigkeit nachging: August Bebel, inhaftiert in einem sächsischen Gefängnis, zählte auf seiner Matratze (ein Bett gab es nicht; dafür, auf einem Bord, Wasserkrug, Neues Testament und Gesangbuch) ... August Bebel zählte – aber spreche er selbst!

»Sehr rasch entdeckte ich ... zu meinem großen Unbehagen, daß ich die Zelle nicht allein bewohnte; diese wimmelte von Ungeziefer. Nun, ich hatte Zeit zur Jagd, und ich war dabei erfolgreicher als Moltke mit seiner Hoffnung auf die Creisauer Hasen. Die weiße Wolldecke wurde zur Falle. Ich hatte bald eine Rekordhöhe erreicht. Ich tötete an einem Tag, meine Leserinnen mögen nicht erschrecken, einundachtzig der braunen Kerle, die man Flöhe nennt.«

Die Kaiserkrönung von Versailles aus der Perspektive eines Mannes betrachtet, der, jämmerlich frierend, während des Winters die armen Teufel im Feld bedauerte, *Deutsche wie Franzosen,* die »bei Kälte, Schnee und Eis« gegeneinander in den Kampf ziehen mußten: wie bombastisch und phrasenhaft nimmt das Zeremoniell sich aus: ein Ritual, zu dem das Volk nicht zugelassen war – es hätte gestört.

Wer Geschichte, im vereinten Deutschland, zur Beförderung der Aufklärung betrachten will, ist gehalten, das Schloß von der Zelle aus ins Blickfeld zu rücken und die Reichskanzlei mit den Augen jenes Inhaftierten anzuschauen, der, während Hitler hofhielt und die Nationalsozialisten unter dem Applaus der Welt die Olympischen Spiele vorbereiteten, im Konzentrationslager Esterwegen dem Vertreter des Internationalen Roten Kreuzes, Carl Jacob Burckhardt, vorgeführt wurde, Carl von Ossietzky, den der Schweizer Diplomat später, in seinem Buch *Meine Danziger Mission,* als ein »zitterndes, totenblasses Etwas« beschrieb, »ein Wesen, das gefühllos zu sein schien, ein Auge verschwollen, die Zähne anscheinend eingeschlagen, er schleppte ein gebrochenes, schlecht ausgeheiltes Bein nach«. Das Gegenbild zu Leni Riefenstahls Olympia-Apotheose, die Wahrheit hinter Lüge und Schein: Ossietzky nimmt Burckhardts Hand, hört aufmerksam zu, während der Vertreter des Roten Kreuzes ihm Grüße von Freunden bestellt – Grüße, die dem Inhaftierten bedeuten, daß er nicht vergessen ist; doch als er antworten soll, kann er nur leise lispeln, die Tränen rinnen die Wangen hinab: »Sagen Sie den Freunden, ich sei am Ende, es ist bald vorüber, bald aus, das ist gut. ... Danke, ich habe einmal Nachricht erhalten, meine Frau war ... hier; ich wollte den Frieden.«

In einer ergreifenden Szene, die Deutschlands Schriftsteller, Autoren aus Ost und West, einmal in einem von ihnen gemeinsam zu schreibenden Lesebuch, veranschaulichen sollten, gewinnt ein preisgegebener Mann noch einmal die Würde eines Subjekts: Carl von Ossietzky, nicht die Nummer 562 des Konzentrationslagers Esterwegen, ist Protagonist: Hitlers Gegenspieler vor aller Welt, den man verkennen würde, wenn man in ihm nur das »Opfer« sähe und nicht einen Häftling, der noch im Zustand äußerster Erniedrigung bezeugt, daß es eine Menschenwürde gibt, die unantastbar bleibt.

Unter diesem Aspekt sollten die Deutschen in Ost und West alles daransetzen, um sich ihrer Geschichte, mit all ihren Widersprüchen, zu stellen und damit – nicht zuletzt – eine Aufgabe zu erfüllen, die ebenso schwierig wie lohnbringend ist: unterschiedliche Erfahrungen einzubringen, um an einem imaginären Runden Tisch sich, auf dem Weg über die Geschichte, miteinander sorgfältiger bekannt zu machen, als es im Verlauf der allzu stürmischen Vereinigung bis heute möglich war. Peter Bender hatte recht, als er, schon im Frühjahr 1990, bei einem Ost-West-Colloquium im Schloß Cäcilienhof mahnte: »Wenn man zusammenleben will, muß man sich einander vorstellen. Wer sind wir, die Westdeutschen? Wer sind wir, die Ostdeutschen? Was hat uns im halben Jahrhundert der Trennung geprägt? Wovon haben wir geistig gelebt? Welche Strömungen und Moden haben uns erfaßt? Und welche sind an uns vorbeigegangen? Was haben wir gelesen? Wo haben wir uns literarisch, philosophisch, künstlerisch zu Hause gefühlt? Um sich vorzustellen, muß man über sich nachdenken.«

Über sich nachzudenken: Das heißt, mit unverstellten Blicken sich die Geschichtsbilder zu vergegenwärtigen, die man übernahm und die nun neu gedeutet sein wollen – und zwar aus dem Blickwinkel von unten: dem Blick des Gemeindepfarrers, des Buchhalters, des inhaftierten Arbeiterführers, der kein Führer; sondern solidarischer Genosse war, und der Käthe Kollwitz, die immer in der Welt jener kleinen Leute zu Hause blieb, die sie brauchte, um mit dem Blick auf die Preisgegebenen, die Kinder vor allem, ihre Friedensvisionen zu entwickeln: »Saatfrüchte dürfen nicht vermahlen werden.«

Bei konsequent befolgten Intentionen können Umwege manchmal rascher ans Ziel führen als die *direttissima* – will heißen: die Verständigung über gemeinsame, hüben und drüben lange Zeit verschollene Vorfahren ist Menschen nützlich, die, dank ihrer unterschiedlichen Sozialisation, auch fünf oder sechs Jahre nach der Vereinigung herzlich wenig voneinander wissen: *wie* wenig, das wird deutlich, wenn sich nach der Vorstellung, beim Geschichten-Erzählen der Deutschen, zeigt, daß die einen und die anderen die von ihnen erlebte Geschichte sogar mit anderen Zeitmaßen messen: Sagen die einen »nach dem fünften (oder neunten) Parteitag«, sprechen die Partner von der Ära Adenauer oder dem Ende der Großen Koalition; verbinden die Westdeutschen mit dem Datum 1968 die Studentenrevolution, so fällt den Ostdeutschen als erstes der Einmarsch der Warschauer-Pakt-Staaten in die CSSR ein.

Gewiß, es gab Gemeinsamkeiten: die gleiche Verständigungsart in der Friedens- und Bürgerbewegung zum Beispiel, die Mahnwachen und Schweigemärsche (im Westen bei Kerzenschein, im Osten im Dunkel: die Staatssicherheit scheute das Licht und begriff offenbar nicht, daß Kerzen eher an den freundlichen Advent, düsteres Sich-Fortbewegen hingegen an Märsche zum Kapitol oder zur Bastille erinnert).

Nein, die demokratischen Rituale, die Magdeburger von Stuttgartern übernahmen, und die Stuttgarter, ihrerseits belehrt, im Schwäbischen verfeinerten, seien gewiß nicht vergessen, wenn der Versuch gewagt wird, ein Resümee zu ziehen. Und dennoch! Wie wenig wußten wir, nehmt nur alles in allem, voneinander: Ich habe es bei der Premiere eines Stücks, es hieß *Der Untergang* und war den *Troerinnen* des Euripides nacherzählt, erlebt: Der Satz des troischen Boten, der ein kleines Kind bestatten muß, das die Griechen ermordeten – »Mein letzter Dienst vor Troja: Totengräber, nicht der schlechteste. Lieber die Schaufel als das Schwert« –, wurde gestrichen: warum ausgerechnet dieser eine Satz? Wegen der Assoziation »Schwerter zu Pflugscharen«? Aber nein! »Der Strich«, so meine Freunde neben mir, im Volkstheater von Rostock, »ist nur allzu verständlich aus der Perspektive der Staatsmacht. Sie haben zur Kriegsdienstverweigerung aufgefordert, Walter Jens. Schaun Sie sich die Epauletten der Soldaten an! Lieber die Schaufel als das Schwert – das bedeutet: lieber Bausoldat als Nationale Volksarmee.«

Tempi passati? Ich fürchte: nein. Zwar meinen mittlerweile die Westdeutschen, sie wüßten, beispielsweise, über die Machinationen des MfS heute genauer Bescheid als vor Jahren die Bürger im Osten, doch wenn dann jemand kommt, einer, den man zu vernichten suchte, mit Hilfe totaler Isolation, und einen Ukas zitiert, der sich ›Richtlinie 1/76 zur Entwicklung und Bearbeitung operativer Vorgänge‹ nennt, dann beginnen sie kleinlaut zu werden, die Deutschen in Tübingen oder Hamburg. *Nein, das haben wir nicht gewußt. Davon war nie die Rede in den letzten fünf Jahren.*

Wirklich nicht? Die geheime Verschlußsache liegt auf dem Tisch. Ihre Sprache ist deutlich: »Bewährte Formen der Zersetzung sind: systematische Diskreditierung des öffentlichen Rufes, des Ansehens und des Prestiges auf der Grundlage miteinander verbundener wahrer, überprüfbarer und diskreditierender sowie unwahrer, glaubhafter, nicht widerlegbarer und damit ebenfalls diskreditierender Angaben; systematische Organisierung beruflicher und gesellschaftlicher Mißerfolge zur Untergrabung des Selbstvertrauens einzelner Personen; zielstrebige Untergrabung von Überzeugungen im Zusammenhang mit bestimmten Idealen, Vorbildern usw. und die Erzeugung von Zweifeln an der eigenen Perspektive; ... Erzeugen bzw. Ausnutzen und Verstärken von Rivalitäten innerhalb von Gruppen ... durch zielgerichtete Ausnützung persönlicher Schwächen einzelner Mitglieder.« Und so weiter und so fort.

Nein, nicht *und so weiter.* Wer in einem Regime gelebt hat, dessen Bürger über Jahrzehnte hinweg Methoden ausgesetzt waren, die, in der Form von zynischen Experimenten, auf eine totale Enthumanisierung der Betroffenen: auf Isolation, Vernichtung des Selbstwertgefühls und Zerstörung der Lebensperspektive abzielten, der hat, dank der ihm abverlangten Pflicht, unter schwersten Pressionen seinen Freunden, seiner Familie und sich selbst ein menschenwürdiges Leben zu schaffen, weiß Gott den gleichen Anspruch auf die Mitbestimmung einer Verfassung wie seine Partner im Westen, von denen es in der Präambel des Grundgesetzes heißt, sie hätte auch für jene Deutschen gehandelt, denen mitzuwirken versagt sei: die oft zitierten »Brüder und Schwestern« also, von denen seit dem Herbst 1989 nicht mehr die Rede ist – grad so, als hörten Verwandte auf, Verwandte zu sein, wenn die Tore sich öffnen und man einander, wie so oft beschworen, »in Frieden und Freiheit« begegnen kann.

Seltsam, höchst seltsam: Haben sich Brüder und Schwestern in der Geschichte je so schnell in Staub aufgelöst wie nach der Wende? Ein Jammer nur, daß die Brandenburger, Sachsen *e tutti quanti* es, nach freien Wahlen, unterließen, ihrerseits von Brüdern und Schwestern zu reden; das Staunen, diesmal im Westen, wäre erheblich gewesen – und vielleicht auch die Betroffenheit darüber, daß der östliche Teil des Vaterlandes so widerspruchslos zum Beitrittsgebiet degradiert wurde – und die Verfassung? Die blieb, von kleinen Korrekturen abgesehen, so, wie sie war; denn sie hatte sich schließlich bewährt, auch wenn sie gar keine Verfassung war, sondern, mit Carlo Schmid zu sprechen, nur ein *Schuppen.*

»Es ist alter und guter Brauch«, hieß es am 8. Mai 1949, dem Tag, an dem das Grundgesetz verabschiedet wurde, »daß eine Verfassung durch das Volk sanktioniert werden muß. Aber wir wollen hier ja keine Verfassung machen. ... Wir haben hier doch nur einen Schuppen, einen Notbau, und einem Notbau gibt man nicht die Weihe, die festem Hause gebührt.«

Die Weihe, wohlgemerkt, die Weihe durch das ganze Volk; doch eben davon war bald nicht mehr die Rede, im vereinigten Land: statt des Champagners wurde stilles Wasser gereicht. Dem Aufbruch im Osten, »Wir sind das Volk«, folgte Arroganz im Westen: »Und wir haben das Sagen.«

Vergebens die Erinnerung an Heinrich von Brentanos Worte, formuliert am 6. Mai 1949 im Parlamentarischen Rat: »Wenn wir für das deutsche Volk, in dessen Auftrag wir zu handeln glauben, ... eine Verfassung ausgearbeitet haben, dann haben wir auch die Verpflichtung, das Volk zu befragen, ob es in dieser Verfassung ... leben will. Ich glaube, wenn wir diesen demokratischen Weg nicht gehen würden, dann würden wir gegen ein Grundgesetz der Demokratie verstoßen und unter Umständen die politische Entwicklung mit einer schweren Hypothek belasten, von der wir nicht wissen, ob wir sie jemals abtragen können.«

Vergebens, das Votum Ernst Bendas (der, immerhin, einmal Präsident des Bundesverfassungsgerichts war), die beim Bau eines Provisoriums nicht notwendige Volksabstimmung nach der Einigung, in einer historisch einmaligen Situation, in Übereinstimmung mit dem Artikel 146 des Grundgesetzes unverzüglich in die Wege zu leiten: »Nie wird die Gelegenheit wiederkehren, das Grundgesetz im Bewußtsein der Deutschen zu der Verfassung zu machen, mit der sie sich innerlich verbunden fühlen können, weil sie sich in freier Entscheidung zu ihr bekannt haben.«

Vergebens die Bemühungen des Kuratoriums für einen verfaßten Bund deutscher Länder, der vor allem die stärkere Berücksichtigung von Sozialrechten einklagte. Vergebens Jürgen Habermas' ebenso prägnantes wie treffendes Diktum: »Das klägliche Symbol des Einigungsvertrages, den Herr Schäuble in der Gestalt des Herrn Krause mit sich selbst abgeschlossen hat, ist kein Ersatz für einen Gesellschaftsvertrag, der in einer Verfassungsdebatte öffentlich hätte ausgehandelt werden müssen.«

Vergebens die Voten der besten Kenner der Materie, Hans Peter Schneiders vor allem, in denen verlangt wurde, die buchhalterisch, unter der Devise »Anschluß ist bequem, Abstimmung bringt hingegen Probleme«, schwung- und glanzlos vollzogene Beendigung des Verfassungs-Diskurses durch einen Verweis auf die nach der umfassenden politischen Revolution in der zweiten und dritten Welt beschlossenen neuen Verfassungen, mit größeren Mitspracherechten für das Volk und erweiterten ökologischen Perspektiven, zu konterkarieren.

Vergebens, schließlich und vor allem, die Versuche von seiten der Bürgerrechtler, Gedanken zur Diskussion zu stellen, wie sie, zumindest ansatzweise, der – freilich nie verabschiedete – Verfassungsentwurf des Runden Tisches formulierte: ein Text, dessen Präambel, das sei nicht vergessen, Christa Wolf geschrieben hat – mit dem Satz: »eingedenk der Verantwortung aller Deutschen für ihre Geschichte« –, der in der gemeinsamen Erklärung aller Fraktionen der Volkskammer, verkündet am 12. April 1990, den gebührenden Widerhall fand: »Durch Deutsche ist während der Zeit des Nationalsozialismus den Völkern der Welt unermeßliches Leid zugefügt worden. Nationalismus und Rassenwahn führten zum Völkermord, insbesondere an den Juden aus allen europäischen Ländern, an den Völkern der Sowjetunion, am polnischen Volk und am Volk der Sinti und Roma.«

Läßt sich, sollten wir uns fragen, eine Verfassung der Deutschen denken, die, im Hinblick auf die ermordeten Frauen, Männer und Kinder: im Gedenken an Kurt Israel Hirsch, aber auch an Carl von Ossietzky, dessen Verurteilung bis heute nicht zurückgenommen worden ist … läßt sich ein Grundgesetz denken, das die Mitverantwortung der Deutschen für ihre Geschichte verschweigt? Ich denke: nein.

Zumal die Schriftsteller, doch nicht nur sie, sind aufgefordert, unter Berücksichtigung der Erfahrungen, die wir in den Jahren nach der Wende gewonnen haben, wenigstens die Präambel neu zu formulieren und darauf zu dringen, daß ihr Entwurf vom Parlament behandelt wird: Die demokratische Kultur unseres Volkes bedarf, um sich entfalten zu können, der Partizipation von Bürgern, die mit Hilfe eines erweiterten Petitionsrechts, aber auch durch Volksinitiativen und Volksentscheid, am Ende erreichen, daß die repräsentative Demokratie durch die unmittelbare Teilhabe der Bürger *erweitert* und *ergänzt* (aber natürlich nicht *ersetzt*) wird.

Eine zivile Gesellschaft bedarf nun einmal jener sich in tagtäglicher Praxis bewährender Mitbestimmung der *citoyens,* die keine »Zuschauerdemokratie«, sondern ein Volk repräsentieren, auf dessen Initiativen die Staatsorgane »sensibel und offen« (so der Alternativkommentar zu Artikel 20 des Grundgesetzes) reagieren: eher dankbar für das Sich-Einmischen der aufrechten Bürger als in Angst vor einem Volk erfüllt, von dem schließlich jene Staatsgewalt ausgeht, die nicht nur in Wahlen, sondern auch mit Hilfe von Abstimmungen durchsetzbar ist.

Beliebt, so scheint es, ist das Volk auf seiten der Regierenden nicht, im vereinigten Deutschland (es sei denn vor Wahlen oder wenn Medienspektakel ins Haus stehen): Der Ausdruck »Die Bürger draußen im Land« spricht für sich selbst – wieso sind wir, die wir uns oft noch unter der Etikette »der Bürger« oder, schön wär's, »der Souverän« verdinglicht sehen, eigentlich *draußen,* die Regierung hingegen *drinnen,* und die sie stützenden (aber leider herzlich wenig kontrollierenden) Damen und Herren aus der Legislative können, gemeinsam mit der vollziehenden Gewalt, tun und lassen, was ihnen gefällt: zum Beispiel den gewählten Alterspräsidenten in einer Manier verhöhnen, die den Anschein erweckt, sie seien allesamt kleine Bismarcks? Der Reichskanzler liebte es bekanntlich, sich zu unterhalten, wegzusehen oder den Saal zu verlassen, wenn ihm ein Abgeordneter mißliebig war – aber selbst Bismarcks Ungezogenheiten fanden dort ihre Grenze, wo es um den Alterspräsidenten ging. (Der freilich hieß Dr. Graf von Moltke, war Generalfeldmarschall und nicht nur ein Dichter namens Stefan Heym, den Bismarck kaum geschätzt haben dürfte.)

Der Reichskanzler, der kleine Exkurs sei erlaubt, hielt es, statt mit Fontane, lieber mit Schiller – den freilich konnte er, wenn es im Parlament darum ging, einen Opponenten mit Sottisen zu erledigen, mit Bravour und, es will gesagt sein, einem Witz zitieren, der die Misere zeitgenössischer Parlanentsberedsamkeit – Joschka Fischer ausgenommen – doppelt sinnfällig macht: »Es wird mir«, so Otto von Bismarck am 29. April 1881, in einer Replik auf Bemerkungen seines Erzfeindes Eugen Richter, »ja recht oft das Vergnügen zuteil, eine Probe seiner Eloquenz mit anzuhören, und da habe ich nachgerade dasselbe Gefühl wie bei einer Vorstellung der Jungfrau von Orleans, wo einen der endlose Triumphzug am Anfang überrascht, bis man beim dritten Vorbeimarsch bemerkt, mein Gott, das sind ja immer dieselben Leute (Heiterkeit), die nochmals über die Bühne ziehen in demselben Kostüm.« (Am Rande vermerkt: Dies ist ein Aperçu, das der Kanzler, weil's ihm gefiel, mehrmals zitierte, doch das genierte ihn nicht, schließlich gehörte es zu seinen Umgangs-Maximen, einem Mann, der ihm etwas zum zweiten Mal erzählte, wohlwollend zu bedeuten: »Ihre Geschichte ist besser geworden.«)

Kein Zweifel, die Schriftsteller aus Ost und West, die, samt den Musikern, Filmemachern, Architekten und bildenden Künstlern in einem deutschen Kulturrat vereint, sich auf die Suche nach Leitfiguren in der deutschen Geschichte begeben, sollten Bismarck nicht außer acht lassen: als Stilisten, wohlgemerkt, und nicht als Abgeordneten in einem Parlament, dem er durch exzessive Abwesenheit oft genug seine

Verachtung bezeugte, und schon gar nicht als einen Zyniker, dessen Parteienschelte nur noch durch einen – freilich durch und durch illiteraten – Reichspräsidenten überboten wurde: »Alles für den Staat, nichts für die Parteien.«

Ein schwarz-weiß-rotes Diktum, das von Hindenburg stammt, einem Soldaten, dem Schwarz-Rot-Gold in gleicher Weise verhaßt war wie Bismarck, dem Reichskanzler, der freilich am liebsten nur auf das preußische schwarz-weiß schwor und bei der Debatte über die Farben der künftigen Reichsfahne Langeweile kundtat: »Wer über solche Fragen stutzt, ist nicht reif. … Meinethalben Grün und Gelb mit Tanzvergnügen oder auch die Fahne von Mecklenburg-Strelitz. Nur will der preußische Troupier nichts von Schwarzrotgold wissen.«

Nun, gottlob, haben wir sie wieder, in beiden deutschen Staaten sogar vor der Wende, die Flagge, die für bürgerliche Liberalität und Weltoffenheit steht und das Zeichen des *citoyens* ist, der gelernt hat, was es bedeutet, wenn eine Klasse, die einmal der Aufklärung verpflichtet war, sich der Revolution von oben fügt und, um des Erhalts ökonomischer Privilegien willen, die republikanische Freiheit verspielt.

Und eine Hymne haben wir auch, mit der sich leben läßt, wenn man bedenkt, daß selbst die erste, oft mißverstandene, freilich auch mißverständliche Strophe der Introduktion eines freundlichen Trunkliedes dient: Nicht zufällig werden in der zweiten Strophe auch der deutsche Wein und der deutsche Sang recht von Herzen gefeiert; und was den Schluß betrifft, die Worte »Blüh im Glanze dieses Glückes, blühe, deutsches Vaterland«, so hatte Hoffmann von Fallersleben, ein wackerer Demokrat und mittelmäßiger Dichter, sich – nachzulesen in Hermann Kurzkes Anthologie *Hymnen und Lieder der Deutschen* – eine Variante notiert, die dem deutschen Hochgesang erst die Pointe gibt: »Stoßet an und ruft einstimmig: Hoch das deutsche Vaterland.« (Zu Recht verworfen, da *einstimmig* nicht auf der zweiten Silbe zu sprechen – und schon gar nicht zu singen – ist.)

Ein braves Lied also, unsere Hymne, altvorderlich, bieder und durchtränkt von männlicher Betulichkeit: Aber wer weiß? Vielleicht wird man sich eines Tages nach umfassender Diskussion fragen, ob wir, die zwischen Rhein und Oder ein stimmiges Gedicht mit der richtigen Musik verknüpfen können, Brechts *Kinderhymne* mit den Melodien von Haydns *Kaiserquartett* oder Beethovens *Freude schöner Götterfunken* uns am Ende, auf Zeitgemäßheit *und* ästhetische Überzeugungskraft schauend, nicht doch zu einer Hymne bekennen sollten, die – dem republikanischen Deutschland angemessen – mit den Versen schließt: »Und weil wir dies Land verbessern/ Lieben und beschirmen wir's/ Und das liebste mag's uns scheinen/ So wie andern Völkern ihr's.«

Eine leise Hymne, dieses Lied, das für ein Land steht, das gelernt hat, seine Geschichte im Sinne künftiger Präambeln aus der Perspektive von unten und nicht aus der Sicht der Sieger zu sehen. Ein Gegenlied zu den antidemokratischen Entwürfen jener neuen Rechten, in deren Mythen Ideologie und Vokabular der konservativen Revolution aus den zwanziger Jahren fröhliche Urständ feiern, mitsamt den Träumen von einem Land, das sich durch Abgrenzung von allem Fremden bestimmt, frei nach Carl Schmitt: einem Deutschland, das den »negationsgeschulten Intellektuellen« endlich wieder Valet sagt. Sobald der Wind sich nach rechts dreht, das lehrt unsere Geschichte, stehen als erste immer die Intellektuellen am Pranger, Künstler, Sozialwissenschaftler, neuerdings auch Pastoren, die freilich, denke ich, allesamt gut daran täten, sich durch die Attacken jener Mystagogen nicht beleidigt, sondern bestätigt zu fühlen, die mit nimmermüdem Elan ihre antirepublikanischen Wertvorstellungen rekapitulieren: zum hundertsten Mal der Preis der Kultur und die Verachtung der Zivilisation, zum hundertsten Mal das Hohelied auf Tragik und Schmerz, erhabenes Pathos, vernunftfernen Vitalismus und die große Katastrophe. Ist es bei so viel nationaler Emphase ein Wunder, daß jene zivilen Kosmopoliten als Ignoranten gelten, die immer noch der Überzeugung sind, nicht der Krieg, sondern der Frieden sei der wahre Lehrmeister der Völker?

Polemologie – immerhin mal ein neues Wort – wird betrieben, der Eros gefeiert und in einem Atemzug auch die Kirche (in der Mitte zwischen Walhall und dem Reich der Mütter paßt nun einmal alles zu allem), militante Katholizität, die's mit Carl Schmitt hält, triumphiert über protestantische Grübelei: Hier wird befohlen und nicht diskutiert, Aufklärung gilt als scholastisch, Gesprächskultur als Geschwätz, das Bekenntnis zu den Werten Skepsis und Vernunft hat zu verstummen, wenn der Bocksgesang dröhnt – und das tut er gern, mit falschen Metaphern und gestützt auf das Topen-Arsenal antibürgerlicher Bemühungen, wie sie sich in den zwanziger Jahren bei den Jüngern Stefan Georges nicht anders als bei den antidemokratisch gesinnten Publizisten nachweisen lassen: »Dem Elementaren«, ließ uns vor siebzig Jahren Ernst Jünger wissen, und seine Schüler beten, im größeren Deutschland, die obsolet gewordenen Parolen nach, »das uns im Höllenrachen des Krieges sichtbar wurde, treiben wir zu. Wir werden nirgends stehen, wo nicht die Stichflamme uns Bahn geschlagen, wo nicht der Flammenwerfer die große Säuberung durch das Nichts vollzogen hat. Weil wir die echten, wahren und unerbittlichen Feinde des Bürgers sind, macht uns seine Verwesung Spaß. Wir aber sind keine Bürger. Wir sind Söhne von Kriegen und Bürgerkriegen, und erst wenn dies alles, dieses Schauspiel der im Leeren kreisenden Kreise, hinweggefegt ist, wird sich das entfalten können, was noch an Natur, an Elementarem, an echter Wildheit, an Fähigkeit zu wirklicher Zeugung mit Blut und Samen in uns steckt.«

Geschrieben in der Abenddämmerung der Weimarer Republik – wiederholt, heute, in den Formeln von Epigonen, denen offenbar zwei Weltkriege noch nicht genügten, um zu erkennen, wohin die Absage an Kosmopolitismus und Rationalität, an die Trias der Französischen Revolution, mit ihrem dritten, allzu lange stiefmütterlich behandelten Begriff Brüderlichkeit-Schwesterlichkeit, an den vom Geist religiöser Versöhnung bestimmten Diskurs zwischen Lessing und Mendelssohn, an bürgerliche Liberalität und eine radikaldemokratische Gesinnung geführt haben, die man zugunsten einer makabren Verschwisterung von Ästhetizismus und Terror, dem *l'art pour l'art* und der Sehnsucht nach dem Untergang in Glanz und Wollust des Sterbens gedankenlos preisgab: der Tragik als einem vermeintlichen Seins-Prinzip anheimgegeben, ohne zu bedenken, daß Dionysos Apollons Bruder ist und Tragik überwunden werden kann durch Versöhnung und Einsicht. Orest wird entsühnt, die Erinnyen verwandeln sich, der Polis zum Nutzen, in Eumeniden und Ödipus, der als König, befangen im tragischen Schein, ein Blinder war, gewinnt, geblendet, die Königswürde wissender Einsicht.

Mit einem Satz: Es täte den Mystagogen aus Deutschland gut, sich ein wenig umzuschauen, in den Bezirken nüchterner Wissenschaft beispielsweise, und ihren Kronzeugen Nietzsche, diesen Europäer, dem nationales Getöse von Grund auf verhaßt war, nicht nur obenhin zu studieren, sondern sich, über *Die Geburt der Tragödie aus dem Geist der Musik* hinausgelangend zum 244. Abschnitt des Traktats *Jenseits von Gut und Böse* fortzubewegen, in dem es heißt: »Wie jegliches Ding sein Gleichnis liebt, so liebt der Deutsche die Wolken und alles, was unklar, werdend, federnd und feucht ist: das Ungewisse, Unausgestaltete, Sich-Verschiebende, Wachsende jeder Art fühlt er als ›tief‹.«

Mit der Ratio, fügen wir hinzu, steht er auf Kriegsfuß, der Deutsche, wenn er dafür plädiert, daß wir endlich wieder eine »normale« Nation werden müßten, und dabei nicht bemerkt, wie er, die Ideen von 1914 gegen die Menschheitsträume von 1789 ausspielend, sich wiederum auf einen Sonderweg begibt, der ihn aus jenem *europäischen Verband* herauslöst, dem von Schiller, Kant und Novalis bis hin zu den Verschwörern des Kreisauer Kreises und der Weißen Rose die Hoffnungen der Intelligenz galten – der vorausblickenden und nicht der nur rückwärtsgewandten.

Freilich, Schiller und Humboldt, Kant und – ein Blick auf Österreich – Hugo von Hofmannsthal mit seiner Vorstellung von einer neuen, auf der Sozialisierung des Staates beruhenden europäischen Idee, wollten mit ihren Gedichten, Traktaten und Entwürfen etwas *bewirken,* und eben dies gilt, als Gesinnungsästhetik verketzert, manchen Anwälten des puren Spiels und der sich selbst genügenden *bellezza* der poetischen Chiffren als höchst suspekt: womit man dann freilich, ohne es recht zu bedenken, die abendländische Literatur von Aischylos bis Bertolt Brecht ebenso fahrlässig wie kenntnislos amputiert.

Die Linke, mit ihrer *littérature engagée,* heißt die Devise, habe lange genug das Sagen gehabt –: nun aber, nach dem Ende des real existierenden Sozialismus, möge sie schweigen – und kein Wort mehr vom Sozialismus!

Kein Wort mehr vom Sozialismus: haben wir richtig gehört? Vom real existierenden – selbstverständlich: der war nicht erst 1989 oder seit dem Beginn der Gorbatschow-Ära, sondern bereits 1920 erledigt, als Lenin über Rosa Luxemburgs Kritik an der Russischen Revolution zur Tagesordnung überging. Aber der demokratische, auf eine Erweiterung des liberalen Rechtsstaats im Sinne des Einklagens von Teilhaberrechten abzielende Sozialismus: so wie ihn einst libertäre Bürger, von Virchow bis Einstein, ja, bis zu Bruno Kreisky beschworen (und die Anwälte der kirchlichen Soziallehre – Nell Breuning und seine Schule! – taten's ohnehin): *dieser* Sozialismus sollte ein für allemal erledigt sein? Und mit ihm auch jener unvergeßliche Satz, den Otto Wels bei der Debatte über das Ermächtigungsgesetz der Nationalsozialisten gesagt hat: »Wir deutschen Sozialdemokraten bekennen uns in dieser geschichtlichen Stunde zu den Grundsätzen der Menschlichkeit und der Gerechtigkeit, der Freiheit und des Sozialismus! Kein Ermächtigungsgesetz gibt ihnen die Macht, Ideen, die unzerstörbar sind, zu vernichten.«

Nein, der Sozialismus als integratives Moment des bürgerlichen Rechtsstaats ist nicht gescheitert: so wenig wie das Christentum, dessen jesuanische Prophetie keine Inquisition und kein noch so autoritär regierender Papst aus der Welt schaffen kann – auch dann nicht, wenn man, wie geschehen, mit den Wörtern Sozialismus und Christentum die Vokabel *Utopie* indiziert: nicht bedenkend, daß Utopie keine Heilslehre ist und schon gar keine Wissenschaft, sondern ein wohlbedachter Entwurf liberaler, konservativer, sozialistischer oder religiöser Prägung, der, mit Max Weber, seine Kraft aus dem Gedanken gewinnt, daß, wer nicht zum Unmöglichen greift, auch das Mögliche verfehlt.

Ich denke, dieser Satz gilt noch – auch wenn wir ihn, wie

viele der großen, zwischen Moskau und dem Vatikan durch autoritäre Praktiken entstellten Visionen, heute behutsamer artikulieren, eher skeptisch, in der Weise Senecas oder Montaignes, mit kleinen Semikola statt der Punkte und vielen Fragezeichen an Stelle selbstsicherer Deklamationen. Wer der Dialektik von *solitaire* und *solidaire* in einer zivilen Bürgergesellschaft nachsinnt, liebt behutsame Figurationen: Worte wie gesellige Gespächskultur, Esprit und Witz, das Parlando des Runden Tischs und die sanfte Entschiedenheit der Exilierten, der Künstler vor allem, die sich 1945, nach der Befreiung unseres Landes, zusammensetzten: *Wir wollen, ohne auch nur eine Sekunde lang zu vergessen, was geschehen ist, im Zeichen von Buchenwald und von Auschwitz, dennoch einen neuen Anfang versuchen…*

Höflichkeit und Toleranz, Hospitalität, wie sie Kant als oberstes Weltbürgerrecht definierte, Geselligkeit, Verzicht auf Fanatismus in einem Land, das sich als Republik verstehen sollte und nicht als ethnisch homogene Nation, als *res publica* also, deren erstes Ziel der Schutz der Menschenrechte ist – ich weiß, das alles klingt im Zeichen des wiedererwachten Nationalismus, im Zeichen der Hakenkreuzschmierereien, der Fremdenfeindlichkeit und der teutonischkrausen Bocksgesänge ein wenig weltabgewandt: die Gebote der Weltbürger Kant und Goethe bedenkend und nicht die Prophetien deutscher Trivialromantik. Doch ist zu fragen, ob nicht eben jene kosmopolitischen Vorträume, die sich mit wahrem Patriotism (wie Kant sagte) vertragen, als Konstituentien einer weltbürgerlich-urbanen *société civile* neu bedacht werden müssen: heimgeholt ins Hier und Jetzt – und dies mit Selbstbewußtsein und Gelassenheit.

In einem Augenblick, da schrille Parolen die Feuilletons, und nicht nur sie, beschäftigen, ist es nützlich, innezuhalten, sich umzuschauen und Helfer zu suchen, in der Aufklärung und unter jenen Verfolgten, die in finsteren Zeiten vor aller Welt zeigten, daß das Reich der völkischen Fremden-Feinde eins, die Republik der liberalen Bürger ein anderes ist.

Nein, an Bundesgenossen fehlt es uns nicht; im imaginären Lesebuch der Deutschen werden, von Virchow bis Freud, Namen auftauchen, die nicht nur für Aufklärung und Humanität stehen, sondern darüber hinaus vorzügliche Schriftsteller bezeichnen. Verzicht auf Rechthaberei gesellt sich nun einmal gern zur Freude an schwebenden Diskursen mit offenem Ausgang und improvisierter Konversation. Nicht nur grimmiger Ernst – auch Ironie und sokratischer Witz sind gefragt, wenn die altneuen Mythologen aus Deutschland in ihre Schranken verwiesen sein wollen: in der Manier Gustav Radbruchs zum Beispiel: »Wie, mein Freund, Sie sind Nationalist? Und was sind Sie sonst?«

Das nenne ich mir Esprit! Und List dazu, Brechtsche List, wie sie, entgegen einer weitverbreiteten Ansicht, mancher Bürgerrechtler in der DDR der Obrigkeit gegenüber bereits in finsterer Zeit praktiziert hat – unvergessen der Tag, an dem mich Friedrich Schorlemmer in Wittenberg mit den Worten empfing: »Die Partei hat Ihren Vortrag ›Martin Luther. Prediger, Poet und Publizist‹, den Sie im Augustiner-Kloster halten sollten, kurzweg verboten.« – »Gut, dann kehre ich um.« – »Umkehren? Sind Sie des Teufels? Eine Diskussion ist erlaubt.« – »Diskussion? Daran bin ich nicht interessiert.« – »Aber wir. Sie werden sehen: Im Grunde ist alles ganz einfach. Ich frage Sie: ›Was halten Sie von Martin Luther, dem Prediger, Poeten und Publizisten?‹ Und diese Frage werden Sie beantworten – genau eine Stunde lang, wie es geplant war.« Und so geschah es, die Hörer von Wittenberg waren's zufrieden, und die Herren im Ledermantel hatten gelernt, daß mit B. B., dem Bürger Brecht und seiner Praxis, immer noch zu rechnen war.

Und damit klappen wir, nach einer Parforcetour durch Zeiten und Räume, ein imaginäres deutsches Lesebuch zu, das, anders als dieser Vortrag, nicht mit Huchel beginnen und nicht mit Brecht enden, wohl aber all jenen Autoren einen Ehrenplatz freihalten wird, deren Menschlichkeit sich nicht zuletzt darin bewährte, daß sie Partei für die im Dunkeln ergriffen: für die Preisgegebenen, Ausgestoßenen, Waffenlosen (auf griechisch: A-sylanten), die Verjagten und in den Tod Getriebenen, in Feuer und Gas.

Lernt endlich, die Geschichte aus der Sicht derer zu sehen, die sich nicht wehren können, tretet für sie ein und bewahrt ihr Angedenken: Dies ist die Quintessenz von Peter Huchels *Bericht des Pfarrers vom Untergang seiner Gemeinde.* »Und wenn sie schwankten unter der Last/ Und stürzten mit gefrorener Träne/ Nie kam … ein Simon von Kyrene«: ein Satz, der im Eingedenken an die Verantwortung für das Leiden derer, die uns anvertraut waren (und anvertraut sind), widerlegt werden muß, und zwar in Deutschland.

DEUTSCHSEIN IN EUROPA

»Dem, der den Geist bildet … muß zuletzt die Herrschaft werden, denn endlich an dem Ziel der Zeit, wenn anders die Welt einen Plan, wenn des Menschen Leben irgend nur Bedeutung hat, endlich muß die Sitte und die Vernunft siegen, die rohe Gewalt der Form erliegen – und das langsamste Volk wird alle die schnellen, flüchtigen einholen.« Mit diesen Worten umschrieb Friedrich Schiller, an der Wende vom 18. zum 19. Jahrhundert, die historische Mission der Deutschen: die Ohnmächtigen, gedemütigt im Hier und Jetzt, da zwei »übermütige Völker«, Franzosen und Briten, »Fuß auf ihren Nacken« setzten, sollten zu Wegführern im Reich des Geistes, die Politikfernen zu Gesetzgebern im Bereich von Vernunft und Moral, die Zerstreuten, um keine Hauptstadt und keinen mächtigen Hof Versammelten zu Verkündern eines kosmopolitischen Friedensreichs werden: dem Krieg der Völker Paroli bietend und der Natur mehr als Waffen, dem Ideal mehr als der profitablen Berechnung vertrauend: so präsentiere sich ein Land, dessen Aufgabe es sei, dem Triumph der Könige bürgerliche Würde und Humanität entgegenzustellen, um dadurch, einer säkularen Mission folgend, die anderen Völker auf einen nachgeordneten Rang zu verweisen: So wie »der [Deutsche] in der Mitte von Europens Völkern sich befindet, so ist er der Kern der Menschheit«.

Kein Zweifel, da wird in einem gewaltigen, vielfach bearbeiteten und immer neu durchdachten Fragment jene deutsche, über die Nation ins Europäische und Weltbürgerliche hinausweisende Mission beschrieben, durch deren Entwurf Deutschlands Dichter politische Ohnmacht durch absolute Konzeptionen im Reich des Gedankens zu kompensieren suchten: Mochten die anderen Völker sich in imperialem Glanz sonnen – was zählte ihr Ruhm, verglichen mit dem höheren Sieg einer Wahrheit, die, fern den Geschäften von Handel und Macht, ihre Integrität in einem Land bewahre, das der Kunst mehr als den Waffen, den Musen mehr als den Akten vertraue (und den Aktien ohnehin)?

»Zerging in Dunst das heil'ge röm'sche Reich, uns bliebe gleich die heil'ge deutsche Kunst«: Noch in den Sätzen eines Mannes, der, oft genug mit Hilfe einer rüden, von nationaler Borniertheit und antisemitischem Fanatismus bestimmten Ideologie, weiß Gott die Politik seiner Zeit mitzubestimmen suchte, in Appellen an Bismarck und Ludwig II. von Bayern ... noch in Richard Wagners, am Schluß der »Meistersinger« Hans Sachs in den Mund gelegten Worten klingt die These Schillers nach: »Stürzte auch in Kriegesflammen Deutschlands Kaiserreich zusammen, deutsche Größe bleibt bestehen.«

Ausgeschlossen von politischer Mitbestimmung, gesellschaftsflüchtig und isoliert, haben Deutschlands Poeten wieder und wieder Kunst und Philosophie, in deren Visionen sich revolutionäre politische Vorgänge unverfälscht und rein vollendeten, gegen das Tagesgeschäft der realen Aktion ausgespielt und derart eine Praxis betrieben, die Heinrich Heine, so scheint es, in *Deutschland. Ein Wintermärchen* auf den Begriff gebracht hat: »Franzosen und Russen gehört das Land,/ Das Meer gehört den Briten,/ Wir aber besitzen im Luftreich des Traums/ Die Herrschaft unbestritten.//Hier üben wir die Hegemonie,/ Hier sind wir unzerstückelt;/ Die anderen Völker haben sich/ Auf platter Erde entwickelt.«

In der Tat, man kann selbstzufriedene Gedanken-Hypertrophie von Deklassierten nicht trefflicher als in Heinescher Weise glossieren – je einsinniger die These, desto größer der Spaß, und um so lauter ein Gelächter, das vergessen läßt, mit welcher Entschiedenheit gerade Heine die wegbereitende, antizipatorische, der Politik vorausgehende Bedeutung von Philosophie und Dichtung in ihr Recht gesetzt hat: Kein Robespierre ohne Rousseau, keine Barrikaden-Erstürmung ohne die Vorarbeit der »Gedankenmänner«, keine bürgerliche Gesetzgebung ohne jene großen Träume der Literatur, die, oft genug, in Gedanken vorwegnahmen, was erst Jahrzehnte (ja, Jahrhunderte!) später, zumindest ansatzweise, realisiert worden ist – Grund genug, für uns, scheint mir, gerade heute die europäischen Friedensvisionen und kosmopolitischen Entwürfe ernst zu nehmen, mit deren Hilfe, am Ende des 18. Jahrhunderts, deutsche Literaten Konstruktionen erdachten, die zu ihrer Zeit Phantasmagorien waren, Jahrhunderte später hingegen als verpflichtende Gesetzgebung für ein vereintes Europa erscheinen.

Vergessen wir nicht: Um die gleiche Zeit, 1795, als Schiller den Auftrag erhielt, über die Stellung der Deutschen im Rahmen der europäischen Völkerfamilie zu schreiben, über die Einzigartigkeit der Letzten, die einmal die Ersten werden könnten, entwarf Immanuel Kant, in der Schrift *Zum ewigen Frieden,* die Paragraphen eines Weltbürgerrechts, die sich zweihundert Jahre später wie Präskripte lesen, deren Aktualität, Punkt für Punkt, ersichtlich ist: einerlei, ob es um den Entwurf allgemeiner Hospitalität geht (das heißt: jeder Mensch, welcher Nation oder Rasse er sei, müsse sich, dank eines umfassenden Besuchsrechts, jedem anderen zur Gesellschaft anbieten können) oder ob die Forderung erhoben wird, nach dem Krieg kein glorioses Dank- und Siegesfest, sondern einen Bußtag ausschreiben zu lassen, um »den Himmel, im Namen des Staats, um Gnade für die große Versündigung anzurufen, die das menschliche Geschlecht sich noch immer zu Schulden kommen läßt, sich keiner gesetzlichen Verfassung, im Verhältnis auf andere Völker, fügen zu wollen, sondern stolz auf seine Unabhängigkeit lieber das barbarische Mittel des Krieges … zu gebrauchen.«

Ich denke, es ist bewegend zu sehen, wie vor zweihundert Jahren in Königsberg Gedanken formuliert worden sind, die sich, als humane Gegenentwürfe, Punkt für Punkt auf den Golfkrieg so gut wie auf die Mordaktionen in Jugoslawien anwenden lassen: Hospitalität – ins Gegenteil verkehrt; Dankfeste – mit nationalem Pomp inszeniert: so, als hätte Immanuel Kant sie nicht als Hohn auf den christlichen Vater der Menschen etikettiert, »weil sie außer der Gleichgültigkeit wegen der Art, wie Völker ihr gegenseitiges Recht suchen (die traurig genug ist), noch eine Freude hineinbringen, recht viel Menschen, oder ihr Glück zernichtet zu haben.«

Kurzum, wer von »Deutschsein in Europa«, von der Verpflichtung unseres Landes, die Nation-übergreifende Humanisierung der Welt zu befördern, und von der Aufgabe spricht, im politischen Handeln die Unteilbarkeit der Moral zu realisieren, der tut gut daran, jene weltbürgerlichen Vorträume und europäischen Visionen mit frischem Blick anzuschauen, die darauf abzielten, den Nationalstaat, kaum daß er nach der Französischen Revolution in Kraft gesetzt war, ins Universale übergreifender Bünde und Republiken zu transzendieren und die Betonung des Eigenen durch eine Hinwendung zum Anderen, vermeintlich Fremden zu überwinden: Es ist ergreifend zu sehen, wie im abgeschiedenen Königsberg, bei jämmerlicher Verständigungsmöglichkeit untereinander und allgemeiner Partikularität, moderne, umfassendes Aufeinandereingehen schaffende Kommunikationsweisen vorausgedacht werden: »Da es nun unter den Völkern der Erde« – der Schlüsselsatz aus dem Traktat *Zum ewigen Frieden* – »so weit gekommen ist, daß die Rechtsverletzung an *einem* Platz der Erde an *allen* gefühlt wird: so ist die Idee eines Weltbürgerrechts keine phantastische und überspannte Vorstellungsart des Rechts, sondern eine notwendige Ergänzung des ungeschriebenen Kodex.«

Geschrieben, wie gesagt, anno 1795 – und zweihundert Jahre später mehr denn je ein Grundaxiom verständiger, also menschlicher Politik. Wer »Europa« sagt (und damit eine Region meint, die in Petersburg so erfahrbar ist wie in Berkeley), tut, es sei wiederholt, als Deutscher gut daran, unter den Handreichungen der Poesie zumal die großen Programmschriften neu zu studieren, in denen – rasch, knapp, fragmentarisch, verweisend eher als begründend – Konstituentien jener künftigen Gesellschaftsordnung skizziert worden sind, die auf Vereinigung und nicht auf Trennung, auf Partizipation und nicht auf Ausschluß, auf Offenheit und nicht auf Ausgrenzung beruht – einer zivilen Gesellschaftsordnung also, in der Humanität viel, Rechtgläubigkeit wenig, Toleranz alles und Fanatismus nicht das geringste bedeutet – einer Sozietät schließlich, in der jesuanische Liebe: die Hinwendung zu den Mühseligen und Beladenen, den Machtanspruch jener autoritären, von Bellizismus und Intoleranz geprägten Kirche überwände; deren ideales, weil friedliches, ja poetisches Gegenbild Novalis anno 1799, also im gleichen Jahrzehnt wie Schiller und Kant, charakterisierte – zeitenthobener als es in Königsberg geschah, rückwärtsgewandter als in Weimar, aber, als eine Art von idealistischer Gegenvision, gleichwohl verbindlich und darum einer demokratiefernen Kirche in gleicher Weise vorzuhalten, wie der Traktat *Zum ewigen Frieden,* der in Washington oder Belgrad Botschafts-Charakter besitzt.

»Es waren schöne glänzende Zeiten, wo Europa ein christliches Land war« – so der Beginn des Fragments *Die Christenheit oder Europa* –, »wo *Eine* Christenheit diesen menschlich gestalteten Weltteil bewohnte; *Ein* großes gemeinschaftliches Interesse verband die entlegensten Provinzen dieses weiten geistlichen Reichs« – ein pathetischer Rekurs auf den ersten Blick, gewiß, idealisierend und wirklichkeitsfern mit seiner Beschwörung eines milden Oberhaupts, der eher an Gottvater als an jene – höchst realen! – Herrscher denken läßt, die ihr Europa mit dem Kaiser teilten. Liest man aber genauer, dann wird rasch erkennbar, daß es Novalis keinesfalls um die Verherrlichung eines weltlichen Christentums, schon gar nicht um die poetische Verklärung der Heiligen Allianz oder die Absicherung einer Reaktion, deren katholische Struktur nach ein wenig Herrnhuter Salböl verlangte, sondern um etwas höchst Konkretes ging: den Versuch, eine durch den Blick aufs Gestern abgesicherte, umfassende Erneuerung der Gegenwart zu befördern – eine Erneuerung, die allein von jenem europäischen Friedensreich ausgehen könne, das in Kraft zu setzen Aufgabe der Deutschen sei.

Seltsam zu sehen: Novalis hat Schillers Fragment nie gesehen – und doch spricht er, die *letzte* als die *erste,* die abgewandte als die hellsichtige Nation feiernd, über die europäische Verpflichtung seines Volks in einer Weise, als führe er, bestätigend, ergänzend, weiterdenkend, einen Geisterdisput mit dem Verfasser des Fragments *Deutsche Größe.*

Novalis in Schillers Bahnen: »In Deutschland kann man … mit voller Gewißheit die Spuren einer neuen Welt aufzeigen. Deutschland geht einen langsamen, aber sicheren Gang vor den übrigen europäischen Ländern voraus. Während diese durch Krieg, Spekulationen und Parteigeist beschäftigt sind, bildet sich der Deutsche mit allem Fleiß zum Genossen einer höheren Epoche der Kultur, und dieser Vorschritt muß ihm ein großes Übergewicht über die anderen im Lauf der Zeit geben. In Wissenschaft und Künsten wird man eine gewaltige Gärung gewahr ... Aus neuen frischen Fundgruben wird gefördert.«

Man sieht, auch bei Novalis wird reale politische Ohnmacht – 1799: Deutschland, ein parzelliertes Schattenreich! – durch die Vision einer alles Duodezfürsten-Elend aufwiegenden *geistigen* Suprematie kompensiert; aber auch hier sieht sich – einklagbar und in gesellschaftlicher Praxis zu realisieren – ein Zeitalter allgemeiner Emanzipation vorausbestimmt, das, im Augenblick seiner Formulierung, irreal, mit der Zeit mehr und mehr an Exaktheit gewann, sich also nicht als vages Zurückträumen, das der Zukunft anheimstellte, was in Wahrheit nur Vergangenheitsbeschwörung war, sondern als *konkrete Utopie* (im Sinne Blochs) erwies: umzusetzen im fortschreitenden Handeln.

Kein Wunder, so betrachtet, daß, mehr als ein Jahrhundert später, Hugo von Hofmannsthal in seinen unter dem Titel *Die Idee Europa* publizierten Rede-Notizen, in deren Zentrum er jenen Aspekt der friedlichen »Gemeinbürgerschaft« stellte, den er in der »deutschen Humanität« vollendet sah, gerade auf Novalis und Schiller zurückgriff, auf die »Christenheit« und die »Größe des Deutschen«; daß er, bestrebt, das Nationale nicht nur als *beschränkt,* sondern als *unsittlich* zu charakterisieren: zu überwinden durch die »Gemeinbürgerschaft der gesitteten Völker«, deren Aufgabe es sei, einen von Toleranz und Vernunft bestimmten »ungeschriebenen rein europäischen Kodex« zu formulieren ... kein Wunder, daß Hofmannsthal, der wie kaum ein zweiter mit einem untrüglichen Sensorium für die Fruchtbarkeit und Aktualität des in der Poesie Vor-Formulierten ausgestattet war, sich gerade auf Schillers Satz »Die Vaterlandsliebe ist eine heroische Schwachheit« und auf Novalis' Diktum berief: »Deutschheit ist Kosmopolitismus mit der kräftigsten Individualität gemischt.« In einem europäischen Lesebuch, das vereinte, was, hier und dort, von Einzelnen über Struktur und Aufgabe unseres Kontinents gedacht worden ist, stünden Hofmannsthals mitten im Ersten Weltkrieg entwickelte Meditationen über den »Begriff Europa« an erster Stelle ... Meditationen, die einem Erdteil gelten, der – weder geographisch noch ethnisch auf einen einheitlichen Nenner zu bringen – durch seine *concordia discors,* seine widersprüchliche Übereinstimmung geprägt sei: die Fähigkeit zum Ausgreifen *und* Amalgamieren, zur Ordnung disparater Realitäten *und* zum Infragestellen der Ordnungen, zum Bewahren *und* zur Aufhebung des Bewahrten durch revolutionäre soziale Ideen: »Eine neue europäische Idee: neue Wirklichkeit. Nicht eine Utopie, nicht eine Konföderation, nicht die permanente Konferenz, obwohl alles dies kommen kann« – geschrieben 1916! –, »sondern ein neues europäisches Ich, ein geändertes Verhältnis zum Dasein, zum Geld.«

Das soziale Europa der Zukunft, beschworen während des Ersten Weltkriegs in Wien: Fast sieht es so aus, als habe Hofmannsthal, scheinbar (aber eben nur scheinbar) ein Anwalt des Ancien régime, den Rebellen nach 1945, den Anwälten der europäischen Linken die Feder geführt.

Wie sich da eins zum andern fügt, beim großen Disput der Deutschen (und der Österreicher) über das Europa von morgen, wie Hofmannsthal Rat sucht bei Humboldt, der die Besonderheit des deutschen Nationalcharakters in der Fähigkeit erblickte, sich frei zum allgemein Menschlichen zu erheben; wie Novalis' Vision des weltbürgerlich bestimmten Deutschen in Nietzsches Beschreibung des »guten Europäers« fröhliche Urständ feierte (man lese das Kapitel »Völker und Vaterländer« in *Jenseits von Gut und Böse),* wie Kants Friedens-Schrift zur Konterbande der Unterdrückten in aller Welt wird ... kurzum, wie deutsche Literatur, fortwirkend und in ihrer Funktion als Nothelfer verstanden (ein Nothelfer, der sich vom Vorausdenker zum Partner im Hier und Heute entwickelt), nicht nur Geister-Gespräch über die Zeiten hinweg und unterschwelliges Verständigungsmittel einer kleinen Elite sein kann, die schon dank ihrer polyglotten Begabung Grenzen überspringt (zumindest überliest und überdenkt), sondern den Charakter einer sehr konkreten Gegenwarts-Bestimmung, ja, einer Handlungs-Vorschrift zu gewinnen vermag. Läßt sich, könnte man fragen, etwas Weltabgewandteres denken als Novalis' poetisch-rhetorischer Diskurs über Europa im Zeichen der Religion? Nehmen sich Sätze wie die folgenden nicht eher akademisch-allgemein, utopisch und liebenswert aus – fern der Möglichkeit, im politischen Kampf um Deutschland und Europa als Parole zu wirken? »Es wird so lange Blut über Europa strömen, bis die Nationen ihren fürchterlichen Wahnsinn gewahr werden, der sie im Innern herumtreibt, und von heiliger Musik getroffen und besänftigt zu ehemaligen Altären in bunter Vermischung treten, Werke des Friedens vornehmen und ein großes Friedensfest auf den rauchenden Walstätten mit heißen Tränen gefeiert wird. Nur die Religion kann Europa wieder aufwecken und das Völkerrecht sichern und die Christenheit mit neuer Herrlichkeit sichtbar auf Erden in ihr friedenstiftendes Amt installieren.« Klingt das nicht, als habe ein romantischer Dichter, hoch pathetisch und in entzückter Sprache, Thesen umformuliert, die einst der (freilich bis heute in dieser Funktion unverstandene) erste Verkünder einer europäischen Friedensgesinnung, der Literat und Pazifist Erasmus von Rotterdam, Gegenspieler der ecclesia militans und Verteidiger der allem klerikalen Bellizismus Widerstand leistenden Kirche unter dem Kreuz niederschrieb? Und ausgerechnet diese Sätze, fromme Formulierungen einer friedliebenden europäischen Gemeinde deutscher Zunge, sollten den Charakter politischer Konterbande gewinnen? Ja, sie *sind* dazu geworden; denn sie stehen (nur unter Tränen zu lesen) auf Hektogrammen, die, 1942 geschrieben, mit den Sätzen enden: »Wir schweigen nicht, wir sind euer böses Gewissen, die weiße Rose läßt euch keine Ruhe! Bitte vervielfältigen und weitersenden!«

Novalis' christlicher Traktat, eine Streitschrift, die das *andere,* das friedfertige und humane Deutschland feiert (eine Streitschrift freilich, die auf Taubenfüßen daherkommt): neu entdeckt und im Kampf gegen Hitler und seine Vasallen, die großen und kleinen Schurken, umgesetzt in ein gefährliches, den Antichrist in seiner Amoralität entlarvendes Zeugnis der Zeit!

Wenn es eines Beweises bedürfte, daß die Entwürfe deutscher Europäer, über die Jahre hinweg, keineswegs nur Herrschaftsgedanken »im Luftreich der Träume« waren, sondern daß sie, richtig verstanden und situationsentsprechend eingesetzt, zum wirklichkeitsbestimmenden Element werden können, dann liegt dieser Beweis vor – manifestiert in den Flugblättern der studentischen Widerstandsgruppe »Weiße Rose«: Novalis' Vision – ein Politikum in einem Flugblatt, das schon im Zeichen des Galgens formuliert worden ist und – im Gegensatz zu den Manifesten und Proklamationen nationalsozialistischer Provenienz, in denen Europa mit dem Herrschaftsbezirk des deutschen Reiches identifiziert wurde – das Friedensland, geprägt durch Humanität und Religion, in einer Familie gleichberechtigter Völker aufgehen läßt.

Vergessen wir nie: In der Zeit des Nationalsozialismus gab es nicht nur die Vorstellung des vom Reich imperial strukturierten Europa, nicht nur die Apotheose der »unangreifbaren Mitte«, die in der Lage sei, so Carl Schmitt, der Kronanwalt nationalsozialistischer Gerichtsbarkeit, »ihrer großen politischen Idee ... eine Ausstrahlung in den mittel- und osteuropäischen Raum hinein zu verschaffen und Einmischungen raumfremder und unvölkischer Mächte zurückzuweisen«; es gab nicht nur Thesen, die Friedrich Naumanns zur Zeit des Ersten Weltkriegs entworfene Vorstellungen von einem durch das Reich geprägten Mitteleuropa weiterentwickelten – Habsburg, verlegt in preußische Lande! –, es gab nicht nur die Tarnentwürfe einer europäischen Friedensidee, wie sie, um die Parolen von Jalta zu konterkarieren, unmittelbar vor Kriegsende das SS-Hauptamt skizzierte – bestrebt, wie es hieß, die »staatliche und wirtschaftliche Balkanisierung Europas« zu überwinden; und es gab schließlich nicht nur Hitlers ein halbes Jahrhundert vor Gorbatschow gehaltene Rede über das »Haus Europa«, dem, wie es 1936 in Nürnberg hieß, nur eine übernationale Rechtsordnung, sprich: ein Gesetz fehle, das die Deutschen zugleich als Vermieter und Hauswart, Besitzer und Concierge inthronisiere.

Nein, es gab nicht nur jene teutonischen Europa-Traktate, die in Quislings Verfassungsentwurf von 1944 ihren ebenso makabren wie skurrilen Höhepunkt fanden (»Es wird zwischen den europäischen Staaten ein Bündnis errichtet mit dem Führer des Großdeutschen Reichs als Bundespräsident und einem Europäischen Kongreß als zentraler oberster Verbindungsinstanz. Dieses Bündnis wird den Namen Europäische Völkergemeinschaft führen.«) – es wurden, in jener Zeit, die alle europäischen Visionen der deutschen (genauer: der deutschsprachigen) Literatur für null und nichtig erklärte (verboten und verbrannt: wie Lessings *Nathan der Weise,* der nur in den Theatern des jüdischen Kulturbunds, nicht aber auf einer deutschen Bühne aufgeführt werden durfte) … es wurden, unter Terror und in allgemeiner Verfolgung, auch Pläne entwickelt, die, über den Tag X der deutschen Niederlage hinausweisend, ein europäisches Deutschland präfigurierten, das Land, wie es die Studenten aus dem Kreis der »Weißen Rose« entwarfen, das Land des Adam Trott zu Solz und Helmuth Graf Moltke – ein Land, das nichts mit jener europäischen Führ-Nation gemein hatte, von dem noch die konservativen Männer des 20. Juli träumten, Goerdeler voran, sondern – so die Vorstellungen der in Kreisau versammelten Linken – jenen Nationalismus überwand, der am Ende nicht zu seiner Konsolidierung, sondern zur Selbstvernichtung führte: »Europa krankt an einem Zustand«, hatte Julius Leber schon 1928 erklärt, »der nicht mehr in die Welt paßt … es wird höchste Zeit, daß auch die Politik anfängt, Schlußfolgerungen zu ziehen und das, was man Nationalismus nennt, über Bord wirft.«

Hätten sie ein gemeinsames Programm gesucht, die deutschen Europäer, die sich nach 1945 zu Wort meldeten, die Schriftsteller der Zeitschrift *Der Ruf,* in erster Linie Alfred Andersch und Hans Werner Richter, die linken Christen von den *Frankfurter Heften,* die an Europa verzweifelnden, ja, an den Antagonismen seiner Intelligenz am Ende zerbrechenden Kosmopoliten vom Range Klaus Manns, die

Antifaschisten, die – noch im Krieg! – eine »Deklaration über die europäische Zusammenarbeit, ausgearbeitet von Widerstandskämpfern aus verschiedenen europäischen Ländern« publizierten: sie alle hätten die Entwürfe der Linken unter den Verschwörern des 20. Juli über einen europäischen Internationalismus, in dem das demokratische Deutschland, gleichberechtigt, einen Platz beanspruchen dürfe, als Präambeln eigener Überlegungen aufgreifen können.

Hätten? Nur *hätten? Können?* Nicht mehr? O doch! Sie *haben* sie, ohne sie – im einzelnen zumindest – zu kennen, übernommen; sie sind ihrem Geist gefolgt und haben damit die geheime Kontinuität jener deutschen Europa-Visionen bestätigt, die von Schiller zu Novalis, von Hofmannsthal zu den Studenten der Weißen Rose, von den Kreisauern zu Männern wie Alfred Andersch und Walter Dirks führte: immer wieder, über die Zeiten hinweg, die Beschwörung des friedlichen Lands, dessen Stärke nicht auf Waffen, sondern auf weltbürgerlicher Humanität beruhe; immer wieder die Prärogative des Sozialen über das Nationale: »Das Gesetz, unter dem ›die Jugend‹ heute antritt«, so Alfred Andersch im August 1946 im *Ruf,* »ist die Forderung nach europäischer Einheit. Das Werkzeug, das sie zu diesem Zweck anzusetzen gewillt ist, ist ein neuer ... Humanismus, ein vom Menschen fordernder und an den Menschen glaubender Humanismus, ein sozialistischer Humanismus.«

Europa: ein Zentrum der sozialen Demokratie – es ist, gerade heute: auf dem Gipfel der europäischen Wendezeit, bewegend zu lesen, mit welcher Verve, mit wie viel Hoffnung, Phantasie und Wagemut nach dem Krieg in Deutschland jene dritte Kraft zwischen den Blöcken beschworen wurde – das Land des Ausgleichs inmitten der beiden Giganten: eine Brückenregion, in der, mit Thomas Mann zu sprechen, Marx seinen Hölderlin und Hölderlin seinen Marx liest – ein hoch spirituelles, mit Leidenschaft und Sprachkunst verteidigtes Gebilde, das, so Walter Dirks, mit einer Verständigung zwischen Siegern und Besiegten begänne, um mit einem Bund der Partner zu enden.

Nun, es ist anders gekommen: der Kalte Krieg verlangte sein Entweder-Oder; die Blöcke duldeten weder Brücken noch Nischen, in denen die Zukunftsvisionen deutscher Poeten hätten überdauern können; die Realität von Westeuropa, atlantisch und antisowjetisch geprägt, machte den Mittler-Traum – wie bald! – zum Gespött, und statt des Schillerschen deutschen Friedens-Europas gewann, katholisch geprägt, das Rhein-Europa Profil, begrenzt, nach einer ebenso witzigen wie treffsicheren Formulierung des Literarhistorikers Horst Rüdiger, hüben vom Siebengebirge und drüben von Lothringen, mit einer kleinen Ausbuchtung zum Vatikan: geprägt von einem Homme de lettres lateinischer Herkunft, de Gaulle, und seinem eher illiteraten Partner aus Deutschland, dem Weimar ferner als Washington war – ein Grund, warum er in Europa weniger die berühmte, 1919 von Paul Valéry im Traktat *La crise de l'esprit* beschworene Trias »Christentum – Rom – Hellas«, sondern handfester, ein unter dem Signum »Abendland« zu formierendes Bollwerk gegen den Bolschewismus ausmachte; mit biederer Handwerkskunst zusammengezimmert und keineswegs von jenem grandiosen Pathos bestimmt, das, bei gleicher ideologischer Zielsetzung, am 19. September 1946 Winston Churchill in seiner Rede aufbot: »Bei den Siegern herrscht ein Durcheinander streitender Stimmen, bei den Besiegten die dumpfe Stille der Verzweiflung.« Das Fazit ist simpel und trist: Wenige Jahre nach dem Krieg war von den unter dem Galgen vorgedachten europäischen Visionen in Deutschland kaum noch die Rede; militärpolitische Erwägungen ließen die Stimmen der Rebellen zwischen den Fronten, von Niemöller über Alfred Weber bis hin zu Richard Löwenthal, leiser und leiser werden; die »Dritte-Kraft«-Konzeption, parteiübergreifend und, nach dem Krieg, dank der Zustimmung aus unterschiedlichsten Lagern fähig, zu einem nationalen Konsens zu führen, hatte, dank des Diktats der beiden Großmächte, ihre Stunde gehabt. Vorbei die Zeit, da Walter Dirks der Zustimmung einer Majorität gewiß sein durfte, als er die Konföderation der europäischen Völker für das Gebot des Tages erklärte – eine Vereinigung »nicht gegen andere, außereuropäischen Mächte, sondern geradezu für sie ... Wir suchen Verbindung und Ausgleich mit der ganzen Welt, vor allem mit den Vereinigten Staaten, denen wir am meisten Dank schulden, ferner mit unserem mächtigen Nachbarn im Osten.«

Tempi passati; Westeuropa atlantischer Prägung hieß fortan die Herrschaftsdevise, vergebens das Bemühen um ein deutsches Moratorium (Carlo Schmid hat darüber in seinen Memoiren ein Glanzstück hellsichtiger Erinnerung formuliert); Paris rückte näher; Weimar geriet, mitsamt des von ihm demonstrierten Doppelgesichts – hier der Frauenplan, dort Buchenwald – aus dem Blick, und Temesvar schien weiter entfernt als San Francisco.

Osteuropa: ein rasch erlöschender Stern, vergessen, vorbei und bald nur noch ein Name im Plötz und im Diercke ... aus gutem Grund, wohlgemerkt; denn das Europa der Deutschen war immer der Westen gewesen, Rom und nicht Byzanz, Italien und nicht das Reich der hellenistischen Weltkultur, die Kirche des Abendlands und nicht die Gemeinde der Orthodoxie, die Frömmigkeit Luthers, nicht der Glaube Tolstois: »Die russisch-byzantinischen Ideologien sind eigentlich Abfall von Europa«, heißt es in Hofmannsthals Europa-Essay.

Wenn Heinrich Mann, René Schickele und Stefan Zweig den Kontinent, mitsamt seiner westlichen Dreieinigkeit, analysierten, dann beugten sie sich gleichsam über eine Landkarte, in der das *mare nostrum* deutlich, der östliche Bezirk habsburgischer Kronländer hingegen nur höchst unscharf zu erkennen war: Podolien oder Wolhynien, sogar Galizien waren bestenfalls Regionen aus dem Reich der Literatur: ausgemacht von Joseph Roth, dem man seine Habsburg-Nostalgie in gleicher Weise zubilligte, wie man die Ignoranz westdeutscher Intellektueller (ich nehme mich nicht aus), das reale, zeitgenössische, um seine Identität kämpfende Prag, Riga und Krakau betreffend, mit dem Mantel der Nachsicht verhüllte. Die Ausnahme Heinrich Böll bestätigt, nachdrücklich und exemplarisch, die Regel – das Reden des einen verdeutlicht das Schweigen der vielen: das Reden, wohlgemerkt, über das ganze Europa, nicht nur das okzidentale, womöglich noch in der Verkürzung von Rhöndorf und Reims: »Bei den neuen Europaideen und Europaplänen«, so Heinrich Böll in einem Interview – abgedruckt 1979 in der Zeitschrift *Merkur* –, »fürchte ich, daß man Europa immer mehr als Westeuropa definiert, d.h. die Grenze an der Elbe zieht ... (und) wenn man dann manchmal so herablassende Bemerkungen über den Balkan oder über Osteuropa hört, dann wird mir ein wenig bange, daß man diese Gebiete, die ganz eindeutig zu Europa gehören, vergißt ... ja, es sieht nach der politischen Diskussion so aus, daß das Europa, das jetzt gemeint ist, ein politischer, militärischer und wirtschaftlicher Machtfaktor gegen die östlichen europäischen Staaten sein soll.«

Ein Poet zumindest, Heinrich Böll, hat sich geweigert, die *europäische Gemeinbürgerschaft,* in Hofmannsthals Sinn, aus politischen Opportunitätsgründen zu begrenzen, und ist damit zum verläßlichsten Wegbegleiter jener Politik Willy Brandts geworden, in der die Intellektuellen des europäischen Ostens die einzig verbindliche, einzig überzeugende, einzig mögliche Alternative zur Zerteilung Europas in zwei feindliche Blöcke erkannten – eine Utopie, deren Konkretheit die friedliche Revolution im Osten erwies, der die systemüberwindenden Visionen von Politik und Literatur zugearbeitet haben … in welchem Maße, das beweist ein Buch, Jiri Dienstbiers *Träumen von Europa,* das, in einer Heizungsanlage geschrieben (»in einer Zeit, die denkbar schlecht fürs Bücherschreiben war«), jene – einzig sinnfällige – Vereinigung Deutschlands in einem vereinigten Europa evoziert, die, zwanzig Jahre vorher Robert Havemann, ein gleichfalls verfemter, von der herrschenden Macht in die Isolierung getriebender Intellektueller, in nüchterner Rede beschrieb: »Ein wiedervereinigtes Deutschland wird nicht so sehr ein wiedervereinigtes *Deutschland* sein, als vielmehr eine Wiedervereinigung *in* Deutschland, Ausgangspunkt einer … großen Vereinigung in Europa.«

Seltsam zu denken, daß wir im Westen, an die Unaufhebbarkeit der Blöcke denkend (vor Gorbatschow freilich aus gutem Grund), mit Osteuropa auch jene Vereinigung aus den Blicken verloren, die, wie wir heute wissen, nur im Rahmen des *ganzen* Europa realisiert werden kann – eines Europa, dessen Strukturen, Nuancierungen, Organisationsformen und Verständnisweisen untereinander wir verstehen müssen, um künftig Erwartungen zu erfüllen, die zuallererst an ein Land gestellt werden, das seine Einheit den Träumen vom »Haus Europa« und der Rebellion zwischen Budapest, Prag, Warschau und Moskau verdankt.

»Nehmt sie endlich wahr«, so der Appell an uns, »die Nationen von gestern, die vor sich selbst geschützt sein müssen, in ihrer Verabsolutierung des Eigenen, auf Kosten des preisgegebenen Anderen und im Verzicht auf jede Form von Hospitalität; aber seht auch die Regionen im Osten, die sich, auf europäische Universalisierung der Menschenrechte hoffend, dem Zugriff der Zentralgewalten verweigern; betrachtet Länder, in denen nachbarschaftliches Denken längst politische Realität geworden ist, und mit ihm das allein wichtige Selbstbestimmungsrecht: das Recht für jedermann, und nicht für Nationalitäten. Vor allem aber: lernt – spät, aber nicht *zu* spät – von den Intellektuellen im Osten, einerlei, ob sie nun Dienstbier heißen, Michnik oder György Konrad, wie es möglich sei, das Kleinste mit dem Größten, die Würde der Individualität mit den Ansprüchen einer republikanischen Sozietät zu vereinen.«

Deutschsein in Europa: das heißt, heute und künftig, bereit zu sein, von jener osteuropäischen Avantgarde zu lernen und geduldig in ihre Schule zu gehen, die mit weitem, selbst über Moskau hinausreichendem Blick unter europäischer Einheit seit je die Union des *großen* Europa verstand – und sich dabei in einer illustren Gesellschaft befindet: »Auch in der Zeit des stürmischen romantischen Nationalismus«, so Jiri Dienstbier, in der Isolation seines Kellers, »waren die großen Geister immer Anhänger der europäischen Einheit. Stendhal hielt das nationale Element für ›contre nature‹, Byron verließ die Heimat, um europäischer Schriftsteller zu werden, und sogar Puschkin vergleicht den Nationalismus mit einem ›Laster‹.«

In einem Augenblick chauvinistischen Überschwangs in kleinen und kleinsten Nationen, die, Menschenwürde von Minderheiten mißachtend, nach ethnischer Alleinherrschaft streben, ist es, so betrachtet, Aufgabe der Deutschen, die belehrt worden sind, zu welchen Konsequenzen die Ideologie des autochthonen Staates führen kann, die liberalen Gegenentwürfe der osteuropäischen Intelligenz zu unterstützen, wo immer es geht, und dafür Sorge zu tragen, daß das Ethos der neu eroberten Freiheit, die wiedergewonnene Autonomie der Person gegenüber den Zumutungen eines rüden Kollektivismus, nicht dem restituierten Nationalismus zum Opfer fallen.

Vergessen wir nicht, daß die Geschichte Osteuropas heute nicht nur von marodierenden Nationalisten, sondern weit mehr und nachhaltiger von Intellektuellen bestimmt wird, die wieder und wieder darauf verwiesen haben, daß eine territoriale Homogenisierung, will heißen: eine Vertreibung der Minderheiten aus den Gebieten der regierenden Nation gegen den Geist der Aufklärung, der Menschenrechte und der allgemeinen Hospitalität ist.

Gerade die Deutschen, die darum wissen, daß kühne geistige Innovationen sich in der Abgeschiedenheit der Provinz und im munteren Miteinander kleiner Regionen gelassener entfalten können als im Bannkreis der Höfe und Metropolen, sollten das Insistieren der Osteuropäer auf Pluralität und familiäre, aber nicht uniforme Strukturen unterstützen, wo immer es geht, und sich – auch um der Rechtfertigung ihrer Geschichte willen, mit der vielgestaltigen Provinzialität als eines emanzipatorischen, jeglicher Form von Reglementierung widerstrebenden Elements – Thesen zu eigen machen, wie sie, stellvertretend für viele, György Konrad formuliert hat: »Fundamentalistische Gleichartigkeit ist eine europafeindliche Idee. Wir wollen die Welt nicht in Weiß und Schwarz einteilen, das ist es ja gerade, wogegen wir uns von Anfang an empört haben, daß wir alles entweder für tugendhaft oder für sündhaft zu halten hätten. Europäisch ist, was vielsprachig ist, was viele Gattungen hat, was mehrdimensional ist ... (Heute) reift die zivile Gesellschaft Europas heran. Eine Gesellschaft von Zivilisten, die sich jeglicher Uniform verweigern, die sich jedwedem Klischee entziehen.«

Pluralität, Widerspruch, Offenheit, Weite der Kultur, wie sie exemplarisch die große Europäerin Rosa Luxemburg vorexerziert hat, Grenzüberschreitung, Konföderation, an die vor wenigen Jahren noch niemand gedacht hat, Widerrufe alter, heiligster Vorstellungen, Widerrufe der Widerrufe zugunsten neuer überraschender Symbiosen: Wir im Westen werden uns, angesichts solcher Zeichen im Osten, an Mobilität gewöhnen müssen, und haben Einfallsreichtum, Phantasie und spirituelle Courage zu bemühen, um zu beweisen, daß Europa mehr ist als jener »Popel aus einer Konfirmandennase«, zu dem, mit dem Zeichen des Überdrusses und Ekels, wie ihn nur ein auf alle historische Erfahrung pfeifender Intellektueller an den Tag legen kann, Gottfried Benn anno 31 unseren Erdteil gerinnen ließ. (Zwei Jahre später konvertierte er zum Nationalsozialismus: ein Pfeifen auf die Wahrheit, um des Bonmots willen, hat moralisch, wie die Geschichte lehrt, Konsequenzen.)

Konfrontiert mit so viel Zynismus, halte ich es am Ende lieber mit alten Konversationslexika: Die bekennen sich, nicht anders als viele ihrer Nachfolger, zwar auch zu der bescheidenen Ausbuchtung unserer Region, zugleich aber zu seiner Bedeutung, Würde und Größe: »Europa«, so der Brockhaus von 1877, »ist zwar seiner Lage nach als eine Halbinsel Asiens zu betrachten ... aber seine eigenthümlichen Verhältnisse stempeln es nicht allein zu einem selbständigen Erdtheile sondern zu dem wichtigsten Mittel- und Ausgangspunkt der Civilisation.«

Jawohl, hier paart Bescheidenheit sich mit Stolz, Einsicht in geographische Inferiorität mit dem Bewußtsein, Partikularität zur Beförderung der Humanität genützt zu haben, heute im klassischen Griechenland, morgen im Rußland der toten Seelen, bald in Paris, bald in Galizien – in Regionen, die, in ihrer unverwechselbaren, der brutalen Einheitskultur, zumal amerikanischer Prägung, Widerstand leistenden Unterhaltlichkeit, gerade von den Deutschen, diesen geborenen Entdeckungsreisenden, neu ins Blickfeld gerückt werden wollen: in Verpflichtung gegenüber einer Vergangenheit, die von jenen Individuen geprägt ist, die, im Fremden das Eigene sehend und das Eigene im Fremden, ohne deshalb das eine oder das andere bis zu platter Kongruenz einzuebnen, Europas Besonderheit in der Summe von Polaritäten, im Wechselspiel von Antagonismen, im familiären Miteinander der Personen und im föderativen Aufeinandereingehen der Regionen und Völker ausmachten.

Provinzler und Weltbürger zugleich zu sein, Bewohner einer überschaubaren Polis und Kosmopolit: Das ist nicht die schlechteste Position für einen Deutschen, der in grenzüberschreitendem Gespräch mit seinen Partnern in Osteuropa vergessene Lektionen nachholt und zu begreifen beginnt, daß sein Erdteil viel größer, vielfältiger, weiter gespannt: bis tief nach Rußland hinein, und widersprüchlicher ist, als er glaubte – und das ist eine Erkenntnis, die in jenem Augenblick von doppelt großem Nutzen sein mag, wo den Europäern eine in ihrer Geschichte noch nie geleistete Aufgabe zugemutet wird: sich für ihre eigene Sache zu entscheiden, ohne sich von einer anderen, feindlichen absetzen zu können – eine Aufgabe, die nicht zuletzt jenen Deutschen abverlangt wird, deren Verhalten zueinander über ihre Fähigkeit entscheidet, Europäer, also verläßlicher Partner und im Alltag Humanität praktizierender Nachbar zu sein. Wer, in Köln oder Hamburg beheimatet, in Dessau oder Chemnitz versagt, kann sich die Reise nach Galizien sparen: Er bleibt, ausgeschlossen aus der Sozietät des freien, pluralen, multikulturellen, liebenswert provinziellen Europas, ein Fremder – und sollte doch ein anderer sein – einer vom Schlage unseres Präsidenten zum Beispiel, den Václav Havel, der Freund Heinrich Bölls, mit den Worten etikettierte: Bote des Friedens. Bote des Anstands. Bote der Wahrheit. Bote der Menschlichkeit.

Ich denke, es wird erst gut stehen um die Deutschen in ihrem Europa, wenn nicht nur der Eine auf der Prager Burg, sondern Millionen, die im eigenen Land hin und her gehen zwischen Mannheim und Neubrandenburg, mit diesen Attributen geehrt werden können: »Willkommen bei uns, ihr Nahfernen aus dem Westen und Fernnahen aus dem Osten: Ihr könnt viel lernen bei uns – sofern ihr wirklich ›gute Europäer‹ seid – fähig also, eher dienend als herrschend, im Sinne der deutschen Vorausdenker Gemeinbürgerschaft in einer basis-demokratisch bestimmten, zivilen Gesellschaft zu praktizieren.«

EIN DOPPELGESICHTIGES STÄDTCHEN: NACHDENKEN ÜBER BAYREUTH

»Baireuth liegt anmuthig an der Thalweitung des in zwei Armen vorüberfließenden Rothen Mains, ist im allgemeinen licht und schön gebaut, mit breiten reinlichen Straßen, hohen Häusern, Alleen, Springbrunnen und zahlreichen Prachtgebäuden, die dem Ort ein großstädtisches Ansehen gewähren, während ihn andererseits ein hier und da merklicher Verfall als verlassene Residenzstadt kennzeichnet. Die Erinnerung an Jean Paul, welcher in Baireuth seine späten Jahre verlebte, geben ihm poetische Weihe.« Die Charakterisierung des ein wenig heruntergekommenen, aber, dank illustrer Geschichte *und* entschlossener bürgerlicher Renovation, immer noch noblen, mit *ai* und nicht *ay* geschriebenen Städtchens, präsentiert im Meyerschen Lexikon von 1874, hat exemplarischen Rang: In welcher Enzyklopädie der Leser auch nachschlägt, im *Pierer* von 1841 oder im *Brockhaus* von 1875: Immer geht es um die Beschreibung eines *locus amoenus* von besonderem Reiz: ein Städtchen wird vorgestellt, das, in seiner Lokalität exakt kartographiert (»am Rothen Main, Mistel- und Sendebäche gelegen«), sich zugleich durch Schönheit und bürgerliche Tüchtigkeit – hier das prächtige Opernhaus, dort die Leder-, Tuch-, Papier- und (als wichtigstes) Bierherstellung – auszeichnet.

Das Schulwesen: exzellent (eine Anstalt für Juden wird hervorgehoben); die Kirchen: friedlich nebeneinander (die Synagoge: niemals vergessen); Wilhelmine, zwischen Schloß,

Opernhaus und Eremitage residierend, sieht sich in gleicher Weise erwähnt wie Jean Paul Friedrich Richter, der, so der Brockhaus von 1875, »hier in anspruchsloser Umgebung wohnte«.

Und dann, auf einmal, in der Mitte der siebziger Jahre, die Lexika sind à jour, gesellt sich eine neue Lokalität und ein bisher nicht genannter Name hinzu: »Von besonderem Interesse«, heißt es noch vor Beginn der ersten Festspiele im Meyer, »ist das im Bau befindliche ›Nationaltheater‹, das Richard Wagner (seit 1872 in Bayreuth wohnhaft) für seine Zwecke daselbst aufführen läßt« – eine Notiz, die, um die gleiche Zeit, der Brockhaus mit Hilfe des Satzes paraphrasiert, Richard Wagner (»welcher seit 1872 in Bayreuth lebt«) lasse das Nationaltheater zur Aufführung der Operntrilogie *Der Ring der Nibelungen* unter seiner Leitung errichten. Kaum angekommen in Bayreuth – Wahnfried ist noch nicht bezugsfertig – und schon in den Enzyklopädien ehrenvoll erwähnt! Das Festspielhaus: ein Rohbau – aber im Meyer und Brockhaus in saecula saeculorum fixiert – mit einem kleinen Schönheitsfehler allerdings, der Verwechslung von Einzahl und Mehrzahl: Ring *der* Nibelungen – dieser Lapsus wird den Lexika-Redaktoren von der nächsten Auflage an nicht mehr unterlaufen – zu einer Zeit, da Bayreuth sich »Eisenbahnknotenpunkt« nennen darf: Zentrum der von den bayerischen Staatsbahnen befahrenen Linien nach Weiden-Neumarkt und Schnabelwald. Kein Wunder also, daß die Lexika unter den Straßen, »von denen fünf mit elektrischer Beleuchtung versehen sind« – man schreibt das Jahr 1892 –, neben der Friedrichstraße (»mit dem durch eine Gedenktafel bezeichneten Wohnhaus Jean Pauls«) vor allem die zum Bahnhof führende Allee benennt.

Wahnfried aber und das Nationaltheater waren, unter

der Ägide Cosimas, zwischen zwei oder drei Meyer- und Brockhaus-Editionen längst zu einer Pilgerstätte geworden – und dies durchaus nicht im Sinne des Meisters. Nationaltheater, hatte Richard Wagner anno 72 bei der Grundsteinlegung gesagt, wie könne es dergleichen geben in Deutschland? »Wo wäre die ›Nation‹, welche dieses Theater sich errichtete? Als kürzlich in der französischen Nationalversammlung über die Staatsunterstützung der großen Pariser Theater verhandelt wurde, glaubten die Redner für die Forterhaltung, ja Steigerung der Subventionen sich feurig verwenden zu dürfen, weil man die Pflege dieser Theater nicht nur Frankreich, sondern Europa schuldig wäre, welches von ihnen aus die Gesetze seiner Geisteskultur zu empfangen gewohnt sei. Wollen wir uns nun« – geschrieben vor 150 Jahren, und den Kulturpolitikern aller couleur im vereinten Deutschland ins Stammbuch geschrieben! – »wollen wir uns nun die Verlegenheit, die Verwirrung denken, in welche ein deutsches Parlament gerathen würde, wenn es die ungefähr gleiche Frage zu behandeln hätte?«

Ein Nationaltheater, aus der Taufe gehoben dank einer imaginären Allianz von Bismarck und Ludwig II.? Papperlapapp! *Sein* Bauwerk, Richard Wagners demokratisch akzentuierter Spielort auf dem grünen Hügel, sollte entstehen, nach der Weise des Dionysos-Theaters zu Athen – und das diente, vor bunt gemischten Völkerscharen, bekanntlich einem Spektakel, das weniger feierlich als farbig, widerspruchsvoll und prall von Monströsitäten, Überraschungseffekten, Lichtspielen und szenischen Wundern war. (Die höhere Bedeutung so wenig zu vergessen wie das Merkmal des *concours:* Es wurden Preise vergeben; die antiken Notengeber waren die Ahnherren der Kritikergilde unserer Zeit.)

Wagner, man kann es nicht oft genug sagen, war, in den

Spuren griechischer Dramatiker, an Pilgern weniger interessiert als an Kennern. Er wollte *sein* Theater – und, in eins damit, *sein* Haus: eine Doppelheit im lieblichen Bayreuth, wie er die späte Heimatstadt, poetisch: aber durchaus eines Sinns mit jenen prosaischen Lexikonschreibern, etikettierte, denen er, will man Cosima glauben (man tut's besser nicht), die Wahl seines Zuhauses verdankte: »Abends Walküre.« – Eintragung von Samstag, dem 5. März 1870 – »Wie wir nachher von der Aufführung sprechen, sage ich (!) Richard, er solle doch im Conversationslexikon nachschauen, Artikel Baireuth; diesen Ort hatte R. genannt als den, den er wählen wollte. Zu unserer Freude lesen wir unter den Gebäuden ein prachtvolles altes Opernhaus darin aufgeführt.«

Richard Wagner in Bayreuth: Eine Konstellation, die auf dürren Lexikonspalten beruht? Nein, so war's mitnichten – in Wahrheit wurde der Alterssitz von langer Hand her ausgewählt, überlegt und wohlbedacht; das »vom Abendsonnenschein lieblich beleuchtete Bayreuth«, in den dreißiger Jahren freundlich betrachtet, behielt Archetypus-Charakter: in Bayern gelegen, aber nicht allzu fern von Berlin, protestantisch (das blieb wichtig, über die Zeiten hinweg: Cosima Wagner, Wochen vor ihrem Tod, zu ihrer Tochter: »Gibt es viele Protestanten in Bayreuth?« – »Mama, es ist eine protestantische Stadt.« – »O, das ist schön, das ist gut.«), dazu, von Nürnberg aus, dank der Burggrafen, ins Preußische weisend, nicht unberührt von einer fruchtbaren Internationalität, der Erbschaft des Romanischen: Kein Zweifel, daß Wagner mit Wilhelmine – er: von Semper, sie vom jüngeren Bibiena begleitet, einen ergiebigen Diskurs über höfisches und bürgerliches Theater, über Opernregie und Sänger-Engagements, über Publikumsgeschmack und artistische Erziehung der Darsteller hätte führen können: hier Wilhelmines witzige

Zynismen, dort sächsisch-legeres Sich-Gehen-Lassen, Französisieren (Wagner verhaßt: die Dame »affektiert sich«) und parlando im Disput zwischen zwei Operndirektoren (»Der Markgraf« – Wilhelmine im Dezember 1737 an Bruder Friedrich – »hat mir endlich die Leitung unserer Oper übertragen, und ich habe ganz arg damit begonnen, alles, was nichts taugte, zu entlassen«). Denkbar wäre es schon, das Gespräch zwischen zwei Protagonisten der Kunstszenerie, und ergiebig dazu, zumal, wenn – man bedenkt, daß die Markgräfin ihrem Partner im bürgerlichen Künstlerhabit nicht nur dank ihrer musikalischen Bildung (»auch Quantz ist hier; er ist im Ansatz viel stärker geworden«: formuliert am 16. Mai 1741), sondern auch wegen ihrer – freilich dem Meister am Ende doch ein wenig zu weit gehenden – Emanzipation (Bayreuth wird vom 17. bis zum 20. Jahrhundert durch Frauen bestimmt, die Männer oft auf den Rang von nachgeordneten Wesen verweisen) den Schneid abgekauft hätte: »Kürzlich hörte ich von einem Buch, das mich sehr geärgert hat« – so Wilhelmine an Bruder Fritz im April 1736. »Der Verfasser will beweisen, daß die Frauen keine denkenden Wesen sind, und daß nur die Männer Vernunft besitzen. Damit sind wir also zu Schafen erniedrigt. Bitte sage mir deine Ansicht darüber. Ich hoffe, du wirst gerechter sein. Das schöne Geschlecht zeigt seine Vernunft jedenfalls durch seine Beständigkeit und seine Treue ... Schon deshalb kann ich nicht für ein Schaf gelten.«

Beständigkeit und *Treue* – beides gepaart mit Intelligenz: Cosima – und nicht nur sie, im Umkreis des grünen Hügels, hätte geklatscht, wäre ihr der Brief der Markgräfin die Hände gefallen – wobei, wir sind dessen sicher, hinzugefügt würde, in Wahnfried: Beständigkeit und Treue, gewiß, doch sind das Gaben der Natur, die allein den Frauen zukommen?

Gewiß nicht. Wenn Wagner in seiner Schrift über das Bühnenfestspielhaus in Bayreuth bekannte: »Wer, weit in der Welt umher verschlagen, an die Stätte gelangt, die er sich zur letzten Rast erwählt, beachtet genau die sich ihm aufdrängenden Anzeichen, denen er eine günstige Deutung zu geben sucht. Ließ ich in den *Meistersingern* meinen Hans Sachs Nürnberg als in Deutschlands Mitte liegend preisen, so dünkte mich nun dem erwählten Bayreuth diese gemütliche Lage mit noch größerem Recht zugesprochen werden zu können« ... wenn Wagner der *Doppelheimat,* Hügel und Park, den Charakter einer Altersvision gab, die des Segens bedürfe (bescheidener: der Zustimmung von seiten der fränkischen Polis), dann waren beständige und treue Männer vonnöten, die sich bereit erklärten, dem zweifach asylierten, in Wirtshäusern, möblierten Zimmern und geliehenen Villen unbehaust gebliebenen Mann, eine Heimat zu geben und den Dichter-Komponisten (so die Ausdrucksweise des Königs), der zwanzig Jahre zuvor allenfalls von einem »kleinen Häuschen mit Wiese und Gärtchen« – welche Diminutive aus Wagners Mund! – zu träumen wagte, in großbürgerlicher Umwelt seßhaft zu machen, die seinen Wünschen entsprach: »Es ist mir nötig, endlich zu wissen, wohin ich gehöre, wo ich meinen festen Wohnsitz nehmen und für meine Familie im bürgerlichen Sinne sorgen kann«, heißt es in einem Brief an den König vom 1. März 1871 ... »ich muß dort leben, wo ich mir zugleich einen angemessenen Wirkungskreis bereitet wissen kann: dies muß im Herzen Deutschlands sein.«

Kurzum, »das liebliche stille Bayreuth« war für Wagner immer beides zugleich: Theaterzentrum *und* häusliches Domizil – ein bürgerliches Haus (*Bürger,* das haben die Nationalsozialisten niemals verstanden, war für Wagner ein

Ehrenbegriff – citoyen, nicht bourgeois!), über dessen Lage und Struktur sich freilich reden ließe: Als König Ludwig seinen Unwillen über ein vermeintlich allzu pompöses Bauvorhaben signalisierte (auch Schwiegervater Liszt war besorgt: eine bescheidenere Villa täte es am Ende auch) und Wagner sich »zur Beruhigung seines allergnädigsten Herrn« bereit erklärte, »mit einer Mietwohnung sich zu behelfen«, falls er – nun kommt die Drohung: eine Villa her oder ich werfe euch den ganzen Kram vor die Füße – »überhaupt im Königreich Bayern ferner sich niederzulassen veranlaßt bleiben sollte« ... kurzum, als Wahnfried (und mit Wahnfried auch das Bürgerreuther Theater) gefährdet war, da trat ein Mann in Aktion, der, in der Form einer wahrhaft verwegenen Diplomatie an der Grenze von Öffentlichkeit und Privatheit, Wagners Schritte seit Jahr und Tag lenkte, vom Opernhaus auf den Hügel, mit einem kleinen Umweg über den Stuckberg – und dabei das Haus am Schloßberg nie aus den Augen verlor, die künftige Villa, die freilich durch einen nahe gelegenen Schießplatz davor in seinem Wert um eine Winzigkeit gemindert sei, aber die Schüsse störten Wagner nicht.

Wahnfried aufgeben? Kommt überhaupt nicht in Frage! »Was Ihren Entschluß betrifft« – so Friedrich von Feustel, Bankier und Gutsherr, Großaktionär, Häuser-Besitzer, Reichstagsabgeordneter (nationalliberal), Patron seiner Arbeiter, Großmeister der Freimaurerloge »Zur Sonne«, Stadtverordneten-Bevollmächtigter, Primus des Bayreuther Gemeinderats, ein Mann, der das Kunststück fertigbrachte, zugleich mit Bismarck und Richard Wagner freundlich zu verkehren – »was Ihren Entschluß angeht, so billige ich diesen in keiner Weise. Sie erreichen ... damit nicht einmal, daß man Sie, von München aus, ungeschoren läßt ... Ich kann aus Erfahrung sprechen: das eigene Haus gewinnt man so lieb wie einen alten Rock. Nirgends befindet man sich wohler, ruhiger und gemüthlicher als in den Räumen, von denen man sich sagt: nur der Tod scheidet davon.«

Und siehe, Wagner gab nach, hielt am Hausbau fest, freilich in bescheidenerem Maß (eine Villa: doppelt so groß wie das Domizil des Millionärs, nahe am Bahnhof – das war denn doch des Guten zu viel), vertraute der Feustelschen List (Sie werden sehen, wurde dem Künstler bedeutet, mit sinkender Quadratmeterzahl schrumpfen auch die Befürchtungen am Münchner Hof) und wurde vor allem, Geschäftsmann, der er nun einmal war, durch Feustels Trumpfargument eines Bessern belehrt – die Maxime des erfahrenen Kapitalisten und Immobilienhändlers: »Ein sicheres Heim hat einen um so höheren Wert, weil wir in Deutschland in allen großen und größeren Städten einer solchen Wertsteigerung mit Riesenschritten entgegengehen, daß die Existenzbedingungen des Lebens damit verknüpft sind – in einem weit höheren Maße als früher.«

In der Tat, das ist einzigartig und wahrscheinlich unwiederholbar: Da tritt ein Künstler vor eine Stadt, verkündet ein Programm, das unter ökonomischen Aspekten halsbrecherisch war, verlangt dazu ein Haus, an dem gemessen Goethes Domizil am Frauenplan, jedenfalls was die Rückfront angeht, eher bescheiden anmutet (die Schlaf- und Arbeitsräume hätten bei Wagners fürs Personal getaugt, aber nicht für die Herrschaft) ... und bekommt alles, was er verlangt, weil er auf zwei Partner trifft, Friedrich Feustel und, in seinem Gefolge, Theodor Muncker, den Bürgermeister (behutsamer als der Stadtverordnetenpräses, dank seiner Generaldevise: »Bayreuth muß schuldenfrei bleiben«) ... zwei Männer, die ihm vertrauen, ohne deshalb die möglichen Ressourcen für Bayreuth auch nur einen Augenblick zu vergessen: Dieses Unternehmen ist profitabel, hieß die Maxime von Feustel und Muncker – und das wurde es denn ja auch, allen Beinah-Pleiten und Fast-schon-Konkursen zum Trotz.

Eine Festspielstadt Bayreuth ohne Friedrich von Feustel, dessen illustrative Biographie wir Manfred Eger verdanken: undenkbar. Der *eine* Stadtverordneten-Bevollmächtigte ist es gewesen, dem es gelang, daß Bayreuth, mit Feustels Worten, zu einer »offenen, einer der Welt zugewandten Stadt« geworden ist – mitgeprägt von einem Mann, der, seinen »verehrten Freund betreffend, alles, was ihm nützlich erschien, durchsetzen konnte« – außer dem einen, dem vielleicht wichtigsten: Es ist dem Großmeister, dem Meister vom Stuhl der Logen »Zur Sonne« und »Eleusis zur Verschwiegenheit« nicht gelungen, den ein paar hundert Meter entfernt wohnenden *anderen* Meister im Haus der Freimaurer die Absurdität seines rabiaten Antijudaismus zu demonstrieren – in einem Ambiente der Toleranz und Liberalität, das, von Lessings Geist geprägt, am Ende die schauerlichen Sätze hätte tilgen können, mit denen Wagner die Gebote der Aufklärung widerrief, in ausdrücklicher (und wie folgenreicher!) Absage an Lessing: »Richard erzählt mir von einer neuerlichen Aufführung des *Nathan*« – so Cosima, am 18. Dezember 1881 – »wo bei der Stelle, Christus sei auch ein Jude, ein Israelit im Parterre Bravo gerufen habe. Er wirft Lessing diese Fadheit sehr vor, und wie ich ihm erwidere, daß mir schien ein eigener *deutscher* Zug der Humanität in dem Stücke zu liegen, sagt er: ›Aber gar keine Tiefe‹ (und dann) im heftigen Scherz, es sollten alle Juden in einer Aufführung des *Nathan* verbrennen.«

Sätze, die in Bayreuth gesprochen wurden – schauerliche und niederträchtige Sätze, und dennoch gleichwohl Sätze, die untauglich sind, eine unmittelbare Verantwortung Richard Wagners für die Massenvernichtung der Juden in Deutschland zu rekonstruieren; eine Verantwortung, die ebensosehr dem Evangelisten Johannes oder dem frühen Marx, im Hinblick auf die Verbrechen Hitlers und Stalins, aufgebürdet werden könnte. Das aber heißt, in gleicher Weise wie Wagners Satz, er halte »die jüdische Rasse für den geborenen Feind der reinen Menschheit und alles Edlen in ihr«, in seiner antiaufklärerischen Unmoral und seinem Zynismus entlarvt werden soll, ist die ahistorische Behauptung mit Entschiedenheit zu verneinen, daß sich ein monokausales Verhältnis zwischen Wagners dem Rassenantisemitismus zuarbeitender Judenfeindschaft und dem Holocaust rekonstruieren ließe.

Ein – möglichst bald! – gemeinsam von Stadt, Universität und Festspielhaus in Bayreuth durchzuführendes Kolloquium, »Richard Wagner im Licht unserer Erfahrung«, könnte, denke ich, zeigen, daß der Weg von der Parsifal-Ideologie zu Chamberlainschen Verlautbarungen und Hitlers *Mein Kampf* keineswegs den Charakter einer Naturnotwendigkeit hat: Es *hätte* auch anders kommen können, ganz anders, in Bayreuth: im Sinne Feustels und Munckers, deren liberale Visionen zu bedenken uns veranlassen, über dem Wirklichen nicht das Mögliche und über kruder Faktizität nicht die Alternative aus dem Blick zu verlieren – zuallerletzt ein Anderssein, das, fragil, aber zeichensetzend, für die aufklärerische, also einzig humane Tradition am Roten Main steht.

Bayreuth – das ist nicht nur Schwarzweißrot auf dem Festspielhaus-Dach: als Affront gegen die Schwarz-rot-goldene Republik; nicht nur Ludendorff und Chamberlain, Adolf Hitler und Winifred Wagner; nicht nur Deutschland-Deutschland-über-alles am Schluß der *Meistersänger;* nicht nur reaktionäres Lutheranertum, das unter den Klängen des Kaisermarschs auf Thron und Altar schwört.

Bayreuth ist auch das Weiße Buch, das in der Loge am Schloßgarten auslag: unbeschrieben, damit es jedem Bruder möglich sei, in die leeren Blätter die Zeichen seiner eigenen Religion einzutragen: Jud und Christ und Moslem einträchtig nebeneinander, im Bayreuth der Jahrhundertmitte – gemeinsam befugt, das Axiom voraufklärerischer Zeiten außer Kraft zu setzen, das – nachzulesen in Knigges Essay *Über die Freimaurerei* – als Dogma bestimmte: »Die Menschen aller Religionen, Juden, Türken, Heiden werden in allen Logen als Nebenmenschen, die der Achtung, der Liebe und des Beistandes würdig sind, erkannt: allein niemand, als ein Christ, von welcher Sekte er übrigens sei, kann zum Mitglied des Ordens aufgenommen werden.«

Und dagegen nun die Emanzipation der Juden im Lessingschen Tempel; dagegen die Fürsorge zugunsten der Armen und Behinderten, wie sie, beispielhaft, in den auf Humanität und Behutsamkeit verpflichteten Irrenanstalten der Stadt, den oft belächelten, von einer dreisten Fronde mit dem Irresein der Wagnerei verglichenen Kliniken praktiziert wurde: Wer wissen will, wie Menschlichkeit sich im Liebesdienst für die Geschundensten unter Bayreuths Bürgern bewährte, lese jenen Disput zwischen Georg Friedrich Langermann, dem Anstaltschef, und Preußens großem Kulturpolitiker, dem Minister Karl August Fürst von Hardenberg, der, einhundertvierzig Jahre vor dem Beginn der Euthanasie, in der Langermannschen These, formuliert zu Bayreuth, am 28. Mai 1804, mit den Worten auf den Begriff gebracht wird: »Der im Geiste zerrüttete Mensch muß aus seinen Trümmern gleichsam von neuem erschaffen und seiner Bestimmung der körperlichen Arbeit und der vernünftigen freien

Geistestätigkeit entgegengeführt werden.« Wie, fragt der Leser jener großen Kulturgeschichte Bayreuths, die von der Langermannschen Irrenanstalt bis hin zur Villa Wahnfried führt, haben die Menschen in dieser Stadt gelebt, die Unbekannten zumal: verkaufte Soldaten der Markgräfin, auf den Schindanger geworfene »unehrliche Leute«, zu Narren degradierte Menschen in der Zwangsjacke, ins letzte Gefecht geworfene Volkssturmmänner – und dann die Juden: begafft in einem Viehstall, durch die Stadt gejagt, auf Waggons verfrachtet, erschossen in Litauen, vergast in Auschwitz. Wer stand ihnen bei, sprach ein Gebet für ihre Seele, bewahrte ihr Andenken, hat versucht, ihre Spur zu verfolgen? Was ist aus den Nachfahren der jüdischen Geschäftsleute geworden, denen es in Bayreuths dunkelster Zeit, da Festivität und Pogrom zusammengehörten, in letzter Stunde gelang, nach Palästina zu emigrieren? Vergessen – dies alles? Nein, eben nicht.

Wenn dem Bayreuther Gemeinwesen im Jahr des großen Jubiläums etwas zur Ehre gereicht, dann, denke ich, dies: Daß mit Nüchternheit, Einfühlungsgabe, Selbstkritik (auch der schärfsten!) sowie dem Willen, nicht nur die im Licht, sondern auch die im Dunkeln zu ehren, Fragen beantwortet wurden, die, bei Bertolt Brecht, der lesende Arbeiter stellt: »Wer baute das siebentorige Theben? In den Büchern stehen die Namen von Königen. Haben die Könige die Felsbrocken herbeigeschleppt? ... Das große Rom ist voll von Triumphbögen. Wer errichtete sie? ... Caesar erschlug die Gallier. Hatte er nicht wenigstens einen Koch bei sich? ... Friedrich der Zweite siegte im Siebenjährigen Krieg. Wer siegte außer ihm? Jede Seite ein Sieg. Wer kochte den Siegesschmaus? Alle zehn Jahre ein großer Mann. Wer bezahlte die Spesen? So viele Berichte. So viele Fragen.«

So viele Fragen und, fügen wir hinzu, so viele Antworten: in einer Stadt, die sich glücklich schätzen darf, einen Kulturgeschichtler von Rang, Bernd Mayer, als Bürgermeister und einen exzellenten Historiker, Rainer Trübsbach, als Studienprofessor zu den ihren zählen zu dürfen: Da gewinnt Lokalgeschichte den Charakter einer von Plastizität und Verweiskraft strotzenden Chronik, die den Leser, der es leid ist, zum hundertsten Mal Wilhelmines Beschreibung des oberfränkischen Adels (so glänzend formuliert sie ist) oder die Moritat von Wolf und Winifred zitiert zu finden, veranlaßt, das knapp Skizzierte weiterzudenken und Angedeutetes mit Hilfe von Phantasie und Betroffenheit zu ergänzen: Haben Selmar Oppenheim und Raffael Sündermann sich umgeschaut, zur Wilhelmstraße und zur Wolfsgasse hin, als sie ihre Heimat verlassen mußten, »licht und schön gebaut« wie sie war, mit den Häusern, die einmal rein gewesen waren, nicht bespritzt vom Blut der Preisgegebenen? Was haben sie empfunden, die jüdischen Wagnerianer, in der Stadt ihres Meisters – einige wenige unter den Tausenden, die der Musik des *Einen* so sehr vertrauten, daß sie es, wie am Ende des letzten Jahrhunderts geschehen, für durchaus legitim erachteten, daß ein zionistischer Weltkongreß mit der *Tannhäuser*-Ouvertüre begann? Der Leser, dem das Gestern mehr und mehr zum Hier und Heute wird, denkt weiter und immer weiter: Angenommen, die Juden, die in Bayreuth einmal dirigiert, musiziert, gesungen haben, hätten in dieser Stadt ihr Alter verbracht, was wäre aus ihnen geworden? Vergast? Vor Massengräbern exekutiert? Nichts ahnend, da doch alles scheinbar ganz harmlos begann? »Im übrigen wird allgemein erwartet« – *Bayreuther Tagblatt,* 77. Jahrgang, Nummer 26, vom Dienstag, dem 31. Januar 1933 –, »daß Hitler sich als Reichskanzler sehr zurückhalten wird. Der eigentliche Kopf des Kabinetts ist Herr von Papen, der auch der eigentliche Vertrauensmann Hindenburgs ist.«

Nun, was leise begann, gewann schon zwei Wochen später, wiederum im *Bayreuther Tagblatt* – nun in unmittelbarem Bezug zu Richard Wagner – den Charakter unverhohlener Drohung (*wartet nur, jetzt sind wir an der Reihe!*): »Seit der ›glorreichen‹ Revolution von 1918 hat das schlafende deutsche Volk geduldet, daß man (Richard Wagner) zum dritten Mal ins Exil getrieben hat. Die es taten, meinten, es solle für immer sein. Mit Recht! Die Defättisten, Völkerverbrüderer und Aufklärer von Neuweimar konnten den Propheten des deutschen Kaiserreichs, Wiedererwecker nordisch-germanischer Heldenideale, den gläubigen Bekenner der Erlösungsreligion schlechterdings entbehren.«

Nein, keine Chance, nach 1933, für Levi und Cohn, für Freimaurer, Sozialdemokraten und Kommunisten, für bekennende evangelische Christen und Katholiken, die sich dem Herrn, der »selbst ein Jude war«, verbunden wußten (mit gelbem Fleck, ins Gas gejagt) und nicht den arischen Göttern da droben. Keine Chance, für sie alle, in einer Zeit, da Bayreuth eine Gauhalle erhalten sollte, einen Aufmarschplatz und, auf der Bürgerreuth, eine zweite Akropolis, mit Propyläen und Tempeln: Kein bürgerliches Nürnberg, wie Wagner es liebte, sondern eine Thingstätte, in der Richard Wagner in Goebbelsscher Weise instrumentalisiert werden konnte. (Propagandameldungen, hatte der Reichsminister befohlen, sind, in stereotyper Wiederholung, wie Wagnersche Leitmotive zu akzentuieren.)

Was aber war mit dem zweiten großen Bayreuther, Jean Paul: Sollte der auch eine Heldenfestung erhalten, nicht ganz so groß vielleicht, doch immerhin?

O nein! Im Gegenteil! Jean Paul wurde in die Ecke gestellt. Er störte und hemmte bei Aufmärschen den Schritt der Kolonnen (und versperrte dazu den Blick auf den Führer). Beliebt jedenfalls war er nicht, Bayreuths zweiter Mann, im tausendjährigen Reich: befreundet mit einem orthodoxen Juden, seinem Emanuel alias Mandel (Nachname Samuel junior alias Osmund), dem Sohn des Bänderschmul ... Emanuel, einem präfigurierten jüdischen Feustel, der den Freund ein Leben lang mit Hilfe des Bayreuther Biers am Leben hielt, »der Lethe, dem Paktolfluß, dem Nil, der vorletzten Ölung, dem Weihwasser«, das Jean Pauls Lebensmantel, den Magen, besprengte und das in reicherem Maße zu empfangen so viel bedeutete wie: sich Bayreuth, der erträumten und vorausgedichteten Stadt um ein paar Meilen zu nähern – dem Lustlager der Eremitage und der Wunderwelt im Park ums Schloß Fantaisie, das sich, aus der Nähe betrachtet, zumal im Winter freilich eher griesgrämig ausnahm – spießbürgerlich und ganz und gar nicht nach Leibgebers, Siebenkäs' oder Gianozzos, des Luftfahrers Herzen: »So sehr mich mein Herz immer wieder ins Vaterland zurückzieht« – Coburg, 8. Mai 1804, an Emanuel Mandel, »so meine ich doch mehr das poetisch vorgemalte als das wirkliche im Dreck dastehende.«

Und dennoch – Dreck hin und Dreck her – war das reale Bayreuth, dank seiner drei B (Berge, Bücher und Bier – bei Gott einer sympathischeren Dreiheit als die Wagnerschen drei J – Juden, Jesuiten, Journalisten) ... und dennoch war das reale Bayreuth dem Poeten Jean Paul immer noch lieber als der Musenhof Weimar mit seinem steifen Ritual und dem labbrigen Bier – von Coburg zu schweigen, wo der Liebhaber des in den Lexika offenbar zu Recht gerühmten cerevisiums vom Rothen Main anno 1814 die Tranksteuer gleich zweimal zahlen mußte: Beim Ein- und Auspassieren zugleich: »Den

1. wurde ich um 1 rtl. gestraft – 10 gr. Protokoll zahle ich durchaus nicht –« (Botschaft an Emanuel, 14. Januar 1804) »weil ich vor dem Hause des Polizeidirektors... (meines gelehrten Freundes, von dem ich eben herauskam) nachts um 8 Uhr mit der Blendlaterne hinter oder vor 2 Jungfern (diese zeigten es der Polizei an) mein weniges Wasser abgeschlagen hatte, was mir vom Bayreuther übrig geblieben war. Wörtlich ist's wahr mit dieser Pißsteuer. Adio, Alter!«

Nein, viel Staat zu machen war mit dem Kostgänger der Rollwenzelin beim besten Willen nicht, in heroischer Zeit: Dann doch lieber die Götterdämmerung im Zeichen des Endsiegs und die Pilgerschaft hügelaufwärts unter Hakenkreuzflaggen, über die sich Richter und Osmund gewiß noch erbarmungsloser belustigt hätten als Richard Wagner. Ein wohlbeleibter Träumer, mit dem Seidel in der Hand, an der Seite eines Juden, der den Sabbat heilighielt: unerträglich, der Anblick, beim Walhall-Kult der Diktatoren: eine Stürmer-Karikatur, die das erhabene Bild dem Gespött ausgesetzt hätte.

Als ob es in Bayreuth, wenn Festspielzeit war, alleweil nur erhaben zugegangen wäre, zwischen Bahnhof und Hügel – zu einer Zeit, als Orchestermitglieder noch im Gefängnis nächtigen mußten und Sänger im Feuerwehrhaus (die Privatquartiere waren für die Gäste reserviert): in Jahren vor dem Ersten Weltkrieg, mit den oft beschriebenen Szenen, in denen hungrige Besucher zeigten, wie »nah der Mensch dem Tiere steht«.

»Das materielle Leben«, so ein Festspielbericht im Eröffnungsjahr, »wird mit jedem Tag schlechter... Der Mensch, auch der enthusiastischste, lebt nicht allein von den Motiven aus Wagners Musikdramen. In der Theaterrestauration auf dem ›Calvarienberg‹ ist es besser. Sie können für fünf

Mark eine leidlich civilisierte table d'hôte finden, aber mit Hindernissen, bei welchen... die Qualität der Getränke vor Trunksucht schützt. Man wird in Bayreuth also... immer mehr entmaterialisiert, und so fuhr ich heute per Droschke auf den Hügel, um wenigstens nicht total kampfunfähig zu sein, wenn die Vorstellung um vier beginnen würde.«

So reizvoll die berühmten Schlachtbeschreibungen à la Tschaikowsky sich ausnehmen, die den Smoking- und Abendkleidkämpfen gelten ... amüsanter sind, bis 1914 (danach geht's feierlich zu; am Ende, wenn nur noch mit erhobener Rechten gegrüßt wird, eher tieftraurig), die Zeitungsmeldungen – am amüsantesten aber die Reportagen der Lokalpresse zwischen 1951 und heute, Notate über den Einzug der Gäste am Premierentag, die, nacheinander gelesen, auch dann noch als herzerquickende Hofberichterstattung erscheinen, wenn der Analytiker spätestens 1960, nach der Lektüre des zehnten Auffahrt-Reports, die Topologie der Berichte durchschaut hat: Wie war das Wetter? Wann kamen die ersten Zaungäste? In welcher Zeit durchschritt die Prominenz das Portal? Wie viele Autos fuhren vor? Wer wurde am meisten beklatscht? (Die Begum natürlich.) Wer am wenigsten? (Peter Gauweiler; er kam zu früh.) Und weiter: Waren die Kleider der Damen im Einklang mit den Grundfarben der Bühnendekoration? Und wiederum: Nach wie langer Zeit begannen die hohen Gäste (*hoch* sind sie für die Lokalausgabe geblieben: von Kaiser Wilhelm bis zu Alois Hundhammer), den Tatbestand zu realisieren, daß der Aufmarsch in einem großen Bogen zu erfolgen hat und nicht direkt zur Mitteltreppe führt? (Anmerkung der Redaktion: »Einige Unverbesserliche, die direkt auf die Schräge des Königsportals zuliefen, wurden von Polizisten hilfreich umgeleitet« – zu Fuß, wie sich versteht.)

So geht es Jahr für Jahr, stereotyp und gleichwohl liebenswert: kein Anlaß also zu Herablassung und Beckmesserei im Gemerk ... und das um so weniger, als es von Zeit zu Zeit eben doch Überraschungen gibt: zum Beispiel, wenn Kaiser Franz den Hügel betritt und später, während des Büfetts, als »bayerisches Edelbein« – O-Ton *Nordbayerischer Kurier* – »beim 73er Randesacker Ewig Leben die goldenen Kehlen aussticht.«

Und schließlich die Krönung – der Hofbericht vom 28. Juli 1969, in dem es über den Staatsempfang im Neuen Schloß wortwörtlich heißt: »Im großen Gobelinsaal trafen sich wie weiland zu König Artus' Tafelrunde die Auserwählten. 450 Gäste waren geladen – 650 gekommen. Einige Herren sah man mit verschämten Papierservietten(!) unterm Arm, worin sie sich die zur Dekoration verteilten Schweinsfüße hatten einpacken lassen. Für die Vierbeiner daheim, wie sie entschuldigend lächelten. Als Souvenirs vom Staatsempfang.« – Man sieht, ganz so feierlich ist die Hofberichterstattung denn doch nicht – hier und da sogar witzig und voll Hintersinn – einer Stadt und einer Festspielhaus-Direktion angemessen, die, unter anderem, auch über eine Eigenschaft verfügt, die Fontane (auch er, wie man weiß, ein Festspielgast, freilich kein erfolgreicher) die schönste nannte: die Selbstironie.

Jawohl, es macht, wie zur Gründerzeit, wieder Spaß in Bayreuth; Pathos, Berückung und Glanz sehen sich – dafür sorgt schon Wolfgang Wagner, der Hausherr – verfremdet durch einen wahrhaft festlichen Witz (»Witz« im Lessingschen Sinn), will heißen: durch intelligentes Theater, dessen Werkstattvariationen vom Zuschauer eine spezifisch Bayreuthsche Art entzückter Konzentration verlangen.

Die Mühen der Nachkriegszeit haben sich ausbezahlt;

falsche Freunde, Altwagnerianer und Münchner Widersacher – ein dezidierter Linker namens Herbert Hupka an ihrer Spitze: lang lang ist's her – sind auf der Strecke geblieben; den Isar-Attacken gegen das vermeintlich braune Bayreuth wurde mit der Frage begegnet, ob in der Hauptstadt der Bewegung und, fügen wir unter der Devise *wenn schon, denn schon* hinzu, der Richard-Wagner-Stadt mit ihrem schändlichen Protest gegen Thomas Mann und seinen Essay *Leiden und Größe Richard Wagners,* denn keine Hakenkreuzfahnen herausgehängt wurden, in dreizehn Jahren?

Man sieht, die *entente cordiale* zwischen Stadt und Festspielhaus bewährte sich glänzend; in Hans Rollwagen und Karl Würzburger präsentierte sich das Duo Feustel und Muncker in neuer Gestalt; gelassene Entschiedenheit beherrschte die Szene: Man habe gelernt in Bayreuth und werde beweisen, was Einsicht, wenn sie sich mit Kunstverstand und Meisterschaft im Kalkulieren verbindet, zu bewirken versteht. Man werde beweisen? Man hat es – und dafür sei Wolfgang Wagner von Herzen gedankt. (Ihm und seiner Frau Gudrun, den beiden, die, dank der Verbindung von Fränkisch und Oxford-English, eine einzigartige Synthese zwischen Bodenständigkeit und Weltläufigkeit präsentieren: ganz im Sinn der Ursprungsintentionen Neu-Bayreuths!) Jawohl, man hat sie bewiesen, die Lernfähigkeit – mit Beharrlichkeit, behutsamer Konsequenz, viel List sowie *Beständigkeit und Treue,* auf beiden Seiten: »Wir verschließen die Augen nicht vor den Schatten«, hat Oberbürgermeister Rollwagen anno 1948 aus Anlaß des 200jährigen Jubiläums des Markgräflichen Opernhauses hier an dieser Stelle erklärt, »die sich ... in den vergangenen Jahren ... um das Werk gebreitet haben, mit dem der Name unserer Stadt in aller Welt verknüpft war und, wie wir hoffen und wünschen, verknüpft bleiben wird. Der Rat dieser Stadt ist gewillt, was er tun kann, dazu beizutragen, daß diese Schatten zerstreut werden und es um das Haus auf dem Festspielhügel wieder hell und klar werde.«

Ein Vierteljahrhundert später ist, ohne Überheblichkeit, wohl aber eine mittlerweile längst selbstverständlich gewordene Renaissance der Festspiele benennend, mit Nachdruck zu bezeugen: Die Hoffnung von 1948 hat nicht getrogen, das Vertrauen der Stadt wurde belohnt. Nicht nur die Brüder Wagner, auch viele Helfer an ihrer Seite – Herbert Barth, der Initiator der Internationalen Jugendfestspiele, sei vor allen anderen genannt – haben dazu beigetragen, daß Bayreuth, dessen sommerliches Theater, ein artistisches Spektakel höchsten Ranges, Richard Wagner – spät, aber nicht zu spät – heimgeholt hat ins Hier und Jetzt: ins Reich der Moderne und des verläßlichen Avantgardismus ... viele Menschen, wollte ich sagen, auch und gerade die Ungenannten, haben dazu beigetragen, daß Bayreuth, diese janusgesichtige Stadt, zugleich Polis und Kosmopolis ist: weltoffene Metropole à la Friedrich Feustel oder Hans Rollwagen *und* Kleinstadt, deren Eisenbahnverbindungen gen Norden (im vereinten Deutschland so wichtig!) selbst erfahrenen Kursbuch-Experten schiere Verzweiflung einflößen. (Frage: Wie komme ich schneller nach Hof: über Neuenmark/Wirsberg oder via Kirchenlaibach, Haidenaab-Göppmannsbühl und Marktredwitz? Antwort: Die Frage ist nicht zu beantworten: Der Reisende braucht in *beiden* Fällen 1 Stunde und 27 Minuten.)

Und dennoch! Richard Wagner, der in einem historisch wohlbegründeten Axiom die These vertrat, in Deutschland sei wahrhaftig nur der Winkel, nicht die Hauptstadt, produktiv geworden, ist, dank der Enkel, heimgeholt in eine Stadt, die, seit 1989 mehr denn je, die Aufgabe hat, jene Mittlerrolle zu spielen, die ihr vor 120 Jahren vorausgedacht wurde: Thüringen und Franken, Weimar und Bayreuth, die beiden Städte, die, mit Goethe zu reden, »wie Bethlehem in Juda« sind, »klein und groß«, Alt- und Neubürger, Einheimische und Gäste, die, nach vielen Jahren des Miteinanders, Anspruch auf ein zweites Bürgerrecht haben, miteinander zu versöhnen: im Aufblick zu einem Künstler, der erfahren hatte, was Heimatlosigkeit bedeutet, und in Bayreuth eine bürgerliche Bleibe suchte, »gesegnet und lieblich«, ein Domizil, das ihn schützte, so daß er, der, trotz aller Enthobenheit, als Bürger unter Bürgern gelebt hat, in Wahnfried am Schloßpark, mit Theodor Fontane hätte sagen können: »In der Jugend ist man eben dreister, mag nicht die Zunft der Handwerksmeister. Jetzt ist mir der Alltag ans Herz gewachsen, und ich halt es mit Rosenplüt und Hans Sachsen.«

FREIBURG IM KRIEG – MEMENTO

ZUR ERINNERUNG AN DEN 27. NOVEMBER 1944

Freiburg, 27. November 1944, sechs Uhr früh: Die Ordensschwester, ihr Name war Geriberta, hatte in der Frühmesse das Gebet gesprochen, ehe sie in der Medizinischen Klinik, Station Eppinger, mit den Tagesgeschäften begann: Ein italienischer Zwangsarbeiter, den man am Abend vorher eingeliefert hatte, war am frühen Morgen gestorben. »Er ist zu uns gekommen, weil er versorgt sein wollte.« *Versorgt:* Damit meinte Schwester Geriberta, die zum Kreis der Barmherzigen Schwestern vom Heiligen Vinzenz von Paul, den Töchtern der christlichen Liebe gehörte, nicht das Waschen und Bekleiden, ein Linnenhemd statt der Stoffetzen und Lumpen, sondern das Spenden der Sterbesakramente in der Nacht auf den 27. November.

Die Schwestern hielten sich an ihre Gebote; es hatte seinen Grund, warum die Konfession nachdrücklich markiert wurde, anno 1944, in der Medizinischen Klinik an der Hugstetter Straße. Römisch-katholisch, evangelisch, gottgläubig, *quartum non datur,* Atheisten gab es nicht für die Töchter des Heiligen Vinzenz, nur Menschen auf den Wegen zwischen Zeit und Ewigkeit.

»Gottgläubige« wurden weder mißachtet noch zur Konversion gedrängt; Katholiken eher streng behandelt; wer sich zur Kommunion anmeldete, obwohl er doch wissen mußte, daß eine Magenaushebung anstand, erhielt einen Verweis. Der Protestant aus Hamburg, wegen lebensbedrohender Asthmaanfälle schon ein paar Wochen lang in der Klinik, hatte sich an das Leben in zwei Reichen gewöhnt: Die Ärzte mit dem weißen Kittel über der Uniform und den Militärstiefeln, die ihr Kommen von weither ankündigten, hatten Anspruch auf ein »Heil Hitler, Herr Oberstabsarzt«, aber dieser Komment galt nur für die Patienten; die Töchter der christlichen Liebe sagten: »Guten Morgen, Herr Doktor.«

Die Nacht war schlecht gewesen, für mich; die Wirkung der Asthmatrinspritze hielt nur kurze Zeit an; die Nachtwache hatte Schwester Geriberta Bescheid gegeben: »Es wird Ihnen bald besser gehen am Tag, der Nebel löst sich rasch auf. Ein Spaziergang, mittags, wird Ihnen gut tun.«

Ich erinnere mich sehr genau: Seit einigen Wochen hatte ich wieder Hoffnung gefaßt – ein Patient auf dem Weg langsamer Genesung, das war ein Fall für Staatsexamenskandidaten und die Vorstellung in der Hauptvorlesung. (Das erste Mal nicht im Auditorium, sondern auf dem Podest – bei Gelegenheit eines Antrittskollegs? O nein, bei der Demonstration als Patient: Walter Jens, stud. phil., sechstes Semester. In ein paar Wochen wird man ihn, am 8. Dezember 1944, in abgekürztem Verfahren, promovieren. Aber bis es soweit ist, wird sich die Welt um ihn herum von Grund auf verändern.)

Schwester Geriberta hatte recht: Der Tag wurde angenehm, der Atem ging freier, der Wind vom Höllental her verschaffte, Stunden später, Linderung. Meine Erinnerung, die, im Hinblick auf das Ereignis des Abends, viel schärfer ist als im Rückblick auf Tausende anderer Tage, deckt sich mit den Angaben über die Wetterlage, die Gerd R. Überschär in seinem Buch über Freiburg im Luftkrieg rekonstruiert hat: »Gegen Morgen löste sich der Dunst oder Nebel auf, wobei die Tiefsttemperaturen auf Werte zwischen Null und minus

4 Grad absanken. Auf der Rückseite der … von Karelien über Smolensk reichenden Kaltfront stieg der Luftdruck kräftig, so daß jetzt am Montag eine von den Azoren bis Mitteleuropa reichende Hochdruckzone über Deutschland lag.«

Ich erhielt, das ist anzunehmen, an diesem Tag viel Besuch von Freunden, die aus der Belfortstraße, von der Universität, in den Stühlinger kamen: »Du atmest freier als vor einer Woche.«

Das Vorlesungsverzeichnis weist aus, daß an diesem Montag Friedrich Maurer über die deutsche Dichtung der Stauferzeit las; Johannes Vincke (»mit der Vertretung des ordentlichen Lehrstuhls für Kirchengeschichte beauftragt«) behandelte das christliche Altertum, Walter Eucken setzte ein Kolleg fort, das – man bedenke: im Wintersemester 1944/45! – unter dem Titel ›Konjunktur und Konjunkturbeobachtung (einschließlich der Bewegungsvorgänge in der Volkswirtschaft und Marktbeobachtung)‹ angezeigt worden war; Lektor Kresling dozierte Russisch für Anfänger ohne Vorkenntnisse; hebräische Elementargrammatik wurde traktiert – alles in der Endphase des Krieges! Die Mediziner hielten ihre Clinica ab – doch es gab auch Vorlesungen, die nicht stattfinden konnten, weil die Dozenten von der Geheimen Staatspolizei abgeholt worden waren. Gerhard Ritter: Allgemeine Geschichte der Neuzeit V: Das Zeitalter der Französischen Revolution und Napoleons – »das Kolleg fällt aus« und wird, nicht anders als die Vorhaben der Professoren Konstantin von Dietze und Adolf Lampe, gestrichen: Die Gelehrten waren, wegen ihrer Kooperation im Arbeitskreis ›Freiburger Denkschrift‹, der einen Traktat über die ›Politische Gemeinschaftsordnung. Ein Versuch zur Selbstbesinnung des christlichen Gewissens in den … Nöten unserer Zeit‹ vorbereitete, sowie wegen ihrer Verbindungen zu Kreisen des deutschen Widerstands, von Bonhoeffer über Peter Graf Yorck von Wartenburg bis hin zu Carl Goerdeler, in Haft.

Freiburg am 27. November 1944 – ein Tag universitären Alltagsbetriebs (drei Viertel der Vorlesungen könnten genausogut fünfzig Jahre später angekündigt werden: ›Grundfragen der Metaphysik‹ und ›Mittelalterliche Sprachphilosophie‹, ›Frakturen und Luxationen‹ und ›Einführung in die Chemie der organischen Farbstoffe‹); aber es war zugleich ein Tag, an dem die ausgefallenen Vorlesungen sichtbar machten, unter welchem Diktat jene Albert-Ludwigs-Universität stand, deren vor anderen herausgehobener und im Vorlesungsverzeichnis an erster Stelle genannter Ehrensenator Dr. jur. Wilhelm Frick war, Reichsprotektor von Böhmen und Mähren, ein *rector magnificentissimus,* wenn man so will, der, die Partei vertretend, für die Wahrung des Satzes im Vorlesungsverzeichnis stand: »Als Hörer können nicht zugelassen werden: Juden, welche die deutsche Staatsangehörigkeit besitzen. Die Zulassung jüdischer Mischlinge richtet sich nach besonderen Vorschriften, über die im Rektorat Auskunft gegeben wird.«

Kein Jude, seit vielen Jahren schon, an der Freiburger Universität – auch das gehört zum 27. November, einem schönen, sehr sanften, kaum bewölkten Frühwintertag, an dem ich, an der Seite einer jungen Frau, die ich liebte (einer Krankengymnastin, die vor wenigen Stunden ihr Examen bestanden hatte) durch das Klinikgelände ging; ungefähr um die Zeit, kurz vor 12 – zu verifizieren bei Überschär, für den Betroffenen mit angehaltenem Atem! –, als das Hauptquartier des britischen Bomber Command den definitiven Angriffsbefehl ausgab. Zielobjekt Freiburg im Breisgau. Beginn des Bombardements: 20 Uhr. Definition der Attacke: Drei-Stufen-Sequenz: zuerst, durch kurzen Intervall unterbrochen, Abwurf der Sprengbomben, dann, beim Einsatz der dritten Welle, Wechsel des Materials: Einsatz von Brandbomben. Organisation des Angriffs: wie üblich. Inszenierung eines Feuerwerks, Illuminierung mit Hilfe von Leuchtbomben zur Markierung des Terrains. Chef des Unternehmens: Wing Commander T. E. Ison. Name der Operation: Tigerfish.

Erinnerung an den 27. November 1944, das heißt heute für mich, der ich, nah am Zentrum, den Angriff miterlebt habe, meine Blicke zu teilen: Ich bin in der Medizinischen Klinik und verfolge zugleich in Gedanken die Verständigung unter den Piloten; ich lebe ahnungslos dahin und weiß doch Bescheid: ich denke an die dreitausend Menschen, die in ein paar Stunden elendig krepieren werden, und beobachte, durch die Militärforschung belehrt, das Reglement der Attacke. Was haben die Lancaster, was die Mosquitos zu tun, wenn die Stunde X kommt, wie werden, aus großen Höhen, die Zielpunkte bestimmt?

Bis wenige Sekunden vor 20 Uhr sind die einen, über die ich lese, und die anderen, deren Schicksal ich beinahe geteilt hätte, weit voneinander entfernt: Hier der Kanadier P. F. Clyton, der um 20.20 Uhr an seinen Einsatzflugplatz zurückkehren wird, und dort die hundert Mitarbeiter der Reichspost, die sich, zur Spätschicht eingeteilt, auf den nächsten Tag freuten. (Aber den wird es nicht geben für sie.)

Ich denke an die Piloten aus Australien, Kanada, Neuseeland und Polen; ich denke an die Frauen in der Bahnhofsstraße, aber auch an die Flugzeugführer aus Chemnitz oder Friedrichshafen und die Kinder in London oder Coventry, die im Garten spielten, zu einer Zeit, als die Bomber aus Deutschland ihre Basen schon verlassen hatten.

Aber dann, auf einmal, verblassen die Bilder, das dialektische Spiel von oben und unten, den Christbäumen am Himmel, diesen todankündigenden Leuchtzeichen, und den Menschen, die, während die Markierungskugeln aufblitzen, allesamt wissen: *Du bist im Zielquadrat; jetzt ist es soweit* – all das wird unwesentlich; denn die Vergangenheit verwandelt sich plötzlich ins Präsens; die Sirenen heulen; ich stürze in den Keller; die Frau, die ich liebte, an meiner Seite (sie wird überleben, während ihre Kolleginnen, zu einer Examensfeier in einem Restaurant vereint, in dieser Nacht sterben) und dann ... nein, kein ›und dann‹. Bersten, Krachen, Zerbrechen, Platzen, Heulen: Das sind Worte, die das Inferno nicht beschreiben können. Nüchternheit ist angezeigt; sachliche Beschreibung im Stil jenes Arztberichts, den ein Mann, der damals ganz in meiner Nähe gewesen sein muß, Dr. Harnasch, notiert hat: »Der Boden schwankte wie das Deck eines Schiffes ... [und] unter einer besonders heftigen Detonation jagte ein scharfer Luftzug eine ungeheure Staubwolke aus dem Kellergang des Hörsaalbaues in die übrigen Luftschutzgewölbe ... Die Lüftungsanlage des Hörsaals war durch den Luftdruck zweier Treffer, die den Hörsaalbau auseinandergerissen hatten, gesprengt worden und der Staub des einstürzenden Gebäudes wurde durch den Luftdruck in den Luftschutzkeller gepreßt. Die Trockenheit in Mund und Nase wurde fast unerträglich.«

Ja, jetzt erinnere ich mich: wie die Schwestern Tücher brachten, die in Wassertonnen rings um die Betten, in denen tagein, tagaus die nicht mehr Gehfähigen, die Amputierten und Moribunden lagen, angefeuchtet wurden.

Ich rieche wieder das Tuch, das ich mir an den Mund hielt, zwischen den Atemzügen mit Hilfe des Bronchovydrin-Inhalators.

Und dann sehe ich noch etwas, was *nicht* beschrieben

worden ist: Während die Patienten, die auf dem Boden neben uns hocken, wimmern und stöhnen und die jungen Nonnen beten: »Heilige Mutter Gottes, stehe uns bei, jetzt und in der Stunde unseres Todes«, geht eine weißgekleidete Gestalt mit einer Kerze, die durch den Luftzug immer wieder erlischt, den Gang auf und ab, tröstet die Weinenden, legt, hier und dort, einem Kranken die Hand auf den Scheitel: »Seien Sie gefaßt, mein Sohn, ich bete für Sie« – und diese *eine* Gestalt, die Schwester Oberin der Medizinischen Klinik: eine Tochter der christlichen Liebe, hat mir Kraft gegeben, ein paar Tage später, zuerst für kurze, dann für längere Zeit, bis zur Universität, zum Münster und den beiden Toren zu gehen; aber das war nicht mehr meine Stadt, die mir wie einem Toten, der für ein paar Stunden zurückgekehrt war, begegnete: Das war eine Theaterkulisse, ein Monstrum aus Mörtel und Staub, ein jahrhundertealtes Gebilde, das innerhalb weniger Minuten in eine graue Szenerie verwandelt worden war, die, unvergleichbar mit dem Davor, allenfalls durch biblische Analogien erfaßt werden konnte: »Ja, so mag Gomorrha ausgesehen haben, am Tage danach.«

Und dabei hatte ich doch meine Vaterstadt, das zerstörte Hamburg, gesehen: hineingefahren von Freiburg aus, im Juli 1943, im Kreis einer gespenstischen Reisegesellschaft, deren Mitglieder sich gegenseitig in Schreckensschilderungen überboten: »Wo wohnen Sie? In Eppendorf? Beim Krankenhaus? Junge, da ist alles platt.«

Nun gut, Hamburg: Da hatte man, nicht anders als im Ruhrgebiet und in Berlin, jeden Tag mit dem Schlimmsten gerechnet: *Einmal kommt der Tag.* Aber Freiburg! Da gab's die Kliniken und die Universität, das Münster und das Erzbischöfliche Palais. Freiburg: Das waren der Schauinsland und die Maiandacht, waren die Vogesen, vom Schloßberg aus im Abendlicht angeschaut, und ganz nah, der Kaiserstuhl: *In Achkarren schenken sie noch Wein aus.*

Freiburg, glaubten wir, sei behütet; aber wir irrten uns und hätten's wissen können, wäre uns der Gedanke an das Bombardement englischer Kunstmetropolen durch die eigenen – unsere! – Flieger gekommen. Erinnerten wir uns daran: zumindest am Tage danach? Es könnte wohl sein: Auf jeden Fall habe ich, in den letzten Novembertagen, niemals so etwas wie eine Verfluchung der Täter, ein Fäusteschütteln und ein »Wartet nur, Ihr, wir schlagen zurück« erlebt.

Hans Erich Nossacks Erfahrungen nach dem Untergang des alten Hamburg gelten auch für unsere Stadt: »Ich habe nicht einen einzigen Menschen auf die Feinde schimpfen oder ihnen die Schuld für die Zerstörung geben hören. Wenn in den Zeitungen Ausdrücke wie Luftpiraten oder Mordbrenner standen, so hatten wir kein Ohr dafür. Eine viel tiefere Einsicht in die Dinge verbot uns, an einen Feind zu denken, der dies alles verursacht haben sollte; auch er war uns höchstens ein Werkzeug unkennbarer Mächte, die uns zu vernichten wünschten. Und so habe ich auch nicht einen einzigen Menschen getroffen, der sich mit dem Gedanken an eine Rache tröstete. Im Gegenteil, man sagte oder dachte: Wozu sollen die anderen auch noch zugrunde gehen? Es ist mir berichtet worden, daß man einen Schwätzer, der von Vergeltung und Vernichtung der Feinde durch das Gas redete, windelweich geprügelt habe. Ich war nicht dabei, doch wenn es geschehen ist, dann geschah es, um eine entweihende Dummheit zum Schweigen zu bringen. Das alles muß einmal gesagt werden; denn es gereicht dem Menschen zum Ruhm, daß er am jüngsten Tag sein Schicksal so groß empfand. Und wenn ... es nur für eine kurze Spanne war.«

Nein, Ankläger sind wir gewiß nicht gewesen, wir Überlebenden: dafür wußten wir zu genau – freilich auch: zu spät! –, wer diesen Raubkrieg begonnen hatte, die Deutschen, und wer sich dagegen wehrte, die Alliierten. Aber Fremde: ja, das sind wir geworden, in den Tagen nach dem 27. November; herausgehoben, in zwanzig Minuten, aus der Hybris und Gedankenlosigkeit: *Was auch geschehen ist, um uns herum, wir bleiben verschont. Wir brauchen nicht zu bezahlen.*

Nein, Haß haben wir nicht empfunden, in den Tagen vor fünfzig Jahren. Aber Schuld? Ein wenig vielleicht. Auf jeden Fall aber Neid. Neid auf die Menschen, die irgendwo im Schwarzwald, in Saig oder am Rinken, geborgen um die *Kunscht* herum saßen; Neid vor allem auf die Unbetroffenen, jenseits der Grenze im Süden, die über die Straßen flanierten, in hellen Spitalzimmern auf Regionen schauten, die kein Mosquito und keine Lancaster jemals antasten würden: die Schweiz – der Inbegriff eines verläßlichen Friedens. Am 27. November wies die *Neue Zürcher Zeitung* auf die Herstellung unvergorener Traubensäfte in den Staatskellern hin, Opernbälle wurden angezeigt, Weihnachtsbackwaren in leuchtenden Farben beschrieben, der Sankt Galler Große Rat hatte getagt, und ein »kultivierter Akademiker, Mitte vierzig«, suchte per Annonce, für den *ballo studenti Ticinesi* eine »Dame aus guten Kreisen als Partnerin«.

Die Schweiz – das ist damals unser geheimes Dorado gewesen, in Freiburg: früher Traumland, jetzt ein Märchenreich – eine Realität, die, an deutscher Wirklichkeit gemessen, nur mit jenem Paradies vergleichbar war, das in Grimmelshausens Roman den vom Schwäbischen ins Helvetische wallfahrenden Simplicius und Herzbruder aus der Perspektive des Dreißigjährigen Kriegs wie eine Welt auf einem anderen Stern erschien, und zugleich, ach, bodenseenah: »Das Land kam mir so fremd vor gegen andere deutsche Länder; als wenn ich in Brasilien oder in China gewesen wäre. Da sah ich die Leute in dem Frieden handeln und wandeln, die Ställe standen voll Vieh, die Bauernhöfe liefen voll Hühner, Gäns und Enten, die Straßen wurden sicher von den Reisenden gebraucht, die Wirtshäuser saßen voll Leute, die sich lustig machten. Da war ganz keine Furcht vor dem Feind, keine Sorge vor der Plünderung und keine Furcht, sein Gut, Leib noch Leben zu verlieren; ein jeder lebte sicher unter seinem Weinstock und Feigenbaum, und zwar, gegen andere deutsche Länder zu rechnen, in lauter Wollust und Freud, also daß ich dieses Land für ein irdisch Paradies hielt.«

Memento im November 1994 – das bedeutet: Erinnerung an die Menschen, die vor 50 Jahren Fremde geworden sind, mitten im eigenen Land, wer weiß, in diesem Augenblick vielleicht zum ersten Mal bedachten, daß es vor ihnen andere gab, die erfahren mußten, was es heißt, aus vertrauten Bindungen, dem Ambiente einer geliebten Stadt, einem Freundeskreis und einer Arbeitswelt herausgerissen zu sein, auf deren Bestand man glaubte bauen zu können: Freiburgs jüdische Bürger, deren brennende Synagoge auf die Totennacht vorauswies, in der Unschuldige zu bezahlen hatten, was Unschuldigen angetan worden war – beide in gleicher Weise verhöhnt.

Oder ist es kein Hohn, wenn in der Freiburger Zeitung *Der Alemanne* (Datum: 13. Februar 1945) den Opfern des Angriffs diktiert wird, sie seien »für die Freiheit und die Zukunft unseres Volkes und Reiches gefallen«? Anger, Maria, 36 Jahre, Ehefrau; Anger, Günter, 14 Jahre, Kind; Anger, Hannelore, 10 Jahre, Kind; Anger, Doris, 7 Jahre, Kind; Anger, Georg, 2 Jahre, Kind: gefallen für die Freiheit und Zukunft unseres Volkes? Nein, hier wird ein zweijähriges Kind zum Helden stilisiert, fremdbestimmt und in den Dienst einer Herrscherclique genommen, die, nach dem Kampf gegen die Feinde, längst daran gegangen war, die Bataille gegen die Eigenen zu eröffnen.

Preisgegeben, die Kinder – so wie Jahre zuvor die Juden preisgegeben worden sind: verhöhnt nicht durch dreiste Usurpation, sondern durch eine öffentliche Anprangerung von beispielloser Inhumanität, die auf totale Ausgrenzung und Verlorenheit zielte. Die Doktortitel: aberkannt; die bürgerlichen Ehren: für null und nichtig erklärt; das Miteinander unter den Bürgern: verboten – ein Jude durfte, in Freiburg so wenig wie in Berlin oder Hamburg, von einer öffentlichen Fernsprechzelle aus telefonieren, auf der Straße laut sprechen, beim Bäcker um ein paar Brotkrümel nachsuchen oder eine öffentliche Bibliothek benutzen ... ein Freibad erst recht nicht. (»Klagen über provozierendes Verhalten der Juden in den städtischen Freibädern haben den Oberbürgermeister veranlaßt zu bestimmen«, so *Der Alemanne* vom 24. Juli 1935, »daß der Zutritt in das Strandbad und die übrigen Städtischen Freibäder für Juden mit sofortiger Wirkung verboten wird.«)

Kurzum, des 27. November 1944 zu gedenken, heißt zugleich, nicht nur die Pogrom-Nacht, sondern schon den 1. April 1933 im Blick zu behalten, um derart die Boykott- und die Gefallenen-Liste sorgfältig miteinander zu vergleichen: Unversehrt stünde Freiburg heute da, wenn die Anger-Kinder die jüdische Ärztin Dr. Else Liefmann, Gartenstraße 2, hätten aufsuchen können – die Bürgerin unter den Bürgern.

Nun, es ist anders gekommen. Mit jedem Jahr, das nach 1933 verging, sind Freiburgs Juden einsamer geworden; nicht nur im besetzten Polen, auch an der Dreisam gab es für Menschen, die sich eines Tages noch nicht einmal mehr ein Haustier halten durften, ein Ghetto, das den Herrschenden verbürgte, daß ihr der Vernichtung anheimgegebener Feind zunächst einmal ausgegrenzt war.

Stellvertretend nicht nur für Freiburgs, sondern für alle Juden Deutschlands hat Berlins großer Rabbiner Joachim Prinz schon anno 1935 geschrieben: »Das neue Ghetto ist ein Leben in den vier Wänden. Es ist ein Leben ohne Dinge, ohne Echo, ohne ›Leben‹. Es wird zum Schemen. Jetzt im Herbst fährt man durch rot gefärbte Wälder, die der Nadelwald scharf kontrastiert. Man denkt an die Tage von einst: Der Ausflug am freien Tag, die Wanderung, die Fahrt der Jugend – ach, wie kümmerlich ist das alles für uns geworden! Auf den Weinbergen stehen fröhliche Menschen. Sie singen. Durch die Straßen der Stadt fahren die Karren mit den großen Holzbottichen, die den Most aufnehmen sollen. In den Wirtshäusern ... mit den großartig zierlichen Ornamenten der Fachwerkhäuser und [in] den geraden Straßenzeilen wird eifrig gesäubert. Unsere Menschen hatten einmal an alledem Anteil. Am Lied und am Wein. ›Schon hebt sich auch das Herbsten an‹, haben wir einmal gesungen. Das ist zu Ende.«

Zu Ende, für immer, in Freiburg, an jenem 22. Oktober 1940, als 361 Juden, zusammen mit anderen Preisgegebenen aus Baden und der Pfalz, ins südfranzösische Lager Gurs transportiert wurden – ein Barackenareal, das ursprünglich zur Internierung spanischer Soldaten und Interbrigadisten, später zur Gefangennahme sogenannter feindlicher Ausländerinnen diente. Eine von ihnen, über Jahre hinweg Martin Heideggers Geliebte, hieß Hannah Arendt: So nah lag Gurs bei Zähringen – Gurs, wo Dr. Else Liefmann als Ärztin arbeitete und Robert Grumbach, vor 1933 in Freiburg sozialdemokratischer Stadtrat, seinen Hebel und Hansjakob las, die ihm »die Berge, die Wälder, die Lieder und die Freunde der Heimat ersetzen« mußten: zu einer Zeit, als die Daheimgebliebenen ihre jüdischen Bürger (Bürger, wohlgemerkt, nicht Mitbürger) mehr und mehr zu vergessen begannen, während man im fernen Amerika ihrer gedachte ... in einem Land, wo Hilfsorganisationen sich um die Vertriebenen sorgten und ihnen halfen, wann immer es ging: eine Weile zumindest – bis zu jenem August 1942, in dem der *Aufbau*, die Zeitschrift der deutschjüdischen Emigranten nicht nur in den Vereinigten Staaten ihren Lesern mitteilte: »Der *Aufbau* hält es für seine Pflicht, nachstehend die ihm ... zugeleitete erste authentische Namensliste derjenigen jüdischen Flüchtlinge zu veröffentlichen, die auf Befehl des Laval-Regimes aus dem unbesetzten Frankreich in der letzten Zeit deportiert wurden. Die hier aufgeführten Personen befanden sich vor ihrer Vertreibung im Lager von Gurs. Wir unterziehen uns dieser traurigen Aufgabe, weil wir glauben, daß für viele der in den U.S.A. lebenden Angehörigen die dadurch erlangte Gewißheit dem trostlosen Warten auf Nachrichten von ihren Lieben noch vorzuziehen ist.«

Und so sah die Gewißheit aus: Zweitausend Juden wurden von Gurs aus in die Vernichtungslager transportiert. Überlebt haben dreizehn. Hinter den Namen der anderen stehen die Worte *verschollen* oder *für tot erklärt* – Synonyma für *vergast:* Bloch, Betty; Bloch, Camilla; Bloch, Friedrich; Bloch, Ida; Bloch, Isidor; Bloch, Julius: Die Litanei hat viele Strophen und alle präludieren den Totengesang vom November.

Nichts, so der Wille der Antisemiten aus Deutschland, sollte übrigbleiben von den Freiburger Juden, nicht ihre Gebeine, nicht ihr Hab und Gut, nicht ihre Kleider und, vor allem, nicht ihre Bibliothek. Die Bücher der am 22. Oktober 1940 Verschleppten gingen, gegen geringes Entgelt, in den Besitz der Freiburger Universitätsbibliothek über: Fräulein Dr. Selma Fließ, Maximilianstraße, 870 Bände (Anmerkung des Universitätsbibliotheksdirektors: »Sehr schöne u. gepflegte Bibliothek; Deutsche Literatur (vor allem Raabe), Französ. Literatur (Klassiker); etwas engl. Literatur«. Frau Eleonore Gellin, Hebelstraße 23, 1200 Bände »Schöne Lit. gute Klassiker-Ausgabe, Noten und Briefe«. Nachzulesen in Ingo Toussaints Monographie über die Universitätsbibliothek Freiburg im Dritten Reich.)

Und nirgendwo Hilfe? Wirklich: nirgendwo? Kein Geleitgruß für die Verschleppten? Kein »Ich gehe nun auch nicht mehr nach Ebnet, ins Freibad«? Keine Empörung, von seiten der Kirche, als die Synagoge brannte? Hatte Reinhold Schneider recht, als er, in der Form einer Anklage, die am Ende zur Selbstbezichtigung wurde (und von daher ihre Legitimation gewann) in seiner Autobiographie *Verhüllter Tag* schrieb: »Am Tage des Synagogensturmes hätte die Kirche schwesterlich neben der Synagoge erscheinen müssen. Es ist entscheidend, daß das nicht geschah. Aber was tat ich selbst? Als ich von den Bränden, Plünderungen, Greueln hörte, verschloß ich mich in meinem Arbeitszimmer, zu feige, mich dem Geschehenden zu stellen und etwas zu sagen. Jochen Klepper hat die Enttäuschung nie verwunden, daß die Kirche als Kirche zu den Freveln am Tempel geschwiegen hat. Das Leben in Deutschland wurde unerträglich. Dankbar folgte ich im Dezember einer Einladung nach Paris. Das war schmähliche Flucht.«

Also keine Gerechten, zwischen Zähringen und Littenweiler, die die Juden versorgten? Doch, einige schon, an ihrer Spitze zwei Frauen: Grete Borgmann und Gertrud Luckner – und diesen beiden, die mit Wissen ihrer Bischöfe ein Fadennetz knüpften, in dessen Zentrum Hamburg, Berlin und Freiburg lagen: ein Hort der Caritas, von dem aus man den Bedrohten zu helfen versuchte, wo immer es ging … und diesen beiden, von denen eine, Gertrud Luckner, wegen ihrer Beistandsorganisation ins Lager nach Ravensbrück kam, standen Gefährten zur Seite – Menschen, die Juden, unter tagtäglicher Lebensgefahr, in ihren Häusern versteckten und ihnen, irgendwo zwischen Freiburg und dem Herz-Jesu-Kloster zu Stegen, dem ein couragierter Regens vorstand, Obdach verschafften. Gertrud Luckner, Grete Borgmann und die Schwester Oberin vom Orden des Heiligen Vinzenz: Das ist, im Zeichen des *memento* für mich die eine Seite der Kirche in Freiburg: ihre leuchtende. Doch wer, *à la recherche du temps perdu,* die Akten und Sendschreiben, Eingaben und Hirtenbriefe durchmustert, wird auch einer anderen Seite gewahr – und die sieht unter dem Aspekt »Was habt Ihr für Eure verfolgten Menschenbrüder und Schwestern getan?« düsterer aus.

Ich stelle mir vor, im Frühjahr des Jahres 1941, kurze Zeit nachdem in Gurs, als einer von Hunderten, der Jude Hermann Bähr aus Freiburg starb, sei, durch einen Zufall, in die Lagerbaracken das *Bischöfliche Amtsblatt* Nr. 9, Jahrgang 1941, vom 27. März geraten, das die Inhaftierten gelesen und hernach besprochen hätten: Was würden sie gedacht haben, Nathan Bloch und Hedwig Dreyfuß, Fritz Rosenfeld und Selma Zimmermann, wenn sie gelesen hätten, daß Jesu Tod der »unausgesetzten Wühlarbeit der Pharisäer und Schriftgelehrten und der so leicht zu beeinflussenden, wankelmütigen Masse« zu verdanken sei? Mußten ihnen die Vokabeln nicht vertraut – all zu vertraut klingen?

Die Pharisäer mit ihrer »böswilligen Heimtücke« als »Christi Erz- und Todfeinde«! Und dann Judas, »dieser unsäglich elende Wicht«, der Jesus mit einem »schmatzenden Kuß der schmutzigen Judaslippen« verriet! Und wiederum die Pharisäer mit ihrer, so Erzbischof Conrad Gröber anno 1941 in Freiburg, »jüdischen Weltherrschaftsbegier«! Die Pharisäer – leibhaftige Vorläufer des internationalen Judentums! Und schließlich die Quintessenz: »Über Jerusalem gellt ... der wahnsinnige, aber wahrsagende Selbstfluch der Juden: ›Sein Blut komme über uns und unsere Kinder!‹ Der Fluch hat sich furchtbar erfüllt. Bis auf den heute laufenden Tag.«

Geschrieben zu Freiburg, im Hinblick auf den Karfreitag des Jahres 1941 – ein halbes Jahr nach jener Stunde, in der Robert Grumbach Hebels und Hansjakobs Werke aus seiner Bibliothek mit in die Transportwagen nahm. Was hätte er wohl gedacht, wären ihm die Sätze über die »treibende Kraft der Pharisäer« und über Pontius Pilatus, »den charakterlich unrömischen Landpfleger in Judäa« vor Augen gekommen? Hätte er, der hochgebildete Anwalt, sich – wer weiß – Gedanken über die Frage gemacht, warum der Freiburger Metropolit ausgerechnet anno 1941 die Juden-Feindschaft gegenüber Christus betonte, indem er sie in simpler Nacherzählung des Johannes-Evangeliums und unter Verzicht auf – selbst die bescheidenste! – historisch-kritische Analyse des Texts zu Erzfeinden stempelte?

Wußte er nicht, der Oberhirt zu Freiburg, wen er preisgab, mit seinem Schreiben, ohne Rücksicht auf die Tatsache zu nehmen, daß es ein pharisäisch bestimmtes monolithisch geprägtes Judentum zu Jesu Zeiten nicht gab? Daß die johanneische Gemeinde aus Juden bestand – und zwar christlichen? Hatte Conrad Gröber wirklich vergessen, daß Jesus mit den Pharisäern auch freundlich verkehrte, sich von ihnen einladen ließ und unter ihnen Freunde fand – im jüdischen Volk, das man sich in Jerusalem bunt und widersprüchlich vorzustellen hat, nicht anders als neunzehnhundert Jahre später, in Deutschland? Warum also typisierte der Metropolit, in diesem – entscheidenden! – Punkt dem Regime allzu nah verbunden, unter der Kampfformel »*Die* Juden« ein Volk, das sich dem unvoreingenommenen Betrachter so widersprüchlich wie kaum ein anderes zeigt? Die Antwort ist einfach: Conrad Gröber zelebrierte im Jahr 1941 – die Synagoge war längst zerstört, die Thora verbrannt, die Juden erwartete (wie bald!) in Gurs der Abtransport in die Vernichtungslager – Conrad Gröber zelebrierte, unreflektiert der anti-judaistischen Tradition der Kirche folgend: ohne öffentlich bekundete Solidarität mit einem Volk, das für viele Christen einmal »Gottes Augapfel« war, jene Karfreitagsliturgie, in der es über die Zeiten hinweg hieß: »Lasset uns auch beten für die treulosen Juden« – *perfidi Iudaei!* – »›Gott, unser Herr, möge den Schleier von ihren Herzen wegnehmen, auf daß sie auch unsern Herrn Jesus erkennen.‹ Kein Amen. Der Diakon unterläßt auch die Aufforderung zur Kniebeugung, um nicht das Andenken an die Schmach zu erneuern, mit der die Juden um diese Stunde den Heiland durch Kniebeugung verhöhnten.«

Nun, dieser Passus wurde im Jahr 1959 gestrichen; an die Stelle der »treulosen« traten die »ungläubigen« Juden, während es vom Karfreitag anni domini 1966 an nur noch heißt: »Laßt uns auch beten für die Juden. Unser Herr und Gott lasse über sie leuchten sein Angesicht.« Eine Wandlung, die zu beherzigen ist, nicht zuletzt dank Gertrud Luckners öffentlichem Freiburger Vortrag »Der Katholizismus und die Juden – Rückblick und Ausblick nach dem Konzil«, abgedruckt im Freiburger Rundbrief vom August 1966: Dort steht unter dem Motto »Förderung der Freundschaft zwischen dem Alten und dem Neuen Gottesvolk im Geiste beider Testamente« geschrieben, was ein Vierteljahrhundert zuvor, in widriger Zeit, hätte zumindest in der Form einer demütigen Hilfereichung für die Verfolgten, und gewiß nicht mit dem Ausdruck schroffster Separation der ›Jesus-Mörder‹ jüdischer Herkunft hätte gesagt werden müssen.

Gewiß, dieser These, werden hier Gröbers Verteidiger sagen, sei wenig entgegenzusetzen; eine Nähe zum Faschismus, in dem der Erzbischof einmal eine »causa exemplaris« sah: ein zeichensetzendes Vorbild, manifestiere sich noch 1941 in der Absage an den »unrömischen« Pontius Pilatus; ein traditionsbedingter, zumal in der Verspottung des Judas und seines semitischen Gestus erkennbarer Anti-Judaismus sei nicht zu verkennen; aber gäbe das dem Kritiker ein Recht, den Metropoliten der Oberrheinischen Kirchenprovinz, im Zeichen des *memento* am 27. November, des nationalsozialistisch präfigurierten Antisemitismus zu zeihen?

Die Botschaft hör' ich wohl und möchte sie, zumal an Tagen, die im Zeichen der Versöhnung stehen, gern glauben: wäre da nicht, im Jahre 1937 bei Herder publiziert, ein Jahr bevor die Synagoge in Freiburg zerbarst, das *Handbuch der religiösen Gegenwartsfragen,* herausgegeben von Erzbischof Dr. Conrad Gröber (mit Empfehlung des deutschen Gesamtepiskopats), in dessen Einleitung der Editor schreibt: »In der gegenwärtigen Schicksalsstunde unserer Nation stellen sich die Leiter der Kirche in besonderer Treue an die Seite der Männer des Staates, entschlossen zur einigen Abwehr des gemeinsamen Feindes. Indem sie für das Christentum und den echten Gottesglauben im deutschen Volk kämpfen, stützen sie auf ihre Weise am wirksamsten den Wall, den in unserem Vaterland der Führer gegen den Bolschewismus aufgeworfen hat.«

Der Nationalsozialismus – ein Bollwerk gegen den gottlosen Kommunismus: Da wird, obwohl sich die Zeiten mehr und mehr zuungunsten der Christenheit gewendet hatten, in Deutschland, noch einmal der Geist des Konkordats beschworen, der Pakt von gestern verteidigt und die einst bezogene Stellung behauptet – dann aber kommt man im Textteil zur Sache und läßt hier direkt, dort mit Hilfe von Konnotationen, jene Formel *jüdisch-bolschewistisch* aufleuchten, die den Nationalsozialisten seit 1920 dienlich war, wenn es galt, die Inkarnation des Bösen in *einem* Begriff, der, in striktem Manichäismus, scheinbar alles erklärte, zusammenzufassen.

Vorgedacht in München, nachgebetet in Freiburg. »Kein Volk«, heißt es im Artikel ›Bolschewismus‹, »kommt um [die] Auseinandersetzung zwischen seiner völkischen Überlieferung und dem von volksfremden, meist jüdischen Revolutionshetzern angeführten Marxismus herum.«

Ein Zufallsfund, diese Passage? Keineswegs. »Wir verletzen die natürliche und christliche Gerechtigkeit nicht«, so ein Ausschnitt aus dem Artikel ›Kunst‹, »wenn wir die Schuld [der] deutschfremden Entwicklung nicht bloß dem verderblichen Einfluß des aufdringlichen Auslandes zuschreiben, sondern mehr noch jenen Kreisen aufbürden, die entweder jüdisch waren oder der jüdischen Suggestion erlagen. ... Auch die marxistische Politisierung der Kunst geht, wenn auch nicht ganz, so doch zum guten Teil auf die jüdische Werbung und Ansteckung zurück, nicht minder jene Lüsternheit und verdeckte oder offene Bekämpfung des Gottesglaubens und der Kirche, die erfahrungsgemäß der entwurzelte und atheistisch entartete Jude mit der Betätigung seiner Feder oder anderer Kunstwerkzeuge fanatisch verbindet.«

Genug der Zitate: Die Diktion mit ihren stereotyp vorgetragenen Vokabeln aus dem Bereich der Eugenik und Hygiene nationalsozialistischer Provenienz spricht für sich selbst: Kein unvoreingenommener Leser wird anno 1994 verkennen, daß das Verschweigen Luthers, Erasmus' und Ignatius' und die nachdrückliche Herausstellung des Antisemiten Paul de Lagarde Methode hat: eine Verneigung vor den braunen Machthabern bezeichnend.

Tempi passati? Ich denke ja, denn *wenn* eine Stadt ihre Geschichte kritisch aufgearbeitet hat, in penibler historischer Analyse; *wenn* ein Gemeinwesen darauf beharrte, die Opfer nicht zu vergessen, die Juden und die roten Widerstandskämpfer, die als erste bekundeten, was *résistance* in finsteren Zeiten bedeutet, die in die Gaskammern gejagten Sinti und Roma, die in ihren Häusern verbrannten Bürger, am 27. November – *dann* ist es Freiburg gewesen: Die Archivare und Historiker der Stadt, aber auch Laien wie die Verfasser der Dokumentation »Verfolgung, Widerstand und Neubeginn« haben, beispielhaft, Trauerarbeit geleistet: so wie es der Magistrat tat, der die heimgekehrten Gertrud Luckner oder Robert Grumbach sichtbar geehrt hat. (Zu studieren, dies alles, im dritten Band der *Geschichte der Stadt Freiburg*, verfaßt von Heiko Haumann und Hans Schalek.)

Das *memento* kam spät in der Katholischen Kirche, die allzu lange die Politik des Arrangements verteidigte und offenbar nichts dabei fand, daß ihr Oberhirte in seinem ersten Schreiben nach der Befreiung nachdrücklich auf der Abgrenzung gegenüber den Juden beharrte: »Es ist falsch«, so Conrad Gröber am 12. Mai 1945, »das Christentum als Judentum zu brandmarken, wo doch jeder wissen konnte, wie sich die Juden zu Christus und seiner Lehre und zu den urchristlichen Gemeinden in Feindseligkeit stellten.«

Die Juden – noch immer eine verschworene Truppe von Feinden, ein Kollektiv und keine Gruppe, die dem Juden Jesus gegenüber aus Freunden und Gegnern, Bekehrten, Renegaten und Rechtgläubigen bestand.

Und zu gleicher Zeit kein öffentliches Dank- und Sühnegebet für Max Josef Metzger, einen Pazifisten, der, in ökumenischer Gesinnung dem Ausland Friedensvorschläge unterbreitete und dafür preisgegeben und ermordet worden ist. Kein zeichensetzendes Bekenntnis zu den im Konzentrationslager inhaftierten Priestern, Männern wie Pfarrer Richard Schneider, den Zeugen unter dem Kreuz, und auch kein öffentlicher Protest, als das Erzbischöfliche Ordinariat am 19. Februar 1947 der Schriftleitung einer katholischen Zeitschrift, sie hieß *Fährmann,* die Druckgenehmigung für einen Artikel über Christoph Probst aus dem Kreis der »Weißen Rose« versagte, in dem der Hingerichtete als großes und leuchtendes Vorbild dargestellt werden sollte. »In Wahrheit aber«, so die These des Generalvikars, »gingen … er und seine Gesinnungsgenossen in der Bekämpfung des sogenannten Dritten Reiches Wege, welche nicht in Einklang stehen mit den christlichen Moralgrundsätzen. Denn Revolution auch gegenüber einer Regierung, welche Unrecht übt und eine Tyrannei darstellt, ist nicht erlaubt. Für den gläubigen Christen gibt es nur eine Verweigerung des Gehorsams für den Fall, daß Unrecht verlangt wird, oder Bekämpfung der betreffenden Regierung mit gesetzlich erlaubten Mitteln.« Auf deutsch: Kein kirchlicher Beistand für Regimegegner vom Schlag der Verschwörer des 20. Juli.

Welch ein Disput hätte sich führen lassen, in den Jahren nach dem Krieg, in der Mitte zwischen Erzbischöflichem Palais, Rathaus und Universität: auf offener Szene. Hier: »Seid untertan der Obrigkeit. Denn es ist keine Obrigkeit außer von Gott«, ein Bekenntnis zum 13. Kapitel des Römer-Briefs, und dort, unter Berufung auf den zweiten Timotheus-Brief, Kapitel 4: »Predige das Wort, harre aus, es sei zu rechter Zeit oder zur Unzeit; halte an, drohe, ermahne mit aller Geduld und Liebe.« Hier: »Beugt das Knie, nicht nur vorm Altar, sondern auch vor den Menschen, die Macht über euch haben.« Dort: »Gehorcht Gott mehr als dem weltlichen Regiment. Beugt euch nicht – unbekümmert darum, ob das, was euch das Gewissen befiehlt, den Oberen willkommen ist.«

Conrad Gröber und, für die Freunde aus dem Kreis der »Weißen Rose« sprechend, Heinz Bollinger; Martin Heidegger und Max Müller; dazu Robert Grumbach und Gertrud Luckner, Gerhard Ritter und Erik Wolf, später auch der linke Zentrums-Mann Joseph Wirth: Die Protagonisten wären bereit gewesen, in Freiburg, im Horizont der Jaspersschen Thesen zur Schuldfrage, über »Freiburg aus der Perspektive von Gurs« zu debattieren, über die Diplomatie der Institutionen und den aufrechten Gang der als Rebellen ausgestoßenen »Nein«-Sager, über die Friedenspflicht der Christen, auf seiten der Mühseligen und Beladenen, als eine unübertretbare Norm: *beati pacifici* – ein Gebot, für das, Jahrhunderte voneinander getrennt, zwei große Freiburger stehen, Erasmus von Rotterdam und Reinhold Schneider, über das Vermächtnis eines Tages, an dem – es war der 11. März 1928 – ein französischer und ein deutscher Friedensnobelpreisträger, Ferdinand Buisson und Ludwig Quidde, einander stellvertretend für ihre Völker Versöhnung versprachen – und schließlich, natürlich über die Frage der Fragen: Wie halten wir's mit der Theodizee in unserer Stadt? Kann es Gottes Wille gewesen sein, daß die Kinder am 27. November in den Flammenmeeren erstickten, und die Juden, von Gurs aus, ins Gas gejagt wurden?

In den Freiburger Gesprächen der Nachkriegsjahre wäre es um den vermeintlichen Aufbruch der Nation im Jahr 1933 gegangen, den Freiburgs eigentliche Wortführer in der Zeit des Nationalsozialismus, Conrad Gröber und Martin Heidegger, begrüßten – und schon da hätte sich ein Disput über die Frage ergeben, ob ein Festhalten am Absoluten, dem christlichen Glauben oder der Verpflichtung gegenüber dem alles Seiende transzendierenden Sein, auch dann noch zu rechtfertigen ist, wenn der Gegner die Sachwalter von Religion und Philosophie veranlaßt, ihm das gesamte Feld der Politik preiszugeben, will heißen: den Bereich der zu zivilisierenden Gesellschaft, und als Refugien nur noch die Sakristei und das Oberseminar konzediert.

Kann sich, hätte die Fragestellung lauten müssen, im großen, vor einer breiten Öffentlichkeit ausgetragenen Freiburger Disput, ein allein auf das Reich des Spirituellen verweisendes Absolutes überhaupt noch glaubhaft legitimieren, wenn es, von Gewalt bedroht, darauf verzichtet, sich der Welt, also dem bestehenden Hier und Jetzt zu öffnen? Wird das Eine und Wahre nicht verspielt und verloren – Fragen von Hannah Arendt, Max Frisch oder Karl Löwith –, wenn der Mensch sich bereit erklärt, seine kühnen Abstraktionen für gesellschaftslos zu erklären: bereit, sie durch das Leben in zwei Reichen zu diskreditieren: als »Mensch für sich« träumend, aber nicht als »Mensch für andere« tätig – unter den Himmeln so gut wie im stillen Kämmerlein auf die Wahrung seines Privatreichs bedacht, aber sich zugleich, angepaßt und kompromißlerisch, dem Oktroy des Tatsächlichen fügend: Preisgegeben das Alltäglich-Humane! –, wo die sozialistischen Widerstandskämpfer und die wahren Frommen, Sachwalter der *ecclesia sub cruce,* in Viehwaggons abtransportiert wurden – eine Region, in der Kinder nicht

Opfer sein durften, sondern noch nach ihrem Tod in eine makabre Heldenrüstung hineingesteckt wurden.

Zwölf Jahre lang hatte es keinen freien Diskurs gegeben, in Freiburg so wenig wie anderswo, und als die Stunde des offenen Generalgesprächs gekommen war: der Augenblick des Bekennens *eigener* (nicht nur *fremder!*) Schuld in liberaler Kommunikation, da ließ man ihn vorübergehen, in der Universität, in den Kirchen und nicht zuletzt auf dem Theater.

Man stelle sich vor: Da war, am 6. Oktober 1945, Gelegenheit, über ein Stück zu diskutieren, Lessings *Nathan der Weise,* das zwölf Jahre lang nur in den Veranstaltungen des »Jüdischen Kulturbund« von Juden für Juden gespielt werden durfte. Und was geschah? Eine Debatte in den Gymnasien über Nathan und Shylock, über Moses Mendelssohn und Wolfgang Langhoff, den Emigranten aus Freiburg, der das Stück wie kaum ein zweiter, Kortner ausgenommen, hätte inszenieren können? Nichts davon. »Die vernunftgeborene edle Menschlichkeit der Gestalten Lessings«, so die Rezension im Lokalblatt, »lebte freilich aus der dünnen Luft des Humanitätsideals des 18. Jahrhunderts, ohne in die Tiefe der Tragik der menschlichen Existenz, in ihre Verflochtenheit in Schuld und Gebrechlichkeit zu reichen.«

So wurde in einer unbekümmerten Argumentation, die die nationalsozialistische Absage an die Aufklärung fortsetzte, ein Stück besprochen, in dem der Holocaust antizipiert worden ist. (»Ihr wißt wohl aber nicht«, sagt Nathan zum Klosterbruder, »daß vor wenig Tagen in Gath die Christen alle Juden mit Weib und Kind ermordet hatten; wißt wohl nicht, daß unter diesen meine Frau mit sieben hoffnungsvollen Söhnen sich befunden, die in meines Bruders Hause, zu dem ich sie geflüchtet, insgesamt verbrennen müssen.«)

Fast scheint es, so betrachtet, als hätte man die Juden (und mit ihnen alle dem Regime Überantworteten) *wirklich* vergessen, in der Stadt, die nur noch mit sich selbst beschäftigt war. Aber, gottlob, der Anschein trügt: Es ehrt die Universität, daß sie sich – zumindest in einigen Fällen auch erfolgreich, wie Fritz Pringsheims Heimkehr lehrt – mehr als viele andere Hochschulen um die Vertriebenen sorgte: den großen Mediziner Siegfried Thannhauser zum Beispiel, der freilich, als man ihm ein *memor* zurief (*wir sind eingedenk und haben gelernt*) in der Weise eines anderen emigrierten Professors antwortete, Eduard Fraenkel war es, der berühmte, später in Oxford lehrende Latinist, der seinem 1933 in Freiburg wirkenden Kollegen von einst, Wolfgang Schadewaldt, in Erinnerung an die unterschiedlichen Rollen, die beide Gelehrte zur Zeit der nationalsozialistischen Machtübernahme spielten, auf dessen – als Widmung in ein Buch geschriebenes – *memor* hin bedeutete: *memor? et ego!*

Eine Rückkehr nach Freiburg und die Wiederbegegnung mit Professoren, die sich abgewendet hatten, als man dem Chef der Medizinischen Klinik eine wissenschaftliche Hilfsarbeiterstelle in Heidelberg anbot? Unmöglich! »Ihr freundliches Gedenken meiner Person nach 11 Jahren«, so Siegfried Thannhauser aus Boston, am 6. März 1946, an den Dekan der Medizinischen Fakultät, den Psychiater Kurt Beringer, »hat das erschütternde Erleben des Jahres 1933/34 wieder voll zu meinem Bewußtsein gebracht. … Der Zug, der meine Familie und mich zum Schiff bringen sollte, keuchte in den Freiburger Bahnhof. Hunderte von Schulkindern umringten meine drei Mädels. Frauen, darunter auch Frauen meiner ehemaligen Universitätskollegen, brachten meine Frau zum Wagenabteil. Männer waren wenig anwesend. Sie vermieden seit Monaten mich zu sehen und zu begrüßen. Ich war allein. – ›Muß i denn, muß i denn zum Städtele hinaus‹, sangen die Schulkinder. Ich glaubte, die Welt versänke unter meinen Füßen. Alles, was ich geschafft hatte, was ich liebte, meine herrliche Klinik, die ich bauen durfte, meine Freunde – alles war verloren. Ich schämte mich vor mir selbst. Ich konnte nicht einmal weinen. [Dabei war ich] damals, wie auch späterhin frei von dem Gefühl der Bitterkeit und frei von dem Wunsch der Entgeltung der erlittenen Schmach. In jener Nacht wurde mir klar, daß Christus ein Jude war.«

Was, gilt es am Ende zu fragen, hätte Freiburgs Oberhirte, dem Thannhauser übrigens dankbar zugetan war, über den letzten Satz gesagt, in dem ein Jude einem Juden so nah war wie niemals zuvor?

Und der Rezensent der Lokalpresse, der den *Nathan* für ein obsoletes Stück aus dem Geist aufklärerischer Humanität hielt, nicht wissend offenbar, welche Kraft die im »Jüdischen Kulturbund« versammelten Akteure aus Lessings Drama gewannen: Hätte er die Aktualität des ›Gedichts in fünf Akten‹, das unter dem Motto steht: »Tretet ein, denn auch hier sind Götter«, besser verstanden, wenn er den Lessing-Satz »da unser Herr doch selbst ein Jude war« im Licht jüngster Erfahrungen hätte lesen können?

Memento: Das Wort gilt für uns alle, die wir Freiburg lieben und seine Bürger, Siegfried Thannhauser so gut wie Else Liefmann, der man, nicht anders als ihren nach Gurs verschleppten Gefährten, den Reichsgerichtsrat a. D. Michaelis und der Juristin Dr. Erika Sinauer im November 1938 den Zutritt zur Freiburger Universitätsbibliothek für immer verwehrte … *memento,* das Wort gilt für uns, die wir diejenigen, die einmal Freiburgs Bürger waren, am liebsten zu einem imaginären Gespräch einlüden, einem Toten-Disput à la Lukian oder Erasmus, natürlich, mit dessen witzig-humanen *Colloquia Familiaria* die Schüler des Berthold-Gymnasiums ihre Latein-Lektüre weit vernünftiger (und amüsanter dazu) beginnen könnten als mit Caesars *Gallischem Krieg*. (Ich bin sicher, Professor Leo Wohleb vom Berthold-Gymnasium hätte dieser Lehrplanänderung ein weithin nachhallendes *placet* erteilt.)

Bei diesem Gespräch, stelle ich mir vor, säßen die Nachkommen der Opfer und die Kindeskinder der Bomberpiloten an einem Tisch (so wie es vor Jahren einmal in Münster geschah) und bedächten, vielleicht, gemeinsam Sätze, die Golo Mann als Antwort auf das väterliche »recht geschieht's ihnen, den Deutschen, daß man ihre Städte zerstört« am 4. Mai 1945 aus Luxemburg an seine Mutter nach Amerika schrieb (auf englisch: Der Zensor konnte kein Deutsch): »Ich glaube, wir haben bis jetzt noch nicht in vollem Ausmaß die Zerstörung Deutschlands begriffen, und wer die Schönheit deutscher Städte nicht kannte und nicht weiß, was eine deutsche Stadt in besseren Zeiten bedeutete, der wird es niemals verstehen. Ich habe bisweilen Gespräche mit britischen und amerikanischen Freunden [im Original steht: *colleagues*], die behaupten: ›Das geschieht ihnen recht.‹ Aber ›sie‹ haben niemals den Bamberger Dom oder die Würzburger Residenz besessen, ›sie‹ waren nicht einmal in der Lage, den Wert der Bauten recht zu würdigen. Und wenn es *ihnen* recht geschieht – *uns* geschieht es nicht recht. Wir haben es nicht verdient, auf einen Schlag neun Zehntel all der architektonischen und historischen Schönheit auf dieser Welt zu verlieren. Kurzum, ich fände es gut, wenn ich ein bißchen mehr Bedauern über diese Schrecken sehen würde – auch wenn sie, da stimme ich zu, unvermeidlich gewesen sein mögen.«

Unvermeidlich – wirklich? Ich stelle mir vor, daß in unserem imaginären Freiburger Gespräch, das den Krieg gegen Hitler-Deutschland als *gerechtfertigt,* weil unvermeidbar, aber, Erasmus' Überlegungen folgend, nicht als *gerecht* bezeichnen könnte (dafür sind zu viele Unschuldige gestorben), ein Mann das Schlußwort sprechen würde, der wie kein zweiter für das große »Schalom« in dieser Stadt, für den jesuanischen Friedensdienst und die Versöhnung zwischen allen eingetreten ist, die lernbereit sind – Reinhold Schneider, einer der wenigen, der den großen Herren ins Angesicht widerstand: *Nein* sagend zur Ausgrenzung der zu Opfern erniedrigten Bürger, *Nein* auch zu einer Kirche, die, so meinte er, nicht mehr bereit sei, im Aufblick zum Kreuz ihr kuriales Paktieren zugunsten einer entschiedenen Parteinahme für *die im Dunkeln, die man nicht sieht,* aufzugeben.

Versöhnung war Reinhold Schneiders Schlüsselwort. Darum sein Bemühen, nach 1945, zu einem Ausgleich mit dem Osten zu kommen – so wie's zu gleicher Zeit auch Joseph Wirth versuchte. Der Brückenschlag – problematisch, gewiß, doch ehrenwert – wurde von zwei couragierten badischen Bürgern und Christen bedacht, die sich auf die erasmische Devise »Tota Christi philosophia dedocet bellum« (Christi gesamte Lehre ist ein Appell gegen den Krieg) beriefen, einem Anwalt der inneren und einem Vertreter der äußeren Emigration, einem Schriftsteller und einem Politiker aus Freiburg. Der Brückenschlag mußte scheitern, im Zeichen von Kaltem Krieg und Stalinismus, aber er verdient gleichwohl Respekt.

»Wo Häuser des Friedens sind«, hat Reinhold Schneider geschrieben, »wird sich das Land befrieden« – und das ist ein *memento*-Satz, den auf dem Höhepunkt des Inferno, am Abend des 27. November, zehn Jahre, nachdem man Siegfried Thannhauser aus seiner Klinik vertrieb, mir die

Frau, mitten im Chaos auf eine Gegenwelt deutend, vorgelebt hat, die Schwester Oberin aus dem Orden des Heiligen Vinzenz mit ihrem kleinen Licht. Dieses Licht verweist für mich auf einen Gott, der mit den Opfern leidet und klagt, und da er den Menschen mit der ihnen zugesprochenen Freiheit auch die Möglichkeit gab, auf dem Höhepunkt technischer Allmacht tief wie nie zuvor zu fallen, nicht für schuldig erklärt werden kann, wenn die Gotteshäuser brennen und in Freiburg, Coventry und Gurs gestorben wird.

Um das zu bezeugen, könnte Er, denke ich in der Erinnerung an den 27. November, mitten im Krieg ein Gegenzeichen gesetzt haben: das Licht, das mit Hilfe des *memento* gehütet sein will, in Freiburg, in den Häusern des Friedens.

Kunst und Literatur

DAVID: KÖNIG UND MUSIKANT

Erinnern wir uns, in behutsamer Annäherung an *König* David, der zugleich ein Sänger war, jener festlichen Morgenstunde in der Katherinenkirche von Nürnberg, mit der Richard Wagner seine »große komische Oper«, *Die Meistersinger von Nürnberg,* beginnen läßt. Es ist Johanni-Zeit, die Gemeinde hat den Choral beendet, »Edler Täufer! Christi Vorläufer! Nimm uns gnädig an, dort am Fluß Jordan«, man erhebt sich »und verläßt unter dem Nachspiele allmählich die Kirche«.

Nur die Liebespaare, die von nun an die Handlung mitbestimmen werden, zwei Soprane und zwei Tenöre, bleiben zurück: Junker Stolzing und seine Eva aus bürgerlichem, wenngleich reichem Geschlecht, begleitet von ihrer Dienstmagd Magdalene und einem Lehrbuben aus der Werkstatt des Poeten und Schusters Hans Sachs.

Sein Name: David – anspielungs- und beziehungsreich in vielfacher Weise: wie sehr, das beweist die Replik der verliebten Eva (»Euch oder keinen« läßt sie, sich vergessend, Walther von Stolzing wissen) auf Magdalenens Vorhaltungen »Bist du von Sinnen? Sahst ihn doch gestern zum ersten Mal?«: »Das eben schuf mir so schnelle Qual, daß ich schon längst im Bilde ihn sah. Sag, trat er nicht wie David nah?« Wie David, *ihr* David? Kein Wunder, daß Magdalene, verärgert über die ihr scheinbar plötzlich erstandene Nebenbuhlerin, sich höchst erstaunt zeigt: »Bist du toll? Wie David?«

Nun, die Herrin beschwichtigt: Nicht den Lehrbub meine

sie, sondern den König der Juden – und ihn auch nicht in leibhaftiger Person, sondern im Bild. Und siehe, Magdalene glaubt zu verstehen: »Ach! – Meinst du den König mit der Harfen und langem Bart in der Meister Schild?« Doch Eva repliziert: »Nein! Der, dess' Kiesel den Goliath warfen, das Schwert im Gurt, die Schleuder zur Hand, das Haupt von lichten Locken umstrahlt, wie ihn uns Meister Dürer gemalt!«

Ein herrliches Bild, in der Tat – frei erfunden von Richard Wagner, aber so plastisch geschildert, daß Magdalene laut zu seufzen beginnt: »Ach, David! David!« Erfleht – und schon erfüllt! Kaum hat Magdalene ihre sehnsuchtsvollen Apostrophen beendet, da ist der Gerufene auch schon zur Stelle – und zwar in meistersingerlicher Positur, ein Lineal im Gürtel und ein großes Stück weißer Kreide an einer Schnur schwenkend: »Da bin ich: wer ruft?«

Und siehe, mit dem Lehrbub ist auch der biblische David präsent, der Kriegsmann und Sänger, ein Vorbild der Partisanen in aller Welt und ein Patron der Meistersinger, Haudegen und Chorleiter, Anführer der verlorenen Haufen und Saitenspieler, Desperado und – Organist: eine mittelalterliche Münchner Handschrift zeigt den gekrönten König auf seinem Stuhl vor der Orgel, einen dienstbaren Jüngling ihm gegenüber, in gebückter Haltung, den Blasebalg in der Hand.

Der *große* David: Das ist auch der Spieler und Tänzer, den Michal, seine Frau aus dem Hause Sauls, für einen windigen Gesell erklärt, weil er – der Herr des Landes! – nur mit einem linnenen Priesterschurz bekleidet, vor Jahwe tanzt, als Zebaoths Lade mit Jauchzen und Posaunenschall in Davids Stadt, das heilige Jerusalem, heimgeholt wird: »Und Michal guckte durchs Fenster und sah den König David springen und tanzen vor dem HERRN und verachtete ihn in ihrem Herzen.«

In der Tat, fast scheint es, als führe sich David, Israels zweiter König, wenn es ans Singen, Aufspielen und Tanzen geht, wie sein Namensvetter, der Wagnersche Lehrbub aus den *Meistersingern* auf – Martin Luther, der in ihm den Psalmendichter sah, mag David auch deshalb geliebt haben: als einen ›Bruder Frohsinn‹, der zu gleicher Zeit jener große Prophet war, von dessen Kunst der Reformator schon in seiner ersten Psalmenvorlesung, 1513 bis 1515 gehalten, Zeugnis ablegte: »Wenn ich mich also daran begebe, einen Propheten auszulegen, obwohl ich doch durchaus kein Prophet oder Prophetenjünger bin, wollte ich eine bescheidene Empfehlung lieber weglassen und vielmehr euch David in seinem Glanz und seiner Herrlichkeit als Lobredner seiner selbst vorführen.«

In seinem Glanz und seiner Herrlichkeit – wirklich? Dem Leser biblischer Berichte, der beiden Samuel-Bücher voran, kommen Zweifel: Der Glanz sieht sich durch Finsternis verhüllt, das Bild des großen Königs und Schöpfers des geeinten Reichs Israel wird durch Versagen, Blutschuld, Niedertracht und blinde Gier geschwärzt.

Kein Zweifel, daß David, vor ein imaginäres Gericht im Totenreich gestellt, Fürsprecher fände, die, so könnte es scheinen, jeden Widerspruch im Keim erstickten: »Dieser Mann« (würden sie sagen) »war der Vater des Reichs; ihm – dem Einzigen! – ist gelungen, was jedem anderen hätte versagt bleiben müssen: Nord und Süd, Judäa und Israel, in den einen Staat zu überführen; *er* allein hat, im Zentrum des Reichs, die Stadt gegründet, die nach ihm heißt: Jerusalem, das Haus König Davids. *Er* war das Werkzeug des Herrn und hat getan, was Jahwe von ihm verlangte. Wie Odysseus mit *seiner* Göttin, Athene, die ihn durch alle Fährnisse geleitete, Freundschaft schloß, so ist David das Kind Jahwes gewesen:

kein Theologe, kein Mann des Tempels (wie Samuel), kein weiser Diplomat (wie sein Sohn Salomon), sondern Politiker und Militär – ein Herrscher im Dienst des Höchsten – ein Kriegsmann, der die Gunst der Stunde erkannte – fehlbar, aber lernbereit; ein Mensch, der das Äußerste wagte und, wegen seiner Unternehmungen, mehr als einmal in Gefahr war, wie Saul, dessen Schatten er niemals entkam, vom Herrn gerichtet zu werden.«

Ein König also und ein Mann des Volks – mit allen Schattenseiten, gewiß; doch wer sich darüber beklage (könnten Davids Verteidiger sagen), möge bedenken, daß der Herr selbst im Zweifel war, ob er dem Drängen der Menschen nachgeben sollte, die einen König nach orientalischem Vorbild und nicht einen frommen Richter verlangten: wohl wissend, wie leicht sich über dem Despoten der wahre Herr vergessen ließe, der *Eigentliche,* der allein Bestimmende.

Nun, David tat seine Pflicht, und der Geist des Herrn ruhte auf ihm – dem Soldaten, der, mit einem Hirtenstock, einer Schleuder und ein paar Steinchen, den großen Goliath zum Gespött werden ließ. Der Kriegsherr David (so die Verteidiger) ging zielbewußt seinen Weg, blieb den Gefährten in der Heimat, den Judäern, treu, war jedoch klug genug, den Norden durch bedachtsame Heiratspolitik an sich zu binden – und siehe, das Verheißene erfüllte sich: »Dreißig Jahre war er, als er König wurde« – Samuel, Zweites Buch, Kapitel 5 – »vierzig Jahre ist er König gewesen. In Hebron war er König über Juda 7 Jahre und 6 Monate, und in Jerusalem war er 33 Jahre lang König über ganz Israel und Juda.«

Die Verteidiger Davids, ist zu vermuten, werden ihrer Sache gewiß gewesen sein, als sie ihr Plädoyer mit den Worten beendeten, die Jahwe dem Propheten Nathan eingab: »Sag zu meinem Knecht David: So spricht der Herr Zebaoth: ›Ich habe dich genommen von den Schafhürden, damit du der Fürst über mein Volk Israel sein sollst, und bin mit dir gewesen, wo du hingegangen bist, und habe alle deine Feinde ausgerottet; und ich will dir einen großen Namen machen gleich dem Namen der Großen auf Erden.‹«

Kein Zweifel, würden daraufhin die Ankläger sagen, daß dies eine einprägsame Quintessenz sei; sie hätten dergleichen erwartet und, in der Lage der Verteidiger, gewiß nicht anders gesprochen. Doch müßten sie darauf bestehen, daß der Verfasser der Bücher Samuelis (es könnten auch mehrere sein, deuteronomistischen Kreisen zugehörig) nicht nur die Glorie Davids, sein Einssein mit dem Unnennbaren, sondern – und für diese Ehrlichkeit gebühre ihm Dank und Respekt – auch die Nachtseiten dieses Lebens dargestellt hätte. Man lese nur nach: Ein Blutmensch, so steht es geschrieben, sei David gewesen; ein Mann des Krieges, dem der Herr – sehr zu Recht! – eine bleibende Wohnstatt verweigerte. Bei Salomon, dem Friedensfürsten, der zu Recht diesen Namen trage, denn auf *Schalom* und nicht auf dessen Verweigerung sei seine Herrschaft gestellt... – bei Salomon werde er zu Hause sein, nicht aber bei David, der ein Schlächter gewesen sei – Krieg und Krieg und nochmals Krieg! –, ein Bruder jenes Florentiners Machiavelli; dessen Fingerzeigen er – weit voraus! – gefolgt sei, als er mit Israels Gegnern zusammenarbeitete, gemeinsame Sache mit dem Todfeind machte, den Usurpatoren aus dem Haus der Philister... dazu all die Bandenkriege, Raubzüge mit marodierenden Gesellen und Landsknechtsnaturen!

Gewiß, David habe dafür bezahlt: alleweil auf der Flucht, gejagt, in der Wüste, auf verstohlenen Wegen zwischen Tal und Ebene; den Wahnsinnigen habe er spielen müssen, um nicht erkannt zu werden: verstellt als ein Rasender, mit blutigen Fäusten und zerzaustem Bart, in den der Speichel floß. *Ein armer Hund,* dieser David, sicherlich – aber rechtfertige das Elend, so erniedrigend es auch war, die *eine* Untat, die schlimmste, aber keineswegs: die einzige?

Die Verteidiger senkten das Haupt: sie hatten ihren Trumpf ausgespielt, jetzt war die Reihe an den Klägern – und die zögerten nicht, Davids verwerflichstes Verbrechen in detaillierter Rede zu beschreiben, Punkt für Punkt: Wie er eines Tages die schöne Bathseba – verführerisch, wie Rubens und Rembrandt sie malten – von seinem Dach aus beobachtete: wie sie sich wusch und ihren Körper den Blicken darbot, wie er sie durch Boten zu sich kommen ließ, ihr beiwohnte, sie schwängerte und danach versuchte, ihren Mann zum Mehrfachverkehr zu bewegen (man bitte, so die Kläger, um Entschuldigung für den Ausdruck, doch er treffe nun einmal die Sache); doch Urias, der offenbar Schlimmes ahnte, ging nicht in sein Haus, um sich dort, wie es die Bibel nennt, »die Füße zu waschen«, sondern nächtigte vor der Wohnung des Königs, weder durch Worte noch durch berauschende Tränke verführbar. Also hinweg mit ihm! Ein Brief wird geschrieben, an Jaob, den Feldherrn vor Rabba: »Stelle den Mann, der dir dies Schreiben übergibt, an die gefährlichste Stelle, gib ihn den Feinden preis und sorge dafür, daß er zum Opfer eines Ausfalls wird – und seine Begleiter mit ihm.«

So ist es geschehen (sagten Davids Ankläger): Ein Bote hat dem König berichtet: Urias ist dahin – und der König war es zufrieden: »Sage dem Feldherrn: Nimm dir die Sache nicht zu sehr zu Herzen. Das Schwert frißt einmal so und einmal so. Setz den Kampf fort und zerstöre die Stadt.« Bevor die Kläger sich setzten, wiesen sie darauf hin, daß David, nach dem Ende der Trauerzeit, Bathseba zu sich nahm: »Glücklich wurde er nicht.«

Ja, so sei es gewesen, sagten die Verteidiger, und niemand von ihnen sei bereit, Davids Tat, die Verführung Bathsebas, Urias' Ermordung und den Tod unschuldiger Männer zu verschweigen. Doch wäre es angezeigt, an diesem Punkt der Verhandlung nicht nur des Königs und Schöpfers des Reichs – auch nicht allein des fehlbaren, seinen Begierden verfallenen Manns, sondern des Mildtätigen zu gedenken: des sanftmütigen und besonnenen Davids, der dem König kein Leid antat, obwohl Saul ihm nachstellte und den Nebenbuhler erledigen wollte. Man lese nach, was im Ersten Buch Samuels, Kapitel 24, geschrieben stünde: »Und Saul begab sich in eine Höhle, um seine Notdurft zu verrichten, während David und seine Männer im Innern der Höhle saßen.«

An dieser Stelle, ist zu vermuten, wird, ungeachtet der Gewichtigkeit des zur Entscheidung anstehenden Falls, unter den Geschworenen und im Publikum, einer sachkundigen Schar von Predigern, Diakonen und Kantoren, Heiterkeit entstanden sein: »Notdurft verrichten«, das klang denn doch allzu gespreizt und juristisch; da nähme sich das Luthersche »Saul ging hinein seine Füße zu decken« schon plastischer aus, zumal wenn man die Glosse hinzunähme: »so züchtig ist die Heilige Schrift, daß sie ›Füße decken‹ heißt: auf das heimliche Gemach zu gehen«; am allertreffendsten freilich sei Luthers ursprüngliche Fassung, nach der David in die Höhle geht, um zu *scheißen* – eine handschriftliche Version in roter Tinte, die dem Übersetzer späterhin freilich doch allzu kühn erschien.

Ein knappes Zwischenspiel also, der Richter wird die Glocke geschwungen haben, die Verteidiger konnten fortfahren und die kluge Demut jenes künftigen Herrschers erläutern, der Saul heimlich einen Zipfel von seinem Mantel abschnitt, um zu zeigen: »Du warst in meiner Hand, aber ich habe dich nicht angerührt, denn du bist der Gesalbte des Herrn.«

David: ein Blutmensch? Nichts falscher als das! Ein Blutmensch war Saul mit der Lanze, nicht David, mit seiner Harfe ... David, der dem gesalbten Herrn das Totenlied sang und über seine Widersacher geweint haben soll – ein Sohn des Erbarmens und kein strahlender Sieger. Was zählte ihm ein Triumph, wenn der eigene Sohn in der Schlacht fiel: ein Rebell auf der Seite der Feinde – aber dennoch sein Sohn! Was galt ihm Sauls Ende, die kommende Königsherrschaft, wenn der Tod so elend und jammervoll war, ein Selbstmord in verzweifelter Lage?

Ja, das alles sei richtig, würden da die Ankläger sagen, doch milderten die Stunden des Erbarmens die – am Ende doch unbesiegbare – Arroganz eines Mannes, der es gewagt hatte, seine Völker zu zählen und damit Rationalität und Organisation an die Stelle von Jahwes geisterfülltem Überblick zu setzen, der alle Geschöpfe in einer einzigen Sekunde erfasse, den Vorrang zu geben? Ein großer König, so das Fazit der Ankläger, sei David gewesen, ein Narr, wer das leugne, aber ein kleiner Mensch: unstet, rasch entzündet, schnell ermattet, den Launen hörig: einmal der Sinnlichkeit, und ein anderes Mal, wenn die Stunde es gab, wieder der Sanftmut. Verlaß, Beharrlichkeit und stetiger Sinn aber sei nicht seine Sache gewesen. Als staunenswert könne er gelten; ein Vorbild aber? Gewiß nicht.

In diesem Augenblick nun, denke ich mir, sei unter den Verteidigern eine Frau aufgestanden (die einzige übrigens): Sie trat vor und gab kund: »Es gab Zeiten, sie sind noch nicht lange her, da ich ihn haßte, weil er so gewalttätig war, ein Mann, der sich die Frauen nahm und sie in sein Haus führte, wann immer es ihm gefiel: ein Don Juan, der Urias preisgab, um mit Bathseba seine Lügenspiele zu treiben. Jetzt aber denke ich: Mein Gott, wie schön muß er gewesen sein, voll Grazie und Anmut, elegant und sanft, daß niemand ihm widerstehen konnte, die Mädchen nicht und nicht der eine, Jonathan, der ihm der Nächste war. David und Jonathan: Läßt sich eine Liebesgeschichte denken wie diese: beginnend mit fünfzehn Worten: ›Und Jonathan schloß David in sein Herz, und gewann ihn lieb wie sich selbst‹ und endend mit den zwei Sätzen: ›Es ist mir weh um dich, mein Bruder Jonathan. Ich bin dir hold gewesen, überaus wundersam; wundersamer war mir deine Liebe als Liebe von Frauen.‹«

Im Gerichtssaal, vor dem imaginären Tribunal der Toten, in dem sich alle Zeiten überschauen lassen und Samuel so gut bekannt ist wie Rembrandt, wurde es still, als die Frau, in den Reihen der Verteidiger, den Charme des jungen David beschrieb, seine rotblonden Haare, den schlanken Leib, die Musikalität und Intelligenz eines jungen Genies, dem keiner widerstehen konnte, weil jedermann fühlte: Hier erobert einer die Herzen, mit dem der Herr ist ... einer vom Schlag des jungen Joseph, der die Welt für sich gewinnt.

Ein Wirbelwind, dieser David – und zu gleicher Zeit sehr klug, so wie es der zwölfjährige Jesus war, der im Tempel den Schriftgelehrten die heiligen Texte auslegte. Ja (sagte die Frau), sie gehören wahrhaftig zusammen, die beiden: David und Jesus, die Kinder aus Judas Haus, in Bethlehem daheim und aus Isais-Jesses Stamm. Der Gesalbte und der Getaufte. Beide: Söhne des davidischen Jerusalems. Beide: Widersacher des Bösen: Wer hier Goliath heißt, hört dort auf den Namen: Diabolos, Teufel. Beide, erwählt und geleitet, im Bund mit Gott. Beide am Ende einsam und elend. Der Tod am Kreuz, die Traurigkeit Davids im Alter ... hier freilich trennen sich die Wege der Daviden, so wie Samuel und die Evangelisten sie beschreiben. Jesus ist jung gestorben; David mußte alt werden, er machte Fehler um Fehler, wurde traurig und müde, ging einsam und verloren unter Tränen am Ölberg umher, mußte fliehen, kehrte zurück, die Kräfte versagten: *and my ending is despair* – gilt der Shakespeare-Satz nicht auch für ihn? »Als aber der König alt war und hochbetagt«, beginnt das Erste Buch der Könige, »konnte er nicht warm werden, wenn man ihn auch mit Kleidern bedeckte. Da sprachen seine Großen zu ihm: Man suche unserem Herrn, dem König, eine Jungfrau, die vor ihm stehe und ihn umsorge und in seinen Armen schlafe und unseren Herrn, den König, wärme. Und sie suchten ein schönes Mädchen im ganzen Gebiet Israels und fanden Abisag von Sunem und brachten sie dem König. Und sie war ein sehr schönes Mädchen und umsorgte den König und diente ihm. Aber der König erkannte sie nicht.«

»Der junge Mann«, könnte Davids Verteidigerin schließen, »der durch seine Liebenswürdigkeit die Menschen bezauberte, war am Ende allein und erkannte, im doppelten Wortsinn, niemanden mehr. Sein Leben war identisch mit seiner Jugend: das Alter nahm ihn nicht an; seine Kräfte waren versiegt. Die Geschichte von David, der Frauen und Männern das Herz brach dank seiner Kraft, seiner Grazie, seines esprits, endet traurig; und eben darum, denke ich, verdient dieser Mann unser Mitgefühl und unsere Achtung.«

Mit diesen Worten, stelle ich mir vor, wäre die Debatte zwischen den Klägern und Verteidigern Davids beim Totengericht zu Ende gegangen – und das Urteil? Der Schiedsspruch? Nun, der ist von *uns* zu sprechen – mit dem Hinweis darauf, daß der *andere* David, nicht der König, sondern der Künstler, nicht der Kriegsmann und Liebhaber, sondern der

Dichter und Musikant, beim imaginären Verhör überhaupt nicht ins Spiel gebracht worden ist – und dies, obwohl gerade er, der Psalmendichter, den Martin Luther mit einer Emphase beschrieb, als sei er sein *alter ego,* der Poet, Sänger und Tänzer, der Harfenkönig auf den Schildern, Ketten und Bildern der Meistersinger, und das tanzende Davidle, der muntere Gesell, der seinem Herrn vorangeht, beim feierlichen Einzug in Jerusalem, des Königs zweite Natur ist. Und dennoch haben Kläger und Verteidiger ihn schlichtweg vergessen. *Schande über sie!,* da, wie die europäische Kunstgeschichte zeigt, gerade der singende, Harfe spielende, am Orgelpult sitzende David dem König erst den Glanz des Einzigartigen gibt: ein singender Rebell – Ernesto Cardenal in biblischer Zeit! Der Herr eines Großreichs: über die Mensur der Pedale meditierend – zu bewundern in einem lateinischen Codex. Ein Patriarch, der musiziert, und zwar professionell, nicht in der Rolle eines Liebhabers.

Wenn David, der im Mittelalter *rex et propheta* heißt, Friedenskönig genannt werden darf, dann als Musiker und nicht als Militär. So tapfer, kriegstüchtig, kräftig, wohlgebaut und energisch er war – seine eigentliche Kraft: die Besonderheit, auf der die davidische Humanität beruht, sind Wortmächtigkeit und Musikalität. Sobald dieser Dichter-König, wie ihn der Verfasser der samuelischen Bücher beschreibt, seine Lieder singt, das Bogenlied oder das Königsdanklied, oder seine Abschiedsworte in Versen versammelt – »Wie das Gras nach dem Regen aus der Erde bricht, so ist mein Haus fest bei Gott« –, verwandelt sich die Sprache des Herrschers in die Melodie des Poeten, und ein Künstler gewinnt Plastizität, der die Tempelsänger in der Hierarchie mitten unter die großen Beamten und Schriftausleger eingereiht hat.

Kurzum, der »große Herr und starke König« (weltlicher

Provenienz) ist ein Mann, der sich als Meistersinger und Tänzer, als Sachs und David in einer Person präsentiert – ein *musicus doctus,* der nicht nur Israels Königen, sondern allen Rittern von Stolzings Schlag weit voraus ist. Bezaubert er durch seine pure Existenz Männer und Frauen, die ihm begegnen, so evoziert er als Musikant die Gesamtharmonie der Natur, bringt die Tiere zum Schweigen, rückt an Orpheus' und, Seelenarzt, der er durchs Musizieren wird, an Asklepios' Seite: den alten Göttern verwandt und mit dem Kommenden durch seine dreieckige Harfe, die Trinität symbolisiert, und das quadratische Psalterium, das auf die vier Evangelisten verweist, in geheimer Verbindung – ein *Soter,* ein Retter, der in gleicher Weise – unter messianischen Zeichen die Wundertaten des nach ihm Kommenden antizipierend – durch den Zauber der Musik zu heilen versteht wie Jesus von Nazareth durch die Wunderkraft seiner Worte.

»So oft nun ein Gottesgeist Saul überkam, nahm David die Harfe und spielte darauf auf seiner Hand. So wurde es Saul leichter, und der böse Geist wich von ihm.« Im Ersten Buch Samuel, Kapitel 16, Vers 23, wird, sieht man von der Orpheus-Legende ab, zum ersten Mal in der Weltliteratur die Musik als Heilmittel gegen die tödliche Seelenkrankheit, Schwermut, Melancholie und Depression, beschrieben: eine aus der Harmonie der Töne bestehende Arznei, deren Bedeutung, über die Jahrhunderte hinweg, von der Kunst beschrieben werden wird – einerlei, ob Rembrandt, in einem Altersbild, das wunderschöne Judenkind dem weinenden Saul aufspielen läßt, ob Faust in der Osternacht den kathartischen Zauber der Musik beschwört »O tönet fort, ihr süßen Himmelslieder! Die Träne quillt, die Erde hat mich wieder« – einerlei, ob die Medizin, neben den Reisen, die Musik als Heilmittel für die *acedia,* die Schwermut bringende Langeweile, nennt, ob der größte Kastrat des 18. Jahrhunderts, Carlo Broschi Farinelli, dem in Melancholie verfallenen spanischen König immer wieder die gleichen sechs Arien vorsingen muß – auch er in Davids Spur! –, oder ob der kluge Bibelkenner, wie die geistlichen Ärzte, die den Maler Hugo von der Goes um 1500 genesen lassen, am Werk sind (»Nach genauer Untersuchung fand der Pater Prior Thomas, der Patient sei von der gleichen Krankheit befallen wie Saul. Und da er sich erinnerte, wie Saul erleichtert wurde, wenn David die Harfe spielte, gab er sofort Anweisung, daß in Hugos Gegenwart fleißig musiziert wurde«) – welche Beispiele immer man aufführt: es geht, in jedem Fall, um die Heilungskraft der Musik, die, in Orpheus' Bahnen, der Sänger und Psalmendichter David, über dessen Haupt christliche Künstler die Taube schweben lassen, dem von Dämonen gepeinigten Saul vermittelt hat.

Martin Luther, angefochten und von Schwermut bedroht, in Sauls Weise durch Dämonen und Teufelsgesichte verfolgt, wußte, wovon er sprach, als er, anno 1534, einen Organisten wissen ließ: »Darum, wenn ihr traurig seid, so sprecht: Auf! Ich muß jetzt unserem Herrn Christo ein Lied schlagen auf dem Regal; denn die Schrift lehrte mich, er höre gern Gesang und Saitenspiel. Und greift frisch in die Claves und singet drein, bis die Gedanken vergehen wie David und Elisäus taten. Kommt der Teufel wieder, ... so wehrt euch frisch und sprecht: Aus, Teufel, ich muß jetzt meinem Herrn Christo singen und spielen« – gerade so, fügen wir hinzu, wie es, über die Jahrhunderte hin, das Urbild eines königlichen Sängers und Spielers, König David, der Gekrönte, tut... David, von Rembrandt gemalt: die Harfe, als sei sie sein Kind, an das Gewand gepreßt: Was, wenn nicht die Musik, könnte ihn retten?

DAS KÜNSTLERISCHE ALTERSWERK

Jeder, der übers Maß hinaus,
das ihm gesetzt ist,
ein längeres Leben begehrt,
das glückliche Alter
und, weitweit entfernt,
ein seliges Ende,
der ist ein Narr.
Leid auf Leid häuft ja das Alter,
und je mehr du verweilst
unter den Menschen,
desto dunkler werden die Tage.
Dahin sind die Freuden,
wenn du länger zu leben begehrst,
als dem Menschen, mit dem gerechten Maß,
zugeteilt ist.
Helfer allein, Gefährte und Retter,
ist dann der Tod,
der jedem das seine bemißt.
Kein Brautlied erklingt, kein Hochzeitsgesang,
wenn der Tod das Stundenglas leert –
kein Körnchen noch, das hinabrieseln könnte,
kein Tanz, kein Becherklang mehr:
Nur Dunkel und Tod.

Nie geboren zu sein,
das ist das Höchste.

Doch wenn du schon lebst,
dann nenn ich als zweites die Heimkehr dorthin,
woher du kamst.
Ist erst die Jugend vorbei,
Leichtsinn und Anmut und Torheit
und lustiges Tändeln,
dann kommt die Mühsal,
und niemand ist frei von Elend und Schmerzen,
Mord, Zwist und Krieg,
von Haß und Verachtung.
Und dann das Alter, kraftlos und matt,
keine Freundlichkeit mehr, keine Liebe:
Gemein und verächtlich,
so geht es mühsam, Schritt für Schritt,
auf den Tod zu.

Das Alter: Inbegriff der tristesse, des melancholischen Einerlei und der Monologe in der Einsamkeit des Für-Sich-Seins. Alter als pure Negation: Abwesenheit von Freude und Tanz, Zerstörung der allein den Jungen gewährten Kommunikation. Alter – ein Hort der Depression, der nur durch das *nicht* zu charakterisieren ist: Interesselosigkeit und totale Anhedonie.

Fast scheint es, als sei die Verfluchung des Alters von einem Künstler formuliert worden, der über die Erkenntnisse der modernen Depressionsforschung verfügt und derart eine Diagnose zu entwerfen versteht, die auch den Verfassern zeitgenössischer Lehrbücher der Psychiatrie Respekt abnötigen könnte: *Da schreibt ein Dichter auf der Höhe der Seelenexpeditionen unserer Zunft* – ein Mann (eher als eine Frau?), der in kraftvoll-visionären Bildern exakt vorausgreifend, das Alter beschreibt, das ihn, einen Künstler – der, bedenkt man seine Sprachpräzision, in der Mitte des Lebens zu denken ist – eines Tages ergreifen wird. Nun, die Verfluchung des freudlosen Alters, der Hörer hat es längst erkannt, wurde am Ende des fünften vorchristlichen Jahrhunderts formuliert, um das Jahr 407, und sein Autor war kein Mann um die Fünfzig, sondern ein sehr alter Künstler, neunzigjährig, dem Tod schon sehr nah. »Nie geboren zu sein, das ist das Höchste«: ein Vers, berühmt und oft zitiert (Me phynai ton apanta nika logon), den Sophokles ins Zentrum eines Chorlieds aus dem »Ödipus auf Kolonos« rückte. Die Paradoxie – die erste, die jedem ins Auge fällt, der sich mit dem künstlerischen Alterswerk beschäftigt, mit der Kreativität des Greisenalters – lautet: Zwar wird die Zeit vor dem Tod als Summe ungezählter »nicht mehr« beschrieben – aber das in einer Manier, die verdeutlicht: Der Autor zeigt, bei der Beschreibung der eigenen Lebenszeit, ein Maximum an Beherrschung von Stoff, Form und Sujet. Künstlerische Perfektion deutet schon deshalb auf die Kehrseite des Haßgesangs, weil der Schreibende über eine Kunstfertigkeit verfügt, die ein Jüngerer nie aufbieten könnte. Kein Stammeln, kein seniles Jammern steht für die Richtigkeit des Gesagten – im Gegenteil: Die Plenipotenz der Rede straft ihre Vorwürfe Lügen, und das, in der Weltliteratur von den Griechen bis zum heutigen Tag. Ingrimmige Klage *und* souveräne Formulierung des Abgesangs stehen einander diametral gegenüber.

Einerlei, ob der Leser Michelangelo oder Montaigne, Sophokles oder, ein mächtiger Satz zur Moderne, Max Frisch bemüht. Hat, ist zu fragen, zum Beispiel gerade Max Frisch je so genau – und dabei hochpoetisch! – gearbeitet wie in seinem zweiten Tagebuch, das er, in den Sechzigern stehend, der Charakterisierung von Gezeichneten widmete: der Beschreibung der Altersgenossen mit ihrer Furcht vor dem

Zusammenbruch der Kreativität, ihrer Verzweiflung, die dem Sich-selbst-überlebt-Haben gilt, ihrer Verachtung der Klassizität, ihrem Angewidertsein von Routine und Perfektion, die am Ende zur Selbstkopie führt: *immer noch gut gemacht, aber nicht mehr.* Und dazu das ständige Trostheischen bei den Ausnahme-Meistern, mit ihrer greisenhaften Frische und der revolutionär wirkenden Alterskraft (Fontane, Goethe e tutti quanti), dazu, vor allem, die Angst vor der Angst, am Ende zur Monade zu schrumpfen, dem Schatten seiner selbst: »Indem der Tastsinn nachläßt, das Gehör nachläßt, die Sehkraft nachläßt, das Hirn weniger aufnimmt und langsamer arbeitet, die Emotionalität schwindet, die Neugierde schwindet oder sich zumindest verengt, die Reflexe sich wiederholen oder überhaupt ausfallen, die Assoziation stockt, die Phantasie verdorrt, die Begierde jeder Art nachläßt usw., kann es sein, daß der Gezeichnete es leichter hat mit seiner Kunst: es fällt ihm nur noch ein, was er meistert.«

Kein Zweifel, das klingt, als ob abermals ein Eingeweihter Zeugnis ablegte: Wieder die Summe der Negationen, wieder das Auslassen auch des kleinsten Zugewinns im Alter (Weisheit, Souveränität, Gelassenheit, Befreiung aus den Kerkern der Sexualität) – und wieder die sprachliche Bannkraft, die alle Negationen zum Gespött macht: *Was klagst du, Freund? Du bist doch ein Schriftsteller. Hast du in deiner Jugend so gut geschrieben wie jetzt? Nein? Dann hör auf zu klagen.* Ich stelle mir, in einem vertrauten Topos, vor, es gäbe im Pantheon der Künste einen riesigen Saal, dessen Rückseite parzelliert wäre, während sich vorn, dem Betrachter zu, eine gewaltige Spielfläche befände: einladend zu Diskursen, Streitgesprächen, Lesungen, Debatten. Im Hintergrund: der uralte Bernard Shaw in seinem Gärtchen, daneben Thomas

Mann, die Tristesse seiner Kilchberger Klause beschreibend, dann Tolstoi, auf seiner letzten Reise, im Bahnwärterhaus, Adolph Menzel in der Berliner Sigismundstraße: das Atelier im vierten Stock, nur über den Hinterhof zu erreichen. (Minister werden abgewiesen, Herrschaften vom Stande auch: *Hier ist nichts zu sehen. Ich bin keine Menagerie.*)

Wer noch? Giuseppe Verdi natürlich, fünfundachtzigjährig, langsamen Schrittes vor dem Kurhaus von Montecatini auf und ab gehend: Das Werk ist getan, die *quattro pezzi sacri* sind aufgeführt, der Falstaff in der Grande Opéra von Paris gespielt: tutto è finito! Was noch zu tun bleibt, wird geleistet: Lobgesang vor Gott und, das Wichtigste, die Einrichtung der *casa di riposo,* des Altersheims, in dem Musiker ihr Leben sorgenfrei beschließen sollen.

Wie in einem Spital, stelle ich mir vor, dem Lübischen Heilig-Geist-Spital zum Beispiel, stünden, Kammer an Kammer, Lokalität an Lokalität, die letzten Wohnungen der Meister, Goethes Schlafkammer, Michelangelos nach Tierkadavern und Urin stinkendes Kellergemach, Gides *locus amoenus* von Cuverville und der Garten von Seebüll, in dem Nolde gearbeitet hat, nebeneinander – und dann, auf einen Glockenschlag hin, die Versammlung der Künstler, auf der vorderen Bühne: der Konvent alter Meister, in dem Ratschläge weitergegeben, Kniffe und Tricks analysiert, Kompositionstechniken gedeutet, die das ganz Frühe im Spätesten wiederkehren lassen, und Maltechniken beschrieben würden, deren Besonderheit nur die Kenner verstehen.

Wenn die alten Meister zusammenkommen, Künstler aus vielen Jahrhunderten, gibt's nur einen einzigen Qualitätsausweis: die absolute Beherrschung des Handwerks, und nur *einen* Grund zu unverzüglichem Ausschluß aus den Meisterkonvent: den Dilettantismus.

Kreativität im Alter – das bedeutet für Künstler: technische Vollkommenheit, die, anders als in früheren Lebensstufen, bewußt, kalkuliert und mit einem Höchstmaß an virtuoser Selbstkritik eingesetzt wird. Wer als Sechzigjähriger immer noch schwärmt und den Trunkenen spielt, wird nicht geduldet im Olymp, weil er jenen Absprung vom jugendlichen Helden zum Charakterdarsteller nicht schaffte, den Goethe in den *Maximen und Reflexionen* mit den Worten beschreibt: »Altwerden heißt, selbst ein neues Geschäft antreten, alle Verhältnisse verändern sich, und man muß entweder zu handeln ganz aufhören oder mit Willen und Bewußtsein das neue Rollenfach übernehmen.«

Keine Variation also, auf einmal gewonnene Höhe, kein Durchspielen der bekannten Muster, sondern Neubeginn charakterisiert das *große* Alterswerk – der Versuch, eine Summe zu ziehen, zugleich aber auch, in einem letzten gewaltigen *effort,* ins Freie aufzubrechen, selbst auf Kosten des Bruchs mit allem bisher Geleisteten, dazu mit dem Risiko, von der Zunft als ein Pseudo-Revolutionär verlacht zu werden – so wie es Michelangelo erging, als er in der Pietà Rondanini mit dem ans Holz geschlagenen Gekreuzigten, dessen Körper langsam herabsinkt, und der Schmerzensmutter, die ihn auffängt, alle vertrauten Topen der Beweinung für null und nichtig erklärte: aufrecht stehen sollten die beiden, nicht, nah am Boden, geborgen sein, Mutter und Kind! Je genauer der Betrachter die großen Meisterwerke der Greise (es gibt unter ihnen nur ganz wenige Frauen: Käthe Kollwitz, Ricarda Huch – die Schar ist klein) anschaut, desto deutlicher wird ihm, zumal in Zeugnissen der bildenden Kunst, der Zuwachs an Spiritualität, an Einsicht und Wissen. Die Details, dies hat als erster der Kunsthistoriker A. E. Brinckmann anno 1925 in seinem Traktat *Spätwerke großer Meister* ausgeführt (Gottfried Benn, 25 Jahre danach, wird sich in seiner Rede »Altern als Problem für Künstler« mit ihm auseinandersetzen) ... die Details werden unwichtiger, während der Gesamtsinn der Szenerie, in einem Akt des Verschmelzens und Zueinanderfügens heterogener Elemente, an Konturen gewinnt.

Und nun stellen wir uns vor, die Heilig-Geist-Phantasmagorie würde verblassen, und an ihre Stelle träte – hier und jetzt! – ein weißgetünchter Saal (warum kein Hörsaal?), an dessen Wänden Bilder zu betrachten wären, die – zu Dutzenden! – Selbstporträts alter Künstler präsentierten. Hier der achtzigjährige Nolde, an seinem Geburtstag, festlich gekleidet, mit Hut und blauem Jackett, mit Weste und Schlips; aber die Augen, tief verschattet, deuten in Fontanes Weise an: »Was soll der Unsinn? Ich bin anders, als ihr denkt, kein Monument, sondern ein Spökenkieker, der sich über den Mummenschanz belustigt und ins Weite schaut, aus der Zeit heraus, mit einem Blick, der ins Offene weist: auf den Tod.«

Hier Nolde, dort Rembrandt, Liebermann, Munch – Porträts, in denen Melancholie und Resignation, Trotz und geduldiges Sich-Fügen, ein Hauch von *vanitas vanitatum* und Rebellion, Menzels moroser Blick durch die Brille, aufeinanderprallen. Hüben Rembrandts Hohngelächter, und drüben, Ausdruck melancholischer Versteinerung, Munchs Alters-Porträts: ein trauriger alter Mann zwischen Standuhr und Bett, oder ein lebender Toter, dessen Brustkorb eher einer Röntgenplatte als einem Gemälde gleicht, ein Nachtwandler am Abgrund, der malt, was er leidet: »Mein Weg hat entlang... einer bodenlosen Tiefe geführt... Ab und zu habe ich den Pfad verlassen, habe mich in das Menschengewimmel im Leben gestürzt, aber immer muß ich wieder zurück auf den Weg entlang am Abgrund. Dem Weg muß ich folgen, bis ich in die Tiefe stürze. Die Lebensangst hat mich begleitet, solange ich mich erinnern kann.«

Hinter dem Sichtbaren seelisches Vakuum, Einsamkeiten, Melancholien, Arten des Innehaltens und Sich-Versicherns deutlich zu machen, bezeichnet die Besonderheit des Alterswerks: Da sieht sich das Außen nach innen gekehrt, behutsame Gesten stehen für Seelenregungen, eine sanfte Berührung – man denke an Rembrandts letztes Werk, den »Verlorenen Sohn« – symbolisiert Einsamkeit, lange Meditation, Angst und Sorge eines alten Mannes, doppelt sichtbar in der Konfrontation mit der Brutalität des Hier und Jetzt, als ein Konterpart zum Reich des Spirituellen: Ein Verbrecherschädel, kahlgeschoren, eine zerschlissene Sandale, ein entblößter Fuß – *verkommen* präsentiert sich, dem Schmerzens-Vater gegenüber, bei Rembrandt der Sohn.

Kein Zweifel, daß die im Pantheon versammelten Meister, über das Wesen des Alterswerks redend, Rembrandts »Verlorenen Sohn« als eine Art Archetypus beschreiben könnten: dank seiner Vergeistigung und Transzendenz vom Sichtbaren in die Sinnfälligkeit und Symbolik des Dargestellten. Aber kaum, stelle ich mir vor, hätten die versammelten Meister ihr *placet* gegeben, da wäre, von den hinteren Reihen her, Widerspruch laut geworden: Spiritualität! Introspektion! Vergeistigung! Alles Papperlapapp! *Wenn* das Alterswerk etwas charakterisiere, dann sei es die Reintegration des Vitalen im großen Kampf gegen den Tod: der Exorzismus von Vergänglichkeit, der sich, noch einmal, ein letztes Mal, im Bacchanal widerspiegle, im Aufstand der Sinne, dargestellt durch das Sich-Vereinen der Glieder, der Schenkel und Vulven, Phalloi und Brüste, durch erotische Exzesse, schmatzende Küsse und wilde Ekstasen. Der späte Picasso steht auf gegen den späten Rembrandt, das spanische Hohelied des Lebenstriebs gegen das *memento mori* niederländischer Christianität.

Ein Streit mit offenem Ausgang? Ich denke, nein: Die Antithese zwischen Picasso und Rembrandt, um zwei Extreme zu benennen, ist nur vordergründig, weil es hier *und* da um eine Radikalität geht, die, entgegen landläufiger Erwartung, gerade jenes Alterswerk charakterisiert, in dem, es sei wiederholt, eben nicht nur weitergemacht wird, weil Arbeiten für den Künstler die Bedeutung von Atmen hat (wer den Pinsel, die Feder, das Notenpapier beiseite legt, hört auf zu leben), sondern weil gerade die späten Werke vom Willen zur »letzten Konsequenz«, zum »so und nicht anders« bestimmt sind. Kein Wunder darum, daß sich gerade im Alterswerk immer wieder der Wille zur Veränderung, Erweiterung, Vertiefung eigener Vorwürfe manifestiert. Der späte Rembrandt *konnte* mit der Darstellung des trübsinnigen Saul, dessen Schwermut David, der Harfenist, zu besänftigen hat, dem bombastischen Bild vom Jahre 1630, unmöglich zufrieden sein, in dem der König mit martialischer Geste und dramatisierender Mimik eher wie ein Provinzschauspieler denn wie ein von Schwermut gepeinigter Schmerzensmann erscheint. Zurücknahme, Wiederholung, Neubeginn also – geleistet in der Darstellung eines tieftraurigen Königs, der, nicht mehr *en face*, sondern im Seiten-Porträt gezeigt, vom remedium melancholiae, dem Spiel des Harfenisten, Linderung erwartet.

Kurzum: In welcher Radikalisierung, hüben Aufstand der Sinne, drüben der Triumph des Spirituellen, sich der letzte, aufs Ganze gehende Entwurf auch darstellt: immer geht es um den Willen, *zu Ende zu führen*, gelegentlich um den Preis der Revokation eigener Entwürfe, öfter um der Ergänzung und Verbesserung, Vollendung des Vor-Geleisteten willen.

Die Geschichte der ›Summen‹ großer Alterswerke zeigt: Alles ist aufbewahrt, nichts ist vergessen, Frühes findet im Späten zu neuer Gestalt; über Jahrzehnte hinweg bestimmt kontinuierliches In-den-eigenen-Spuren-Gehen die Arbeit des Künstlers. Zwanzig Jahre, nachdem Sophokles im *Ödipus Tyrannos* dem Publikum Athens einen König präsentiert hatte, der, unwissend, wer er war und welcher Taten er sich schuldig gemacht hatte, als ein Verblendeter reagierte, »pointierte« er, in einem Umkehrverfahren, in seinem Todesjahr die Version seiner Manneszeit, indem er dem Blinden die Königswürde der Reflexion gab. Als König ein Blinder; als Blinder ein König – mit Hilfe dieser Variation verwandelte Sophokles sein Aktionsdrama in eine eher philosophisch als dramatisch bestimmte Moritat, in der sich die Grenze zwischen Gedicht und Gedanken, Trauerspiel und Mysterien-Festivität aufhebt. Das Schauerstück mit Messer und Seil, den Vehikeln der Blendung und des Suizids, verwandelt sich in einen religiösen Traktat, der Aktionen nebensächlich erscheinen läßt, während er die Gedanken und die Gedanken über die Gedanken ins Zentrum rückt: »Jetzt kommt der Tod. Ich spüre ihn: Er ist mein Freund. Der Gott! Wie leise seine Stimme ist. Folg mir, Antigone, und hab noch einmal Dank: Du hast mich sanft geführt, und ohne Klage, viele Jahre lang. Nun geh *ich* dir voran. Nein, nicht weinen jetzt. Rühr mich nicht an, und geh ein wenig langsamer als ich. Ich muß allein die Grabesstätte finden: die Totengruft des alten Manns. Voran nun, Hermes! Dunkle Göttin, komm Persephoneia! O Licht, das einmal meins gewesen ist, vor langer Zeit, berühre mich zum letzten Mal. Ein heller Glanz, noch einmal, dann der Todesschlaf in Hades' dunklem Haus.«

Konterkariert durch ein wildes Aufbegehren der Sinne,

hier und da, ist das Alterswerk der Meister eher durch Reflexion als Dynamik, eher ein Sich-klein-Machen als ein Fäusteschütteln bestimmt. Prometheus ist kein Gott für einen alten Mann – eher Odysseus, der auf Unsterblichkeit verzichtete und sich im Augenblick des Todes fragt: *War es richtig?*

Zweifel, nicht kecke Gewißheit, Fragen, nicht rasche Antworten bestimmen das Spätwerk, das Akzeptieren des Todes, nicht das Aufbegehren gegen die Endlichkeit: Mit der großen Gedächtniskraft, Mnemosyne, einer Vorzugstugend alt gewordener Menschen, konfrontiert Michelangelo die Arme jugendlicher Schöner, die ihn umfingen, als er selbst noch jung war, mit den Armen des gekreuzigten Jesus, die ihn aufnehmen würden. Leidenschaft verkehrt sich in Demut, Ekstase in Geduld; der Ton der Altersgedichte ist behutsam, eher elegisch als spöttisch; von der Passion bestimmt, nicht von der Gestik des Trotzes; das Wort Pathos wird klein, die Vokabel Ethos groß geschrieben: »Nun bin ich an des Lebens Ziel gelangt,/ Durch Sturmeswogen und auf schwankendem Kahn/ Zum Hafen; was ich falsch, was fromm getan:/ Von allem wird hier Rechenschaft verlangt.// Wie sehr mir nun vor der Erkenntnis bangt,/ Daß mir die Kunst Idol und einziger Wahn,/ Daß ich aus Irrtum ihr nur untertan/ Und dem, was falschem Wunsch der Mensch verdankt.// Verliebtes Sinnen eitler Lebenslust,/ Was hilfst Du nun dem Nachbarn zweier Tode,/ Jener dem Leib, dieser dem Geist zum Harme?// Nicht Meißeln und nicht Malen schafft der Brust/ Das Heil, das uns nach göttlichem Gebote/ Die Liebe gibt, am Kreuz öffnend die Arme.«

Öffne die Arme: ein – dies hat die Forschung gezeigt – Michelangelo-Motiv über Jahrzehnte hinweg; öffne sie, mein

Freund, um unserer Liebe willen, laß sie mich öffnen, schönes Fräulein, um euren Gürtel zu lösen – und endlich: öffne die Arme, Herr, und nimm mich auf! Seltsam zu sehen, wie sich die Positionen der Künstler im Alter annähern; wie Sophokles' Mysterienspiel vom Retter Ödipus in den Topen des späten Michelangelo, seinen Alterssonetten vom Retter Christus wiederkehren … und dabei ist hüben wie drüben nicht die Spur von Konvertiten-Pathos und frömmelndem Revozieren erkennbar; der Blick erweitert sich, die Welt wird größer, in den Stunden vor dem Tod; aber die Diktion hat nichts mit der Betschwester-Suade gemein: Nüchternheit dominiert, eine genaue Situationsbeschreibung, ein insistierendes Benennen von Realitätspartikeln (das erblindete Auge, der umfangende Arm), die die Kraft von Symbolen gewinnen.

Der »kleine Übertritt«, mit Hofrat Behrens aus Thomas Manns *Zauberberg* zu sprechen, ist, hier und da, mühelos, aber er gelingt keineswegs immer im Alter: wie wenig, das zeigt exemplarisch gerade das Spätwerk Thomas Manns, die *Bekenntnisse des Hochstaplers Felix Krull* vorne an. Und dabei: Wie gut ließ sich alles an, zu Beginn, wie elegant wurde auf einem und demselben Papier der Firma Prantl die Verbindung zwischen München und Kalifornien hergestellt, zwischen dem Jahr 1911 und dem Jahr 1951: vierzig Jahre nicht übersprungen, sondern, im Bannkreis eines Betrügers von hermetischer Natur (Hermes: Gott von Handel und Wandel, und auch Gott der Diebe!) eingeebnet: Thomas Mann, ein notorischer Weitermacher und Zuendeführer, in Sophokles', Rembrandts, Michelangelos Spuren.

Das Unternehmen war ehrgeizig, sollte durch Himmel und Hölle führen, in der Form einer Travestie, wie sich versteht – nicht mit dem Tragödien-Pathos des *Faustus* –, und mit einer Katabasis, einer Höllenfahrt enden: Wie Joseph in die Grube fährt, Adrian Leverkühn der Hölle verfällt, hatte Krull, ein ertappter Betrüger, seine Tage, vorerst zumindest (eine spätere Apotheose nicht ausgeschlossen), im Gefängnis zu beschließen. Ein wahrer Künstler geht in Spuren, hieß die Devise, diesmal in den eigenen, nicht in den Bahnen Moses' und Nietzsches.

Der *Felix Krull* – ein Unternehmen, in dem Ehrgeiz und Witz sich vereinten, ein heiteres Alterswerk, so war es geplant; aber der Plan ging nicht auf – zu läppisch der Vorwurf, zu bescheiden die Chance einer Realisiefung, die von Ernst und Würde begleitet sein sollte.

Sollte: Aber der Versuch war vergebens; die Anstrengung umsonst, die zur *Summe* bestimmte Retraktation jugendlicher Muster mißlang; das Scheitern war eklatant – und exemplarisch: In der gleichen Weise, wie die künstlerischen Alterswerke durch Überhöhung und konsequente Aufgipfelung von Werken der Früh- und Reifezeit geprägt sein können – *können!* –, ist ihnen – wie beim späten Thomas Mann – auch die Gefahr des Scheiterns immanent: verursacht durch nachlassende Kräfte und Altersdepressionen, durch ein Aus-der-Bahn-Geraten in Zeitläuften, die, durch abrupten Paradigmenwechsel bestimmt, nicht mehr ins Werk zu transponieren sind und das Gefühl des Überlebt- ja, des Erledigtseins fördern ... ein sich als Passé-Empfinden, das, im Aufblick zu den großen Vollbringern, als doppelt peinigend empfunden wird: »Ach, wie liebe und bewundere ich das Vollbringertum« – so Thomas Mann in einer Tagebuchnotiz vom 19. August 1954, »...jetzt zumal, im Alter, wo es damit für mich aus ist. Ich kann von Glück sagen, daß ich doch mit 25, mit 50, mit 60 und 70 Jahren, mit *Budden-*

brooks, Zauberberg, Joseph und *Faustus* etwas wie einen kleinen Vollbringer abgeben konnte...« Aber: »was ich jetzt führe« – Notat vom 6. Juli 1953 – »ist ein Nachleben, das vergebens nach produktiver Stütze ringt. Den Krull als einen Faustus aufzufassen, den es zu beenden gilt, ist schwer möglich.«

Kreativität im Alter? Gewiß, bei wenn nicht den meisten, so doch erstaunlich vielen Künstlern zwischen Goya und Richard Strauß, Voltaire oder Manet: Trostspendern, mit denen, so Max Frisch in seiner Analyse der Schöpfungskräfte im hohen Alter, »sich vor allem Leute beruhigen, die keine Kreativität zu verlieren haben« (»und man sollte es ihnen lassen«). Daneben freilich gibt es Legionen von Alterswerken, in denen allenfalls ein hier und dort aufblitzender Funken das Genie von gestern anzeigt. Ansonsten herrscht Schwermut, Todessehnsucht, die Gefährten sterben dahin und der Eine bleibt übrig: »So ist es, wenn man sich selbst überlebt.« – noch einmal Thomas Mann, am 6. Juli 1953 – »Wagner schrieb mit annähernd 70 Jahren sein Schlußwerk, den *Parsifal,* und starb nicht lange danach. Ich habe ungefähr im selben Alter mein Werk letzter Konsequenz, den *Faustus,* Endwerk in jedem Sinn, geschrieben, lebe aber weiter.«

Lebe aber weiter: In der gleichen Weise wie wir, auf dem großen Podium vor den Heilig-Geist-Parzellen, die alten Meister zusammenführen können, die bis zum letzten Atemzug ihre Schöpfungskraft wahrten; in gleicher Weise, wie es reizvoll wäre, die Vollender miteinander zu konfrontieren, denen es gegeben war, in ihrem letzten und konsequentesten Anlauf die Summe zu ziehen, in gleicher Weise ließe sich, weit trauriger, eine Kongregation erdenken, in denen, Alltagspatienten näher, die Schweiger und Nörgler, die nobel Verstummten und die ungenierten Selbstkopisten an der Tête marschierten: Künstler, die die Zeitläufte nicht mehr verstehen, Menschen, denen man die Heimat nahm, so wie dem alten Grillparzer, der sein Alt-Wien hergeben mußte und sich, nach einem zur Unzeit, anno 1848, gedichteten Hohelied auf Radetzky, unter Revolutionären und Spekulanten, Avantgardisten und Jobbern plötzlich allein sah, ein Fossil aus vergangener Zeit: »Die Poesie hat mich verlassen, wie schon früher die Musik, und ich bin wie ein vormals wohlhabender Mann, der sein Vermögen im Börsenspiel verloren, jawohl, im Börsenspiel... Den Lumpen wird der Fortschritt leicht, was soll denn aber derjenige tun, der zu seinem Unglück Überzeugungen hat?«

Kreativität im Alter, das zeigen die Viten der Meister, kann ersterben, wenn die Zeitläufte über einen Künstler hinweggehen und er den Anschluß ans Hier und Jetzt nur um den Preis einer Prinzipien-Hingabe findet: also nie. Doch sie kann auch zunichte werden, wenn – bleiben wir beim Beispiel Grillparzer – das Räsonnieren, Reflektieren und Kritisieren am Ende jeden produktiven Elan relativiert: *Wozu so? Und warum nicht anders? Weshalb gerade dieser Satz und nicht jener?*

Jetzt bin ich mein eigener Kritiker geworden: Die Grillparzersche Selbstanalyse rückt Künstler ins Blickfeld, deren Alterskritizismus ihren Werken zugleich Freund und Feind gewesen ist – Freund, weil er sie, auch sich selbst gegenüber, unbestechlich sein ließ; Feind, weil er sie von Fassung zu Fassung trieb – und am Ende genügte ihnen nicht eine.

Skepsis und Kritik, Sinn für die dem eigenen Schaffen mitgegebene Grenze, Kälte und Kalkül sind für den alternden Künstler ambivalent: einerseits Feinde der Produktivität, resignationsfördernd und melancholieträchtig, andererseits Prämissen jener späten Meisterwerke, in denen ein gnadenloser Blick – Beispiel: die Regentinnen des Männerklosters zu Amsterdam, gemalt vom achtzigjährigen Frans Hals – die Wirklichkeit durch die Beleuchtung signifikanter Details – starre Augen, alte Hände, pedantisch gestärkte Gewandungen – kenntlich macht.

Kurzum, so rasch sich die Voraussetzungen des *Jugend*werks bestimmen lassen, Originalität, Bereitschaft zum Kampf mit den Vätern, Dreistigkeit, Zutrauen in die Unerschöpflichkeit des Genies, so ambivalent ist die künstlerische Mitgift im *Alter:* Skeptizismus, der hier vernichtet, kann dort befreien, provokante Anknüpfung ans erste Gelingen macht hüben unterschwellige Kontinuitäten sichtbar, während es drüben nichts als peinlich ist: ein Kokettieren mit Juvenilität, ohne die Nähe des Todes zu bedenken.

Kreativität im Alter, mag ein erstes Fazit lauten, bedarf, um sich entfalten zu können, entweder der plötzlich entdeckten Übereinstimmung mit den zeitbestimmenden Kräften und der Bereitschaft, der Jugend bei der Entbindung dieser Kräfte zur Seite zu stehen (Beispiel: Fontane, Bekenntnis eines Siebzigjährigen zur Kunst der Moderne: ja zu Gerhart Hauptmann, nein zu Ernst von Wildenbruch), *oder* der souveränen, um das Diktat von Tag und Stunde unbekümmerten Gegenläufigkeit (Beispiel: Goethe), in der, nach eigenem Gusto, Elemente in Symbole, Realitätspartikel in Formeln und inkongruente Tatbestände in ein als organisch erfahrenes Kontinuum eingereiht werden. Subjektivität gewinnt normativen Charakter; die Benennung wird vorgetragen, als hätte sie verpflichtende, überindividuelle, ja allgemeingültige Bedeutung.

»Früh, wenn Tal, Gebirg und Garten/ Nebelschleiern sich enthüllen,/ Und dem sehnlichsten Erwarten/ Blumenkelche bunt sich füllen,// Wenn der Äther, Wolken tragend,/ Mit dem klaren Tage streitet,/ Und ein Ostwind, sie verjagend,/ Blaue Sonnenbahn bereitet,// Dankst Du dann, am Blick Dich weidend,/ Reiner Brust der Großen, Holden,/ Wird die Sonne, rötlich scheidend,/ Rings den Horizont vergolden.«

Geschrieben zu Dornburg, auf den Schlössern, im September 1828; konkrete Impressionen sehen sich, mit gelassener und selbstgewisser Bannkraft, ins Metaphysische transponiert; der fast Achtzigjährige beherrscht die Kunst der metaphorischen Überhöhung des Alltagsgeschehens mit jener spielerischen Leichtigkeit, Anmut und graziösen Selbstverständlichkeit, die dem Goetheschen Alterswerk die Besonderheit gibt: keine Kälte, keine Distanz, kein Überhöhen des Vorgeleisteten, sondern wiedergewonnene, durch Reflexionskünste und wissenschaftliche Kalkulationen hindurchgegangene Naivität: *fausse naiveté,* wie die Franzosen sagen, Schlichtheit am anderen Ufer. »In der Morgendämmerung«, Brief an Zelter vom 9. September 1828, »war Venus der Sonne weit vorausgegangen und stand hoch am Himmel; die ganze Luft war rein und klar, das Barometer abermals gesunken, aber immer noch im leidlichen Stand. Gegen sechs Uhr früh füllte ein dichter Nebel das ganze Tal, stieg aber nicht so hoch, daß er die gegenüberstehenden Berge verdeckt hätte. Er fiel und zerteilte sich, so daß Himmel und Erde bald völlig klar dalagen.«

Ein erregendes Schauspiel, das exemplarisch verdeutlicht, welche Plenipotenz die Alterskreativität entfalten kann: Ein fast achtzigjähriger Mann, Wissenschaftler und Poet, Naturforscher und Künstler in einer Person, notiert Barometerstände, skizziert den Verlauf von Nebelschwaden und verwandelt das Gesehene in ein Gedicht, das zu gleicher Zeit durch schlichtes Vokabular und raffinierte syntaktische

Strukturen – drei Konditionalsätze, deren letzter eine Auflösung vorspiegelt – bestimmt wird. (Das »wenn« wird zum »dann«, um, nach solchem Schein-Fazit, die Quintessenz um so sichtbarer zu machen: Wenn der Mensch, vom frühen Morgen an, der Helle erwartungsvoll die Treue hält und sich dem Licht anheimgibt, wird sein Abend trostreich sein, übergoldet von der Sonne, die ihn nicht verlassen wird.)

Morgen, Mittag und Abend, Jugend, Mannesalter und Greisenzeit: in einem Atem genannt, Äußeres und Inneres im Gleichgewicht; Bannkraft und Demut der Subjektivität in Verbundenheit mit der Natur. Nie, scheint mir, hat sich Alterskreativität so spielerisch, graziös und selbstverständlich artikulieren können wie in Goethes letzten Gedichten, mit ihrer Einheit von Reflexion und Bild, Beschreibung und symbolischer Erhöhung, der Unität von naturwissenschaftlicher Analyse und anschaulich-chiffrierter Metaphysik. *Gelassenheit,* von Heiterkeit und Vertrauen bestimmtes Deuten der Welt, heißt das Stichwort, dem das Goethesche Spätwerk zugeordnet ist: kein großer *effort,* kein tiefsinniger Widerruf des Damals und Einst, sondern ruhiges Ineinssetzen von Jugend und Alter als der Voraussetzung eines glücklichen Lebens.

Nun, andere haben's schwerer gehabt als der eine, dem seine große Synthese am Ende doch allzu selbstverständlich geriet, als daß sie, in ihrer von Urvertrauen zeugenden Setzung, im Zeitalter von Auschwitz und Hiroshima, mehr als – freilich bewunderte! – Phantasmagorie sein könnte: grandios, aber unwiederholbar. Schaut sich der Betrachter um in der Reihe der alten Meister auf den Gebieten der Literatur, Kunst und Musik, dann wird ihm Verdi, in Gedanken mit der Seelenruhe jener Musiker beschäftigt, denen er alles verdankte: den Ruhm und, mehr als das, die künstlerische Perfektion, näherrücken als der unangefochtene Alte von Dornburg mit seinem Weltvertrauen und der gewaltigen Angst vor dem Tod (nur keine Leichenkutsche am Frauenplan!). Nicht an Goethe, sondern an den jungen, alten Montaigne wird er zuerst denken, wenn er das Janusgesicht des Alters aufschlüsseln möchte: die Ambivalenz, die in der Apologie des Raimond Sebond, in einem Akt konsequenten Lautdenkens, auf den Begriff gebracht wird: »Es geht in mir hin und wieder her; mein Denken geht nicht nur vorwärts; es schwebt und schwimmt. Ich habe immer einmal Lust, zur Übung oder zum Spaß, eine Meinung zu vertreten, die meiner entgegengesetzt ist; und da geschieht es dann oft, daß mein Geist sich in der Richtung, die er nun eingeschlagen hat, so festfährt, daß ich meine ursprüngliche Meinung nicht mehr richtig finde und mich von ihr abwende. Ich fühle mich gleichsam irgendwie weiter dahin gezogen, wohin ich mich neige, und dann geht es von selbst weiter.«

Seelen-Introspektion im 16. Jahrhundert, auf der Spur jener Gefährdung des Menschen, deren Ausmaß, bei verringerter Distanz, das Alter auf den Begriff bringt: Kein Zweifel, daß die Künstler vergangener Jahrhunderte Wegbereiter der modernen Psychiatrie sind, Protagonisten, von denen sich lernen läßt, wie Menschen zu beschreiben sind: exakt und kalt (»Ich belaure mich aus der Nähe«, schreibt Montaigne, »und meine Augen sind ununterbrochen auf mich gerichtet«), aber zugleich mit Sympathie und Einsicht in »die Mühsal der menschlichen Existenz«, die plötzlich, mitten im Elend, ein *ganz anderes* aufleuchten läßt: die Anmut des Alltags und das kleine Glück auf der Straße, das niemand unter den alten Meistern so akkurat geschildert hat wie jener eine, der in der Schar greiser Artisten gewiß nicht der größte, aber sicherlich der menschlichste war: Fontane, der, als einziger, die Egomanie alter Künstler, dies: *jetzt, ein letztes Mal, ich, und noch einmal die Summe, gewonnen aus Passion und Kälte,* durch die einzigartige Kooperation mit der Avantgarde von morgen überwand, durch sein »Und nun ihr! Ich hab' getan, was ich konnte«; eine Leidenschaft für das Neue, die sich mit Noblesse dem Vergangenen gegenüber verband – und das ist eine Synthese, die, auf dem Gebiet der Kunst, nahezu beispiellos ist: gewonnen durch eine Urbanität, die nichts mit »heiterem Darüberstehen« zu tun hat, sondern der Schwermut abgerungen ist, der Melancholie eines alten Mannes, der zur rechten Zeit seine Kreativität wiederfand, weil er den richtigen Arzt hatte – keinen großen Psychiater und Neurologen, der ihm mit Antidepressiva wieder Lebenslust gegeben hätte. (Das ist, Gott sei's geklagt, erst seit einem Vierteljahrhundert möglich: Hätten die Ärzte schon seit Jahrhunderten mit Saroten und Aponal hantieren können, die Zahl grandioser Alterswerke nähme sich unermeßlich aus: kein Grillparzer und, wer weiß, kein Stifter wären in Trübsinn versunken.)

Nein, Theodor Fontane hatte nur einen Arzt zur Seite, der sehr genau wußte, daß ein Poet, der nicht mehr schreibt, sehr bald ein toter Mann sein wird, und also verordnete er seinem Patienten eine Kur besonderer Art: bestehend in der Auflage, eine Autobiographie zu verfassen – und siehe, Fontane genas; die wiedergewonnene Kreativität hat sein Leben gerettet: Ende der Anhedonie, Bereitschaft, sich einzulassen auf die Erfordernisse des Tags und der Stunde: bedächtig, natürlich, wie es sich für einen alten Fahrensmann gehört: »In der Jugend ist man eben dreister, mag nicht die Zunft der Handwerksmeister. Jetzt ist mir der Alltag ans Herz gewachsen, und ich halt es mit Rosenplüt und Hans Sachsen.«

Gelobt sei Theodor Fontanes Arzt, der darum wußte, daß ein alter Künstler vor allem eins braucht: Neugier und Lernbereitschaft bis ans Ende der Tage. Das solonische Diktum *gerasko aei polla didaskomenos,* ich werde älter und lerne unermüdlich dazu, zieht sich leitmotivisch durch die Geschichte der Alterskunst vom zweiten *Ödipus* des Sophokles bis hin zum letzten Werk André Gides, dem *Thesée,* in dem, Sophokles folgend, ein geheimer Wettstreit zweier alter Männer, dem sophokleischen Ödipus und dem Gideschen Theseus, inszeniert wird, ein Geistergespräch über zweieinhalb Jahrtausende hinweg: »Wenn ich mein Schicksal«, so Gides Protagonist, »mit dem des Ödipus vergleiche, bin ich zufrieden: ich habe es erfüllt. Ich hinterlasse die Stadt Athen. Ich habe sie noch mehr geliebt als meine Frau und meinen Sohn. Ich habe meine Stadt geschaffen. Nach mir wird mein Denken sie unsterblich bewohnen. Die Güter der Erde habe ich genossen. Es tut mir wohl zu denken, daß die Menschen sich nach mir – und dank mir – als glücklicher, besser und freier erkennen werden. Zum Heil der künftigen Menschen hab ich mein Werk getan. Mein Leben ist vollendet.«

So hat ein Poet geschrieben, André Gide, der, mit seinem Vergil-Text in der Hand, gelassen alt geworden ist – freilich: nach wieviel Ekstasen bis in die letzten Jahre hinein! – und gelassen starb: »Ins Grab gestiegen mit einem von Wollust heißen Körper?« Das war vorbei: Als es ans Sterben ging, erwartete einer der letzten aus der Gilde der großen Handwerksmeister, in deren Werk und Leben sich Leidenschaft, Geduld und Humanität miteinander verschwistern, den Tod mit jener Gelassenheit, die – unser Blick kehrt am Ende zum Anfang zurück – auch jene Kunstfigur auszeichnet, den alten Ödipus, Heilsbringer und Schmerzensmann zugleich, an dessen Beispiel Rückblick und Vorausblick der Künstler im

Augenblick ihrer letzten und höchsten Produktivität antizipiert wird.

Einsicht ins Notwendige, Neugier und Lust am Lernen erscheinen als die entscheidenden Konstituentien der Alterskünste: ins Bild gesetzt in einer späten Zeichnung von Goya – seiner letzten? –, auf der ein alter Mann zu sehen ist, ein Greis mit einem riesigen Bart. Er geht an Krücken, tief gebeugt, aber seine Augen leuchten, voll List. Dieser Mann, zeigt Goya, gibt so schnell nicht auf – *Aun aprendo* heißt das Bild: Ich lerne, ich reihe mich ein in die Phalanx von Ödipus und Sophokles, vom Rembrandtschen Saul, Archetypus aller Altersschwermütigen, vom Vater, der sich festhält am Nacken des Verlorenen Sohns, vom Mann am Fenster der Dornburger Schlösser, von Adolph Menzel, der, die Einöde junger Schönheiten beklagend (nichts als Leere zwischen Ohr, Nase und Mund), auf der These beharrte, »erst im Alter passierten im menschlichen Gesicht tausend interessante Dinge, mit merkwürdigen Faltenkombinationen«, und von Dubslav von Stechlin, natürlich, mit seinem von der Humanität des Skeptizismus geprägten Motto, das gleichsam die Summe aller Alterserfahrungen ist, wie sie, in ihrem Widerspruch, ja, oft schrillen Gegeneinander, die künstlerische Kreativität zweieinhalb Jahrtausende lang veranschaulicht hat: »Unanfechtbare Wahrheiten gibt es überhaupt nicht, und wenn es welche sind, so sind sie langweilig.«

EIN FEST ZWISCHEN GESTERN UND MORGEN

ZUR 300-JAHR-FEIER DER BERLINER AKADEMIE DER KÜNSTE

Vor zweihundert Jahren kam es, damals und heute nur wenig bemerkt, zu einer spektakulären Begegnung: Zwei der interessantesten Persönlichkeiten ihrer Zeit trafen einander in der Berliner Kunstakademie – zwei Männer, die, nach Herkunft und gesellschaftlicher Stellung, unterschiedlicher kaum denkbar sind: Der eine, Friedrich Anton Freiherr von Heinitz, ein illustrer Vertreter der sächsischen Nobilität, war Fachmann auf dem Gebiet des Berg- und Hüttenwesens, Statistiker und Naturwissenschaftler, Reformer der Administration, aber auch kundig im Technologie-Transfer über Grenzen hinweg (will heißen: er verstand sich auf Industrie-Spionage), dazu Weltbürger und *homme de lettres.* Der andere hingegen, Karl Philipp Moritz, Sohn eines schlechtbezahlten Oboisten, war kleiner Leute Kind, ein selfmade-man wie er im Buche steht, Psychologe und Journalist, Romancier und Linguist, vor allem des Englischen mächtig. (Er gab Goethes Herzog Carl August Privat-Lektionen und entzückte, nicht nur dank seiner sprachlichen Brillanz, den Weimarer Hof.)

Der Weltmann und der Plebejer, der große Herr und das Arme-Leute-Kind aus Konventikelkreisen, weit voneinander getrennt und dank gemeinsamem Grenzgängertum insgeheim verbunden, begegnen einander in der preußischen Kunstsozietät. Der Baron hatte den Literaten in Goethes italienischem Zirkel ausfindig gemacht: ob er bereit sei, an der Akademie der Künste eine Professur für »griechische und römische Geschichte, Mythologie und Alterthümer« zu übernehmen und ob er es sich zutraue, seine Kenntnisse in den mathematischen Wissenschaften, aber auch in der Architekturtheorie, zu erweitern?

Moritz sagte zu, tat, mit der ihm eigenen Begabung, rasch fremde Gefilde zu erobern, das seine, schaute sich in Rom und später auch in Weimar um, wo an der herzoglichen Zeichenschule ein neuartiger Kunstunterricht praktiziert wurde – und der Pakt war geschlossen. Moritz wurde Hofrat, exzellierte in Vorlesungen, denen die junge Berliner Intelligenz, von Alexander von Humboldt bis Wackenroder und Tieck, die Ehre ihrer Anwesenheit gab, und war dabei, eine Verbindung zu stiften, die, wäre sie erfolgreich gewesen, dem deutschen Geistesleben, zumindest vom Range her, Gegenakzente gesetzt hätte: das Goethesche Weimar wäre näher ans nachfritzsche Preußen gerückt, und die Kluft zwischen Frauenplan und Sanssouci hätte sich – wer weiß? – ebenso ein wenig eingeebnet wie der Graben zwischen Kunst und Wissenschaft. (Moritz war, zu Recht, Mitglied *beider* preußischen Akademien.)

Nun, sie war nicht erfolgreich, die Entente cordiale, Moritz starb zu früh, um wirksam werden zu können; außerdem ist zu vermuten, daß das Wohlwollen des ins Preußische übergesiedelten Freiherrn ein wenig erkaltete, und zwar aus begreiflichem Grund: Karl Philipp Moritz war nicht eben ein Muster an Ordnung. Von exakter Protokollführung verstand er nur wenig und von ordentlicher Bibliotheksverwaltung fast gar nichts. Bücher wurden verstellt, Kataloge müssen binnen kurzem unbrauchbar geworden sein, kurzum, das Genie konnte gerade das nicht leisten, was der Verwaltungsfachmann und Kurator der Akademie von ihm erwartete: eine sachgemäße Buchhaltung.

Heinitz und Moritz – der Administrator mit der ästhetischen Passion und der freie Künstler, dem das Reglement der Amtsstuben zuwider ist: Diese Konstellation sollte sich an der Akademie von Jahrhundert zu Jahrhundert wiederholen – wobei es auf der einen Seite, dort, wo die Artisten saßen, zumindest *einen* Karl Philipp Moritz würdigen Nachfolger gab, Fontane natürlich, auf der anderen, der Staatsseite hingegen, nach dem Ende der Hardenberg-Humboldt-Ära, eher mediokre Figuren.

Man sieht Theodor Fontane vor sich, wie er, angesichts seiner Aufgaben so hilflos wie Moritz, mit dem roten Fez auf dem Kopf (so hat ihn Anton von Werner beschrieben) sinnend vor einem langen Tisch steht, »auf dessen Holzplatte er mit Kreide eine größere Anzahl Kreise und Nummern gezeichnet hatte, in die er Aktenstücke bald hinein-, bald wieder hinauslegte, anscheinend, um sie nach einem bestimmten System zu ordnen«. Aber dieses System, das nach Fontanes Vorstellung offenbar der Generalschlüssel zur Eröffnung eines höchst geheimnisvollen Registraturwesens war, ließ sich nicht finden, der Dichter quittierte – kaum eingestellt und schon wieder auf und davon – den Dienst: »Ich mußte mich«, so das Entlassungsgesuch des Akademiesekretärs Fontane an Wilhelm I., »zu meiner lebhaften Beschämung davon überzeugen, daß es mir beispielsweise zur Protokollführung über stattfindende Verhandlungen an Umsicht, zur Abfassung von Berichten aber an der Gabe gebräche, auf die Gedanken anderer einzugehen. Schlimmer noch gestalteten sich alle nach der administrativen Seite hin liegenden Aufgaben meines Amtes … Zur Erfüllung solcher Obliegenheiten … versagt mir die Natur den Dienst und der Gang meines Lebens war nicht derart, daß ich mir das Fehlende hätte erobern können«.

Das kleine Interludium in der Vita Fontanes dauerte (zu Frau Emilies Leidwesen, wie man weiß) nur wenige Wochen; der Kaiser und König bewilligte allergnädigst die Entscheidung, ein Nachfolger stand schon bereit, kein Heinitz war zur Stelle (der Moritz' Posten immerhin unbesetzt ließ), um dem preußischen Ministerium der geistlichen, Unterrichts- und Medizinalangelegenheiten darzulegen, welch ein Verlust, ungeachtet des Verwaltungsdebakels, dem Gemeinwesen durch das Ausscheiden des p. Fontane entstünde. Kein Zweifel, der Freiherr hätte, mutatis mutandis, für Fontane zumindest den Hofrat-Titel erwirkt, und – so ließe sich vorstellen – auf das ihm vorgelegte Protokoll vom 2. Februar 1792 verwiesen, in dem es heißt: »Herr Hofrath Moritz war beym Vortrage der Schlüterschen Gedanken über die Art des Geschichts Vortrages ... der Meynung, daß es für unsere Künstler besonders lehrreich seyn werde, aus der Brandenburgischen Geschichte die interessantesten Gegenstände auszuheben ..., und er wollte zu dem Ende noch in diesem Winter darüber öffentliche Vorlesungen halten.«

Theodor Fontane in Moritz' Spuren, im Kreise von Artisten und, wie es damals hieß, »Standespersonen« über die *interessantesten Gegenstände* der brandenburgisch-preußischen Geschichte parlierend – welch eine phantastische Vorstellung! Doch leider nur ein Gedankenspiel. Ein Heinitz an der Spitze des hohenzollernschen Kultusdepartements? Undenkbar, die Vorstellung.

Und in der Republik von Weimar: Ein Mann vom Schlag des sächsisch-preußischen *homme de lettres* als Vorgänger der Kulturadministratoren Becker und Grimme, unmittelbar nach der Wende von der Monarchie zur Republik? Nein, wiederum keine Chance. Liberaler Umgang mit administrativen Regularien war zunächst auch in der Demokratie nicht gefragt – wie wenig, das mußte (das Genie und die Behörde, Kapitel 3: jetzt auf höherer Ebene spielend) nach Moritz und Fontane auch Präsident Max Liebermann erfahren, dem am 13. Dezember 1924 von seinem Minister, Otto Boelitz, bedeutet wurde: »Aus Form und Inhalt des Berichts vom 5. November d. Js. muß ich zu meinem hohen Bedauern entnehmen, daß die Genossenschaft der Mitglieder ... die Stellung der Akademie im Rahmen der Preußischen Kunstverwaltung in wesentlichen Punkten verkennt. Die Eingabe läßt nicht nur die erforderlichen Kenntnisse der Tatsachen vermissen, sondern auch die Wahrung des im Verkehr zwischen einer nachgeordneten Behörde und dem vorgesetzten Minister üblichen Tones. Ich habe bisher gern der Tatsache Rechnung getragen, daß die Akademie eine Behörde [!] von Künstlern ist, denen naturgemäß – je schöpferischer sie sind, um so mehr verwaltungstechnische Gesichtspunkte fernliegen. Ich muß aber bestimmt erwarten, daß auch in diesen Kreisen das erforderliche Verständnis für Einordnung in das Staatsganze herrscht und daß gewisse Voraussetzungen jeden amtlichen Verkehrs innegehalten werden.«

Nun, Max Liebermann wußte sich zu wehren. Die »von Eurer Hochwohlgeboren gütigst zugestandenen mildernden Umstände« (sprich: Freischaffende verstehen nun einmal nichts von Administration) wurden höflichst abgelehnt und, statt dessen, eine disziplinarische Untersuchung gegen den Präsidenten beantragt, die, wie Liebermann mit Sicherheit erwartet hatte, abgelehnt wurde: »Gemäß Paragraph 22. des Disziplinargesetzes vom 21. Juli 1852 [!] ist ein förmliches Disziplinarverfahren nur dann einzuleiten, wenn nach Lage des Falles anzunehmen ist, daß das Disziplinargericht auf Entfernung aus dem Amte erkennen wird« – und davon konnte nun wirklich nicht die Rede sein.

Hier die freie Kunst – dort die obrigkeitsstaatliche Administration; hier der Geist und dort die Macht, die, je nach dem Verhalten der Akademie, die Subventionen ändern konnte; Freisinn gegen Borniertheit, genialisches *laissez faire* gegen Pedanterie: Die schroffe Antithese trügt. Es gab sehr wohl Zeiten, in denen die Spitzen der Behörde liberaler und weitsinniger (übrigens auch stilistisch eleganter) als die verzopfte Künstlerschaft argumentierten. Ein Hardenberg hatte seine Gründe, warum er im März 1803 die Mitglieder aufforderte, die Zeit seiner Abwesenheit zu nutzen, um – jeder für sich – über den gegenwärtigen Standpunkt der Akademie nachzudenken und zu überlegen, durch welche Mittel den etwa vorhandenen Mängeln abzuhelfen sei; ein Wilhelm von Humboldt wird, sechs Jahre später, nur zu gut gewußt haben, weshalb er der Akademie bedeutete, ihr täte etwas mehr »Schwung« gut, wenn sie den ihr, als einer Sozietät »ausgebildeter und bewährter Künstler«, zugewiesenen Zuschüssen gerecht werden wolle; ein Max Liebermann schließlich sah, am Ende der Weimarer Republik, in der Konfrontation mit seiner verstockten, dazu politisch erzkonservativen Abteilung von bildenden Künstlern, keinen anderen Ausweg als das Ministerium um Hilfe zu bitten: »Hochverehrter Herr Minister«, so Liebermann in einem Brief vom 21. Januar 1928 an Carl Heinrich Becker – »die völlig erfolglose letzte Mitglieder-Wahl in der Sektion für die bildenden Künste veranlaßt mich aufs neue darauf hinzuweisen, daß die Sektion in ihrer gegenwärtigen Zusammensetzung nicht mehr arbeitsfähig ist, daß sie vor allem ihre wichtigste Arbeit nicht mehr zu leisten vermag: ihre eigene Ergänzung und ihren Ausbau, der sie lebensfähig erhalten soll ... Darum richte ich an Euer Hochwohlgeboren die dringende Bitte, aus Initiative des Ministeriums eingreifen zu wollen und einen Neuaufbau der Sektion für die bildenden Künste einzuleiten.«

Eine Erneuerung an Haupt und Gliedern sei das Gebot der Stunde: Liebermann wollte offenbar eine totale Reorganisation seiner Abteilung nach dem Modell der eben geschaffenen Abteilung für Literatur – und das Ministerium ist den Vorstellungen der Progressiven innerhalb der Akademie gefolgt: Schmitt-Rottluff, Dix, Kirchner, Mies van der Rohe e tutti quanti aus dem Kreis der Modernen wurden berufen; der berühmte »Pairs-Schub« gelang – freilich nur für kurze Zeit. Schon drei Jahre später wurde er im Zeichen der nationalsozialistischen Akademie-Usurpation widerrufen. Ein Jude hatte gewagt, gemeinsam mit einem sozialdemokratischen Minister, Adolf Grimme, so die These der Deutschtümler, die Autonomie in Frage zu stellen – eine Autonomie, die eben jene Konservativen schon bald zum Gespött machen sollten.

Kurzum, der erste Eindruck, hier der freie Geist und dort die starre Macht, ist irreführend: Es gab, auf der einen Seite, der staatlichen Administration, von Heinitz' Zeiten an sehr wohl Liberale, die den dumpfen Traditionsbewahrern im Kreis der Akademiker die Melodie vorspielten, und es gab, andererseits, unter den Künstlern, auch Männer, die gegen den Stachel zu löcken wagten – so wie es jener *eine,* freilich Unbekannte tat, der als einziger dagegen stimmte, daß Otto von Bismarck die Ehrenmitgliedschaft der Akademie angetragen wurde: Peinlich, höchst peinlich! Im Schreiben an den Kanzler mußte das Adjektiv *einstimmig* durchgestrichen und durch die Worte *mit größter, einmütiger Begeisterung* ersetzt werden. Das Treffen in Friedrichsruh, einige Monate später, verlief dennoch in freundlicher Weise. Nachdem Bismarcks Schwiegersohn durchgesetzt hatte, daß die Zahl der Akademie-Abgeordneten auf drei, »oder wenn das Dezimalsystem bei der hohen Körperschaft größeren Anhang findet, auf fünf Herren beschränkt werden möge«, ging alles am Schnürchen; der Zug aus Berlin wurde in Friedrichsruh angehalten, man begab sich zum Frühstück, zu dessen Beginn, so die *Vossische Zeitung*, der Fürst in längerer Rede sich über die Ehre erfreut zeigte, »die er um so dankbarer empfinde, als er während seines amtlichen Wirkens sehr wenig für die Kunst habe tun können. Aber er liebe und verehre die Kunst.«

Das war freilich ein Understatement, das, wäre er im November 1895 dabeigewesen, zumindest der *andere* große Stilist der Bismarck-Ära, der imaginäre Akademie-Sekretär und Hofrat Fontane, erkannt hätte – nicht aber jene bildenden Künstler, die nicht einmal wußten, daß der Reichskanzler von Porträts seiner selbst wenig hielt. »Was die Statuen anbelangt«, sagte Bismarck am 28. November 1881 im Parlament, »so muß ich doch sagen, daß ich für diese Art von Dank gar nicht empfänglich bin. Ich wäre in der größten Verlegenheit, wenn ich beispielsweise in Köln wäre, mit welchem Gesicht ich an meiner Statue vorbeigehen sollte; ich erlebe das mitunter in Kissingen, es stört mich in Promenadenverhältnissen, wenn ich gewissermaßen fossil neben mir stehe.«

Kein Zweifel, hätte es anno 1895 bereits eine Dichterklasse in der Akademie gegeben, Otto von Bismarck wäre zu Recht als ordentliches – und nicht als Ehrenmitglied aufgenommen worden: dank seiner stilistischen Akkuratesse, seines Witzes, seines unverwechselbaren rednerischen Parlandos und, nicht zuletzt, dank jener Ironie, die, mit Vernunft und Kalkül ins Werk gesetzt (was freilich selten genug geschah in der Akademie), vorzüglich geeignet war, die Fronten zwischen Kunst und Macht derart zu nivellieren, wie es einem der großen Humanisten innerhalb der Sozietät, Gottfried Schadow, gelungen war, einem aufrechten Mann und Anwalt der Hintangestellten, der Juden vor allem – Schadow, der die Liberalität der Zirkel um Henriette Herz und Rahel Varnhagen auch in der Reaktionszeit niemals vergaß.

Schadow – ein Beispiel für viele – bot der Obrigkeit Paroli, als er es wagte, bei einer Vorführung von »lebenden Bildern« *(tableaux vivants)* zuzulassen, daß die Darsteller, darunter auch Damen, ohne Gewandung auftraten, anmutig und nackt – anno 1843, wohlgemerkt, zu einer Zeit, als die Präsentation weiblicher Akte noch strikt verboten war. (Der Ukas blieb bis 1875 in Kraft; vorher konnten Künstler Anatomiestudien femini generis nur in Privatateliers treiben.)

Und dagegen nun Schadow: Gewiß, räumte er ein, hätte die Vorstellung ihre Schwierigkeiten gehabt – aber die seien, bitte sehr, rein technischer Art. »Die Zahl von sechsunddreißig Bildern in der Zeit von 2 1/2 Stunden zu zeigen, wird denen nicht möglich erscheinen, die *tableaux vivants* in Costüm und Gewandung zu stellen hatten; hier gab [allein] die unbedeckte Natur die Möglichkeit zu schnellem Wechsel.« Lange Intervalle sind phantasietötend und unangenehm: Das war des listenreichen Schadows erstes Argument. Und dann, noch wirksamer, das zweite. Gewiß seien, nicht unter den Künstlern natürlich, wohl aber im Kreis der zahlenden Standespersonen »einige gemeine Naturen« gewesen, die ihre Art von Witz vorbrachten, »wir Künstler aber verharrten in einer feierlichen Stimmung, als wir die Natur in unverhüllter Schönheit erblickten«.

Fazit: »Der Senat kann nicht umhin … ausdrücklich zu erklären, daß solche Gelegenheiten, gebildete und wohl vorgeübte Nacktheiten zu sehen, *für Künstler* von unschätzbarer Wichtigkeit sind und daß die Akademie daher sich vorbehalten muß, ähnliche Anlässe auf dieselbe Art wieder zu benutzen.«

In der Tat, wer die Geschichte der Akademie gründlich studiert, wird rasch erkennen, daß die Kunst-Sozietät in ihren besten Zeiten weiß Gott nicht nur von jenen mediokren Künstlern dominiert wurde, die, in der Absage an alles, was ihnen progressiv und unzünftig erschien, noch in unserem Jahrhundert die Stirn hatten, einem Musikwissenschaftler und Komponisten die Anerkennung als »Privatmusiklehrer« trotz des entschiedenen Gegenvotums von Schönberg und Schreker mit der Begründung zu verweigern, es sei keineswegs der Nachweis erbracht, daß der Petent »die erforderlichen musikpädagogischen Erfahrungen« besäße. (Der Name des wegen »mangelnder Unterrichtstätigkeit« Abgelehnten: Dr. Theodor Wiesengrund Adorno.)

Nein, es gab in der Reformzeit von 1790 nicht anders als in der Weimarer Republik und der Phase der Akademie-Renaissancen in Ost und West seit den fünfziger Jahren, keineswegs nur die ewig Gestrigen, die das große Wort führten – es gab vielmehr zwischen Chodowiecki und Liebermann, Schadow und Scharoun (Zille natürlich nicht zu vergessen) viel Witz und Liberalität, Offenheit, Dialog, freundliches Gespräch und jenes heitere Entspanntsein an der Grenze von Öffentlichkeit und Privatheit, das seit Platons Zeiten das Wesen einer Akademie als eines angenehmen Ortes ausmacht, in dem, unter den Meistern, nicht nur die Kunst des geselligen Miteinanders, sondern auch die hohe Schule der Streitkultur praktiziert wird: im Gedanken daran, daß »Akademie« auch für »Concert«, ja für alle festlich erhobenen Veranstaltungen stehen konnte, bei denen Musik, Literatur und bildende Kunst gleichermaßen zur Geltung kommen.

Akademie: Der Begriff steht – nachzulesen in der Neuausgabe des Grimmschen Wörterbuchs – für Schule und Universität nicht anders als für Fest, Maskenball, Konzertveranstaltung, Aktbild [!] und Kränzchen: Damenkränzchen fungierten einmal als Lästerakademien!

Kurzum, die wahre Akademie ist als ein *locus amoenus* (einerlei ob er in einem Hain bei Athen oder im Tiergarten liegt) nicht nur Arbeitsstätte, sondern auch Bezirk der Rekreation, Nische (wie in den Tagen der DDR-Akademie) oder, schlichtweg, ein Dialog-Forum, auf dem gesagt werden kann, was andernorts nicht (oder nur behutsam verschlüsselt) zu formulieren ist – eine Stätte also, in deren Bannkreis alle Meinungen und Richtungen zu Wort kommen können – außer der einen, die, fundamentalistisch und intolerant, auf den Ausschluß von Andersdenkenden abzielt.

Liberalität ist und bleibt das erste Gesetz der Akademie, Liberalität, wie sie Max Liebermann verstand, der, als Privatmann, Edvard Munchs Arbeiten für »vom Verstand diktierte Verblödungen« hielt, als Präsident hingegen dafür plädierte, daß sie unter seiner Ägide ausgestellt wurden – in gleicher Weise, wie er sich, ungeachtet aller Stil-Divergenzen – vorbehaltlos für Otto Dix' Kriegsbild »Der Schützengraben« verwandte. »Es gereicht Ihnen zum besonderen Verdienst«, schrieb Liebermann 1924 in einem Brief an den Direktor des Kölner Wallraf-Richartz-Museums, »das Bild ... erworben zu haben. Wobei ich allerdings das Bedauern nicht unterdrücken kann, daß es nicht seinen ihm gebührenden Platz in der Berliner Nationalgalerie gefunden hat«. Das war, natürlich, wieder einmal eine Spitze gegen Ludwig Justi, den Erzfeind, aber auch eine Ohrfeige für jenen Kölner Oberbürgermeister, der den Kauf des – in nationalsozialistischer Zeit konfiszierten – Bildes rückgängig machte. Max Liebermann hatte zwar die Autorität, Konrad Adenauer hingegen die Macht auf seiner Seite, Kölns Stadtoberhaupt hatte sich einer schwarz-weiß-roten Kamarilla gebeugt, die in Dix' Bild eine Degradierung heroischen deutschen Soldatentums und eine Minderung der Wehrhaftigkeit sah; die Argumente der Akademie und ihres, *in politicis* übrigens eher den liberalen Honoratioren des gebildeten jüdischen Bürgertums als den Stürmern und Drängern der rebellischen Linken zuneigenden Präsidenten blieben wirkungslos.

Preußische Notabeln vergangener Zeiten (nicht Friedrich der Große natürlich, der Shakespeares Dramen bekanntlich für eine Ansammlung von Farcen hielt, die nur würdig seien, »vor den Wilden von Canada gespielt zu werden«) sind da weitherziger gewesen, Friedrich Wilhelm III. vor allem, ein eifriger Besucher der offenen, jedermann zugänglichen, also demokratischen Kunstausstellungen der Akademie, dessen Besuch, anno 1812, Schadows Diarien bezeugen: »Meine Büste von Rauch erhielt den Ausspruch, sie sei recht ähnlich, und bei der Apotheose der Königin hieß es: ›Eine schöne Arbeit haben Sie da gemacht. Ich habe sie mir schon angesehen.‹ Seine Majestät hatte nämlich die Ausstellung viermal besucht. Von seiner eigenen Büste dagegen sagte er: ›Die Brust eingetreten – Schwindsucht!‹ ... Über den Maler Kretschmar äußerte der König bei Betrachtung von dessen Göttin Hebe: ›Nicht übel. Wird aber ohne warm Bett erfrieren.‹«

Friedrich Wilhelm III. und Gottfried Schadow: Da ließ sich's, nehmt alles in allem – nicht anders als bei der Kooperation zwischen Heinitz, Moritz und Chodowiecki, dem Verfasser der Magna Charta der Berliner Sozietät –, passabel miteinander leben. Und dann Liebermann und Adolf Grimme, aber auch Hans Scharoun oder Boris Blacher und ihre

Partner in der Politik, die das Bemühen der Präsidenten um eine Annäherung der Akademien in Ost und West im Zeichen des Kalten Krieges zwar nicht goutierten – ganz im Gegenteil, wenn wir an die Kulturpolitik von Joachim Tiburtius denken –, sie aber, die Autonomie des Gegenübers respektierend, nicht generell verhinderten. Gewiß, die Erfolge waren, da hüben und drüben oft *hardliner* das erste Wort führten, bescheiden, Rückschläge gab es genug; aber es war doch ein Weg vorgezeichnet, den nach der Wende all jene weitergehen konnten, denen es mit Blick auf die Meister um Einlösung vergangener Handlungsanweisungen ging: Moritz' Parteinahme für die Armen und Benachteiligten, Schadows Beiträge zur Emanzipation der Juden, Zelters Erweiterung des Kunstbegriffs, Liebermanns Insistieren auf umfassender Toleranz, Scharouns, Blachers, Düttmanns und ihrer Nachfolger Grenzüberschreitungen im zertrennten, durch unterschiedliche Ideologien bestimmten Land. (Eine Zentralvorstellung der West-Akademie »Machtferne als Voraussetzung unentfremdeten Kunstschaffens« durfte die Ost-Akademie unter den gegebenen politischen Bedingungen nicht akzeptieren. Gleichwohl verdient die Courage, mit der man sich, von Brecht und Dessau bis Hermlin, immer wieder Freiräume zu schaffen versuchte, hohen Respekt.)

Fazit: Das Haus ist bestellt, aber die Ernte noch lange nicht eingebracht. Es bleibt viel zu tun. Die Erbinnen Ricarda Huchs und Käthe Kollwitz' sollten endlich nicht lange mehr warten: Eine Frau an der Spitze der Akademie – warum nicht? Und dann sind viel mehr junge Talente in der Akademie vorzustellen; der internationale Aspekt ist, nach Jahren notwendiger Konzentration auf Probleme des Landes, nicht zuletzt um der Hilfe für unterdrückte Künstler in aller Welt willen, nachdrücklich ins Zentrum zu rücken: andernfalls drohte Provinzialisierung auf allen Gebieten. Vor allem aber muß das öffentliche Gespräch in gleicher Weise befördert werden wie der interdisziplinäre Disput über Fragen der Kunst: Werkstattgespräch im Geist Chodowieckis, statt markiger Proklamationen.

Multum non multa – viel, aber nicht vielerlei, hat die Devise zu lauten. Selbstkritik tut not: sie zu befördern war immer die Stärke der Akademie und gab ihr die Force, mit deren Hilfe sie die Attacken von außen souverän und gelassen zur Kenntnis zu nehmen vermochte.

Zur Wehleidigkeit besteht, alles in allem, so wenig Anlaß wie zur Selbstüberschätzung; vielmehr ist Nüchternheit gefragt, auch Witz natürlich, wie man ihn nicht zuletzt bei Hans Scharoun und der Art seiner Verhandlungsführung lernen kann. (Wenn kein Paragraph paßte, wurde einer erfunden – gelegentlich aus einer längst nicht mehr gültigen Satzung.) Mit einem Satz: Kenner der Akademie-Geschichte sind gewappnet und wissen auch den grimmigsten Invektiven mit einem knappen »in früheren Zeiten kam's noch viel dicker als jetzt« zu begegnen. Wie hieß es doch zu Liebermanns Zeit beim Papst der rechten Kunstkritik, Julius Meier-Graefe? »Über die Akademie ist nicht viel … zu sagen. Sie gehört zu den vielen Köpfen, die man 1918 abzunehmen unterließ. Wenn irgend etwas ›abgebaut‹ werden kann, ist es diese sinnlose Institution, die heute nicht einmal mehr akademisch zu sein vermag. Früher konnte man dem jungen Künstler raten, sich genau entgegengesetzt wie die Akademie zu verhalten. Das war ein Weg. Heute ist aus der einst gefürchteten Feste der Verschlafenheit ein Mixtum Compositum geworden, vorn Kitsch ältester Observanz, hinten schreiende Aktualität, und in der Mitte alles, was gewünscht wird.«

Gott erhalte der Akademie also auch im neuen Jahrhundert ihre Gegner. Wer an der Grenze von Tradition und Produktion, Bewahrung und Aufbruch tätig ist, das Gestern gut hegelsch aufhebend und den Blick aufs Neue gerichtet bei Anlegung strenger Maßstäbe – nur kein Gemischtwarenladen! – der wird nun einmal weder von beschränkten Traditionalisten noch von Rebellen (ach, wo sind sie geblieben, zumal in der Kunst?) als Sympathisant angesehen – und das ist einer Akademie, deren erstes Prinzip lautet: Behaupte dich gegen alle Fremdansprüche von außen, mit ihrem rüden »so und nicht anders«, durchaus genehm. Die Hauptsache bleibt, daß nie von dem Gedanken *academia semper reformanda* abgewichen wird.

Dabei kommt am Ende der – schon im Hinblick auf die Existenz des Archivs – unverzichtbaren Konsolidierungsphase alles darauf an, ob es der Akademie zu Beginn des vierten Jahrhunderts wieder gelingt, der immer uniformer werdenden Realität glaubhaft durch die verführerische Einzigartigkeit der Kunst, mitsamt ihrer schönen und vernünftigen Utopie, zu begegnen.

Diese Utopie in tagtäglicher Praxis zu konkretisieren, verlangt der Beratungsauftrag der Akademie.

Anläßlich ihres Jubiläums bekräftigt sie deshalb in einer Resolution ihre Bereitschaft, sich in das kulturelle Alltagsgeschäft einzumischen und den Dialog mit den politisch Verantwortlichen einzuklagen. Dabei sollten beide Partner erkennen, daß Berlin ein Ort ist, der in sozialer wie in kultureller Hinsicht zu besonderer Verantwortung herausfordert: Alles, was in Berlin heute und morgen entschieden wird, hat Zeichencharakter. Wir stimmen mit dem Bundespräsidenten überein, wenn er erklärt: »Es kann unter Umständen Generationen kosten, um etwas wieder zu schaffen, was man unüberlegterweise kurzum über Bord hat gehen lassen.«

Dies aber droht gerade hier und heute: Durch einen administrativen Kahlschlag gerät Berlin in Gefahr, sich jener kulturellen Vielfalt zu berauben, die unverzichtbar ist, um die Hauptstadt der Deutschen zu einem humanen und zivilen Gemeinwesen zu machen.

Dieser friedlichen, vom Geist der Kunst bestimmten Polis im Zentrum eines Landes, das niemand zu fürchten braucht, beizustehen, ist heute die wichtigste Aufgabe einer Akademie, die der Politik in Zeiten extremer kultureller Gefährdung ihre Hilfe anbietet.

Deutsche Europäer – Laudationes

AUF EINEN KOMPONISTEN: PAUL HINDEMITH – »EIN MANN WILL EINEN BERG BESTEIGEN«

»Ein Mann will einen Berg besteigen«[1]: Mit diesen Worten beginnt, schlicht und lapidar, eine Parabel, die jenen Wanderer ins Blickfeld rückt, der sich, versehen mit einigen (freilich veralteten) Reiseführern ins Gebirge aufmacht, um, ehe er die Gipfelbesteigung wagt, bei den Ortsansässigen Erkundigungen über das Ziel seiner Expedition einzuholen – leider vergebens. Die wenigen, die den Gipfel erreichten (*wenn* sie's denn taten), sind nicht zurückgekehrt, und die übrigen kennen allein den Talweg, von dessen Fortsetzung sie sich Wunderdinge erzählen: Je weiter von sachkundiger Experienz entfernt, desto phantastischer nimmt das Ziel sich aus.

Nun, der Wanderer läßt sich nicht entmutigen, sondern schreitet zügig auf den Abhang zu. Dort aber verliert er sich, wie der Verfasser der Parabel schreibt, in »Gestrüpp und Schratten«, so daß er nach kurzer Zeit umkehren muß. Aber der Mann, zielstrebig und couragiert wie er ist, wendet sich an die Bewohner eines anderen Tals, die ihrer Sache gewiß zu sein scheinen; doch stellt sich bald heraus, daß auch sie die Wahrheit nicht kennen: Zwar erreicht der Wanderer dieses Mal die Mitte des Bergs, dann aber hört auch der zweite, aus der anderen Talseite gipfelwärts weisende Weg auf.

Was, fragt der Erzähler, soll der Wanderer, verärgert über die Ausweglosigkeit, tun: umkehren, da die Wegzehrung aufgebraucht ist, sich über die doppelt unnütze Mühe ärgern und es bei bescheidenen Ansprüchen genug sein lassen?

Undenkbar! Nach kurzem Besinnen entschließt sich der Wanderer, der dem Leser als ein ins Hier und Heute verschlagener Herakles am Scheideweg erscheint, seine Reiseführer fortzuwerfen und die Auskünfte der Talbewohner zu vergessen: Und so »entledigt er sich des überflüssigen Gepäckes und schwingt sich über Felsen mühselig und mit Gefahren zum Gipfel empor«.

Kein Zweifel, hier wird eine Parabel erzählt, die, in der Weise des platonischen Höhlengleichnisses, den Aufstieg eines Menschen aus der Scheinwelt trügerischer Meinungen in die bedrohlichen, aber Wahrheit verbürgenden Regionen des Seins bezeichnet, poetisch und exakt zugleich. Eine Parabel von Kafka? Oder eine Sentenz aus den Tagebüchern Robert Musils? Keineswegs. Das Gleichnis markiert den Eingang der *Unterweisung im Tonsatz*, geschrieben von Paul Hindemith. Hier wird eine Geschichte vorgetragen, die den *Gradus ad Parnassum* beschreibt. Der Aufenthalt im Tal steht für das »Studium der Modulation und des Harmoniegebens«; auf dem Weg zum Fuß des Bergs wird der Kontrapunkt geübt – und dann fällt die Entscheidung: Entweder der Wanderer (der sich jetzt als Musikschüler zu erkennen gibt) beläßt es beim Mittelmaß oder, so Hindemith, »er sieht ein, daß er keine Hilfe zu erwarten hat, und erobert sich seine eigene Technik.« Will heißen: seine eigene, nur ihm gehörende und nicht erlernbare Kunst. – »Das ist der Augenblick, von dem in den Lexicis so häufig zu lesen steht: ›Schon bald konnte ihm sein Lehrer nichts mehr beibringen.‹«

Mit diesem Satz endet eine Parabel, die nie gedruckt worden ist: Der Introitus der *Unterweisung* (›Theoretischer Teil‹) blieb in der Schublade und wurde durch eine gelehrte, historisch begründete Einleitung ersetzt: einen Rekurs auf Johann Joseph Fux' Vorrede zum anno 1725 publizierten

Lehrbuch des Kontrapunkt, dem *Gradus ad Parnassum*.[2]

Der Poet Paul Hindemith hat sich in einen Musikologen verwandelt; an die Stelle der Parabel mit der Pointe »Der unwegsame Berg ist der Parnaß des wahren Komponisten« ist ein Traktat aus der Lehr-Werkstatt getreten, der Hindemiths eigentliche – genuin schriftstellerische! – Erzählkunst zu Unrecht als subjektive Ausdrucksweise hintanstellt – und dies, obwohl, wie nicht zuletzt die Briefe beweisen, die Force des Musikers im Bereich der Literatur, auf plastischer, das Große und Allgemeine mit der Anschaulichkeit des Details verbindender Darstellung beruht. Man vergleiche den *Gradus ad Parnassum* in der Urfassung der *Unterweisung im Tonsatz* mit der Beschreibung der Fahrt von Pasadena durch ein Schluchtengebirge auf den Mount Wilson mit seinem riesenhaften Observatorium und, so der Brief am 6. April 1939 an Gertrud Hindemith[3], »der ungeheuren Maschinerie mit allen ihren Feinheiten für [die] Beobachtung des Himmels ... In einem der Kuppelbauten, den wir betraten, ertönte Musik... seltsam zu hören, in dieser Sternenumgebung. Und doch war es ... so, daß diese Musik wirklich sich mit dieser Unendlichkeit zu einem Organismus von Maß und Klang verband, in dem kein Fehler und keine Trübung störte. Ich glaube kaum, daß außer Bach und Mozart eine Musik solche Konfrontierung ausgehalten hätte.«

Johann Sebastian Bach und Wolfgang Amadeus Mozart auf dem Parnaß des Mount Wilson, durch dessen eisige Zonen ein Mann in einem langen mönchischem Kapuzenmantel die Besucher führt: Mit welcher Kombinationslust und wieviel Sinn für *Zeitverschachtelungen* (ein Lieblingsthema Hindemiths: Monteverdi – eingemeindet ins hic et nunc!) wird hier die Parabel vom Aufstieg des Wanderers zum Berg hinauf variiert: Dem *Gradus ad Parnassum*, der die exakteste

Beherrschung des Handwerks, die Kenntnis der Regeln verantwortlichen »Setzens«, der Ökonomie, der Gliederung und der Einsicht in rhythmische Proportionen voraussetzt.

Hindemith ist ein strenger Lehrer gewesen, unnachsichtig, wie das im Frankfurter Institut bewahrte ›Verzeichnis aller fertigen Kompositionen‹ beweist, auch gegen sich selbst: »Fand, daß man's anders machen müßte«, dies »sollte ein Riesenwerk werden, bald schien es mir ein bißchen lächerlich«; mit dieser »gewaltigen Leistung« (gemeint sind die drei Gesänge für Sopran und Orchester opus 9) »glaubte ich ... alle Schwierigkeiten beseitigt zu haben und der sichere Mann geworden zu sein.«

Paul Hindemith: nichts als ein »Musikant« im Sinne Adornos? Ich denke, eher ein hessischer Hans Sachs, der, Praktiker und Theoretiker zugleich, dem Stadtschreiber mit seinem scholastischen Reglement so gut wie dem sich aufs Genie herausredenden Junker – »Ich singe, wie der Vogel singt« – die Leviten liest. In Frankfurt und Berlin, in Yale und Zürich war ein Mann am Werk, der sich's schwer machte, *weil* er so rasch erfand, mit fliegender Feder: »Die zwei Sätze 1 und fünf« – wiederum ein Satz aus der Retraktation der fertigen Kompositionen – »habe ich im Speisewagen zwischen Frankfurt und Köln komponiert und bin dann gleich aufs Podium und habe die Sonate gespielt.«[4]

Ein Virtuose also: der junge Mozart – ins 20. Jahrhundert verschlagen? Vielleicht – doch auch ein Kritiker, der, während des scheinbar mühelosen Aufstiegs zum Berg, seinem *alter ego* über die Schulter schaut: Als nach dem Tod des englischen Königs – Georg V. starb im Januar 1936 – das Programm umgestellt werden mußte, komponierte Hindemith in wenigen Stunden eine angemessene Trauermusik: »Sie ist nicht gerade hochoriginell, aber in der Schnelligkeit konnte ich nicht auch noch auf Entdeckungsfahrten gehen. Du wirst's ja hören. Bißchen Mathis, bißchen Lindlein laube [ein Lied aus dem ›Schwanendreher‹] und zum Schluß einen Choral.«[5]

Feierlich und hochgestimmt klingt das gerade nicht. Ein Komponist zeigt, daß er, in den Spuren alter Meister gehend, das Metier der Auftragskunst beherrscht: dank seiner Kenntnis der Musikliteratur, die er sich am ersten Pult der Frankfurter Oper erwarb, dank der Verfügungsfähigkeit über avantgardistische Techniken der Zeit und – nicht zuletzt! – dank der Kenntnis aller Instrumente, die er entweder selbst spielte oder mit deren Besonderheit er sich abends, an spielfreien Tagen, vertraut gemacht hat: Paul Hindemith, im leeren Konzerthaus, an den Saiten einer Harte zupfend (»so also geht das«), um, mit solchem Wissen ausgestattet, hernach ein Charakterogramm der Musiker zu entwerfen – geprägt durch Erzählerlaune, scharfsinnige Beobachtungsgabe und Witz im Lessingschen Sinn: »Bläser«, heißt es in der Etude *Histörchen,* 1924 geschrieben[6], »sind merkwürdige Leute. Die Oboer und die Fagottisten... noch sonderbarer als die übrigen. Man muß sie immer vorsichtig behandeln; sie verstehen nie Spaß, sind stets gekränkt, außerdem... die einzigen, die das Wesen der Musik begriffen haben – wenn auch nur aus der Fagottperspektive. (Auf einem Fagott kann sich einer nicht austoben; alle sechs Tage kommt ein Solotakt, dafür lebt der Fagottist.) Manche sammeln, die sind harmlos. Briefmarken, Kanarienvögel, Geigen und schwere Stellen aus Orchesterstimmen sind beliebte Sammelobjekte. Andere komponieren, die können oft sehr lästig werden. Am schlimmsten für die Mitmenschen sind die Erfinder unter den Musikern. Sie erfinden neue Klappen, Notenumwender, nichtrostende E-Saiten und wetterfestes Posaunenfett. Tag und Nacht führen sie einem ihre Erfindungen vor. Sie wollen Gutachten haben. ([Aber] kein Mensch außer einem Posaunisten versteht etwas von Posaunenfett.)« Und so geht es weiter, mit den Streichern, in deren Reihen die Kontrabassisten, so Hindemith, nicht minder anstrengend sind als die Fagottisten – und was sich anno 1924 präludiert sieht, findet ein Vierteljahrhundert später, im Instrumenten-Kapitel des in Amerika geschriebenen Traktats *A Composer's World. Horizons and Limitations* seine Vollendung in einer Etude, die, druckte man sie ohne Angabe des Verfassernamens in einem Lesebuch ab, eher für eine Manifestation Thomas Manns als für eine *pièce musicale* von hochliterarischem Rang aus der Feder Hindemiths angesehen werden würde.

»Der Triangelspieler erregte meine Aufmerksamkeit. Wahrscheinlich ein Mann von bürgerlicher Wichtigkeit, mit Weib und Kind in einem schuldenfreien Hause seiner wartend. Vielleicht Besitzer einer in Fachkreisen berühmten Briefmarkensammlung, Kirchenvorstand und Ehrenmitglied namhafter Vereine. … Diese Persönlichkeit zählte … Pausen aus und entlockte hie und da seinem triangulären Brotkorb ein Klingeling, das zu seiner Hervorbringung etwa soviel geistigen Aufwand erforderte wie das Binden eines Schuhsenkels, hinter dem aber immerhin einige Jahre Konservatorium, Diplome, Probespiele und Siege über Mitbewerber standen.

Freilich weiß man zwischen gutem und schlechtem Triangelspiel zu unterscheiden, und niemand hört gerne den letzten Fortissimo Triangeltriller des Tutti das folgende *pianissimo subito* verderben. Aber man hat ein etwas unsicheres Gefühl, wenn man sich das gelegentliche Aufeinanderschlagen zweier Stahlstäbe als erhabensten Lebenszweck eines menschlichen Wesens vorstellen soll.«[7]

In der Tat, der Gipfelstürmer kennt sich auch in den Konzertsälen der Ebenen aus – im Kreise wackerer, wenngleich etwas absonderlicher Gesellen, die er, von seinem *Olympic point ot view* aus, gleichwohl niemals verachtet. Im Gegenteil, Paul Hindemith war glücklich, wenn er sich, als genuiner Praktiker, ins Orchester einreihen konnte; wenn er zusammen mit den Honoratioren der Stadt, vom Oberbürgermeister bis zum Musikkritiker, Schönbergs Gurrelieder sang oder mit seinem Onkel in Amerika, der durch keine technische Schwierigkeit »kleinzukriegen« sei – Brief vom 13. Februar 1939 – »ein paar Ouvertüren vierhändig macht«.

Aber derselbe Hindemith, der, inmitten der Dorfbewohner, Kompositionen wie *Minimax,* ein Repertorium für Militärorchester schreibt (wobei der Name Minimax sich nicht auf ein Feuerlöschgerät bezieht, sondern aus einer Kontraktion zweier Donaueschinger Fürstenvornamen besteht, den *praenomina* des Prinzen Max zu Fürstenberg und seiner Minzi genannten Gemahlin) ... derselbe Hindemith, der, wie wir aus den leider nur als Privatdruck erschienenen Erinnerungen eines Altfrankfurters namens Friedrich Schramm wissen[8], sich in der Kiste eines Fotolabors Rohabzüge heraussuchte, aus denen er hernach Collagen herstellte, Kombinationen zum Beispiel von einem halben Furtwängler- und einem halben Einstein-Kopf, aber auch Montagen gewagter Aktaufnahmen, die alle zusammen ein Album ergaben, das anno 1933 im Tiergarten vergraben wurde und bis heute leider als verschollen gelten muß ... derselbe Hindemith war eben auch – und vor allem! – ein Komponist, der zwar zur Erholung Filmmusiken erfand oder die berühmte *Ouvertüre zum Fliegenden Holländer, wie sie eine schlechte Kurkappelle morgens um 7 Uhr am Brunnen vom Blatt spielt* in Noten setzte, aber, bei so viel Allotria, nie jenen Parnaß aus den Augen verlor, den Mount Wilson, von dem aus sich, mit Hilfe von *Visionen*, eine Musik komponieren ließ, die Vergangenheit und Gegenwart, Welt und Kosmos zugleich sichtbar machte – eine Musik, deren Strukturen, denke ich, am besten eine Figur repräsentiert, die auf einer Illustration in der Bayerischen Staatsbibliothek zu sehen ist.[9] Da zeigt sich ein Engel der Philosophie, der Boethius, dem Verfasser der Schrift *de musica*, mit der Hindemith sich ausführlich auseinandergesetzt hat, Trost im Gefängnis zuspricht – ein Engel mit einem langen Gewand, auf dessen unterem Saumrand der griechische Buchstabe *pi* (die *P*raxis bezeichnend) und auf dessen oberster Borte ein *theta* (die *Th*eorie vertretend) abgebildet ist – das bedeutet, daß die Praxis der Philosophie (aber, *mutatis mutandis*, auch der Musik) die redliche Tätigkeit in den Talregionen bezeichnet, ohne die es auf den Gipfeln keine visionäre Wahrheitsschau gäbe.

So betrachtet ist Paul Hindemiths »Aufstiegs-Philosophie« keine subjektive Spekulation eines Autodidakten, sondern – hier sachkundig belegtes, dort intuitives – Weiterdenken von Philosophemen, die zwischen Antike und Mittelalter in Literatur und Ikonographie nachweisbar sind.

Praxis als Propädeutik heißt die Devise, Tätigkeit im Dorf als Prämisse des Aufstiegs, Transzendierung der *musica instrumentalis* im Blick auf jene *musica mundana*, im Sinne des Boethius, der neben Augustin einer von Hindemiths Kronzeugen war: eine Musik, die im Bund mit Philosophie und Religion, der Wissenschaft und dem Glauben, ein Ethos verbürgt, das die Techniker drunten im Tal, so viel Respekt sie auch verlangen dürfen, niemals erreichen – wohl aber jener Komponist, der sich entschlösse, das Reglement so weit zu vergessen, wie der Wanderer seine Reiseführer vergißt, um derart, in einem Akt freiwilliger Selbsterschwerung, auf von ihm umgrenztem Feld das Höchste zu leisten.

»In Zeiten, da es gut um die Künste steht«, heißt es in Paul Valérys Meditation *Von der überragenden Würde der Künste, die das Feuer wirkt,* »kann man sehen, wie sie sich Schwierigkeiten schaffen, die nur Geschöpfe ihrer Einbildung sind; wie sie sich ganz und gar willkürliche Gesetzlichkeiten und Regeln erfinden, Freiheiten beschneiden, die fürchten zu müssen sie begriffen haben, und sich den Gebrauch der Fähigkeiten untersagen, mit sicherem Griff und im Augenblick *alles* machen zu können, was in ihrem Wollen liegt.«[10]

Kunst als Verzicht darauf, alles zu können. Das ist eine Maxime, die zumal für den späten, langsamer und kalkulierter als in den zwanziger Jahren komponierenden Hindemith gilt. Musik, die sich, um zu neuen Ufern zu gelangen, vermeintlich willkürliche Regeln erfindet: Das war die Losung jenes Mit- und Gegen-Spielers Hindemiths, Arnold Schönbergs, mit dessen Praktiken sich der Jüngere ein Leben lang auseinandergesetzt hat – in Spiel und Gesang, im penibelsten Nachvollziehen technischer Invention so gut wie in der Polemik am Ende: der Invektive gegen die Manier eines Komponisten, von dem Hindemith nie losgekommen ist. Wie reizvoll wäre es, unter diesen Aspekten, die Meister zu einem Totengespräch in der Weise Lukians zu versammeln: in Erinnerung an alte Donaueschinger Zeiten vereint über Gemeinsames und Trennendes meditierend, über Bearbeitungsmethoden (Hindemith: Karl Maria von Webers Musik transponierend, Schönberg, die *Rosen aus dem Süden* und den *Lagunenwalzer* von Johann Strauß für ein Kammerorchester einrichtend – am Klavier Eduard Steuermann, am Harmonium Alban Berg, am Geigenpult Schönberg, am Cello Anton von Webern). Und dann die Gespräche über Möglichkeiten und Grenzen der Zeitoper (Hindemith: *Neues vom Tage;* Schönberg: *Von heute auf morgen*); dann die Gespräche über eine umfassende Ausbildung auf dem Gesamtgebiet der Musik als *conditio sine qua non* schöpferischen Komponierens; Dispute – auch das wäre möglich! – über Ästhetik und Ethik und deren mögliche Vereinigung (bei gemeinsamer Lektüre von Kierkegaards *Entweder-Oder*): Debatten zwischen einem Geiger und einem Bratschisten, die mit Problemen der Tonalität begännen (»Hindemith, was verstehen Sie unter totaler Tonalität?« könnte Schönberg fragen, »schließen Sie die Zwölftonmusik ein? Nein? Aber dann verliert das Adjektiv total seinen Sinn.«) ... Debatten, die mit Aspekten musikalischer Technik *begännen* und mit Fragen *endeten,* die ein Jude und ein Christ zum Thema religiöser Musik in scheinbar aufgeklärter Zeit stellen würden, im Disput über Gesetz und Jüngstes Gericht – *de profundis* und *Moderner Psalm* sind Schönbergs letzte Werke gewesen; Hindemiths Abgesang war die *Messe für gemischten Chor a cappella.*

Welch ein Disput, nochmals, gewänne Konturen, wenn Schönberg und Hindemith über die Ebene und den Berg, den Mount Wilson und die Jakobsleiter debattierten, auf der die Engel zum Himmel emporstiegen, beide Meister versunken in einem Gespräch, das von Schönberg in austriazensischem Parlando, sehr streng in den Definitionen, dabei zugleich ein wenig elegisch, sehr human (»Was wird aus Hindemith?« heißt es 1935 in einem Brief aus Hollywood. »Ich höre, er muß seine Stelle an der Akademie aufgeben. Wird er aus Deutschland herausgelassen werden?«), von Hindemith witzig und ausschweifend geführt würde – einem Komponisten angemessen, der die Welt der Töne und Noten auf allen Ebenen kannte und sich unter schleswigholsteinischen Sextanern, beim Plöner Musiktag, mit gleicher Souveränität zurechtfand wie bei den *maestri* der Orchester von Cleveland und Boston oder, ungern freilich, einer gemischten Sozietät (dazu – auch das noch! – in nicht minder gemischtem Ambiente): »Das Orchester ist schlecht« – Brief an Gertrud, London, im Oktober 1929[11] – »besteht zum guten Teil aus Damen, englischen dazu. Lauter Übertemi-Giesekings. Und in den Konzerten selbst gibts nicht mal Stühle. Das Publikum steht herum – smoking permitted – und kann machen was es will. Überall Schilder: Please don't strike matches während der Musik. Man kann wirklich Sehnsucht nach Zwickau und Bielefeld bekommen.« (Ein Lieblings-Topos Hindemiths: Wenn er mit dem Zug in Buffalo einfuhr, dachte er an – Bochum.) Sobald Hindemith über Proben und Konzerte, Pannen und Beifallsbekundungen schreibt (»das Publikum hielt sich tapfer«), glaubt man nicht selten, einem Alfred Kerr zu begegnen, der sich unter die Philharmoniker verirrt hat. Sarkasmus und Ironie bestimmen den Duktus der Sätze, Pointen – gelegentlich, das kann nicht anders sein, auch Kalauer – jagen einander; Sottisen markieren den Text im Angesicht von Dirigenten-Eitelkeiten und Wichtigtuereien der Amateure (Salvador Dali allen voran; der treibt es so schlimm, daß Hindemith, und das will viel heißen, selbst den »Kollegen Wagner« in Schutz nimmt). Gleichwohl wirkt noch die schärfste Karikierung ambitionierten Gehabes deshalb überzeugend, weil sie durch eine – für Hindemith höchst charakteristische! – Selbstironie konterkariert wird: »Der Bratscher gefällt mir nicht«, wird nach dem Anhören einer Platte notiert (an der Bratsche: Paul Hindemith) – und diese Selbstironie ermutigt den Schreiber, einen genialen Erzähler, um so mehr, den Dilettantismus, wenn er sich allzu präpotent aufführt, gelegentlich mit wahrhaft burlesker Entschiedenheit in seine

Schranken zu verweisen. In Würzburg wird, man schreibt die Karnevalszeit des Jahres 31, eine Tanzsuite für Orchester von einem gewissen Theodor Huber-Andernach aufgeführt: »Was man sich alles so wünscht: Pierrot und Colombine ... und zum Schluß ist Aschermittwoch, da wirds modern, weil die Hörner falsch blasen. Von der silbernen Rosenkavalierrose über Boccherini bis hin in die Butterfly ist alles drin, was man braucht, sogar zwei Mandolinen, gespielt von den Vorständen des hiesigen Musikvereins. Erstens können sie nicht nach Dirigenten spielen, zweitens können sie nicht zusammenspielen, drittens können sie überhaupt kaum spielen und viertens konnte der Komponist nicht für Mandoline schreiben. Demzufolge klingt die Sache so, als wenn ein siebzigjähriger Herr langsam in einen Blechtopf pinkelt.«[12]

Kein Zweifel, niemals schreibt der Autor Paul Hindemith besser als dann, wenn er seine ebenso amüsanten wie treffsicheren Attacken beginnt, gegen Richard Straußens *Alpensymphonie* zum Beispiel, deren »Geblök« ihm verhaßt war, oder gegen Gounods *Margarete.* (Was freilich auch darauf zurückführbar ist, daß Faust ausgerechnet Heinrich heißt – und dieser Name war für Hindemith ein für allemal besetzt: Der stand Freund Burkhardt zu, und keinem Faust – schon gar nicht einem von Gounod, in dessen Oper man den Eindruck gewänne, »als hätte Faust gerade mal zwischen zwei Kegelabenden sich bei Gretchen angesagt«.)

Noch einmal: Nie formuliert Hindemith eleganter als bei Akklamationen und Sottisen, zwischen Bravo und Buh, und nie schreibt er schlechter (jawohl, schlichtweg: *schlechter*) als dann, wenn's in seinen eigenen *libretti,* dem *Mathis* oder der *Harmonie der Welt,* bedeutungsvoll und feierlich wird; wenn Hindemith sich auf Stelzfüßen bewegt und ein kurioses Dichter-Deutsch erfindet, das eher an Geibel als an Hölderlin oder Luther erinnert; wenn er in altvorderliches Reimen gerät oder bei Übersetzungen, durch einen Wechsel der Stile, unfreiwilliger Komik verfällt, indem er ein angelsächsisches Wetter- und Kindergespräch durch Interpretationen aufputzt, um es hernach im Profanen enden zu lassen: »We talk of the weather, we talk of the snow« – neunte Szene von Thornton Wilders *The Long Christmas Dinner* – »The day is cloudy, or the day is bright. We talk of the children and how they grow./ A little more dark meat, a little more white.«[13]

Small talk im Dining-room der Familie Bayard, leger und, wie man in Norddeutschland sagt, »nur man so«. Und was macht Hindemith daraus? Eine Andachtsstunde am deutschen Bürgertisch: Wir reden »vom Wetter, wir reden vom Schnee,/ Von hellen Tagen oder trüber Zeit«. (»Haben Sie's nicht etwas kleiner?« hätte Wilder da fragen können: »The day is cloudy or the day is bright« – da ist keine Rede von metaphorischer Schwellung im Sinne von trüber Zeit!) Doch leider kommt es noch schlimmer: »[Wir reden] vom Wachsen der Kinder, von ihrer Lust, ihrem Weh./ Ein kleines Stück Truthahn, ein bißchen Püree.«[14]

Aus dem *a little more white meat* ist *Püree* geworden: Das trifft zwar nicht den Stil des Parlandos, aber es reimt sich auf *Weh.* Nun, Thornton Wilder, der vortrefflich deutsch konnte (und außerdem hochmusikalisch war), spendete trotzdem der Übersetzung sein Lob. Er war von ausgesuchter Höflichkeit.

Paul Hindemith jedenfalls hat nie einen intelligenteren und sensibleren Librettisten gehabt – einen Poeten freilich auch, der für den Komponisten *einen* Nachteil hatte: Wilder war selbständig – so wie auch Brecht, Benn oder Zuckmayer autonome Partner sein wollten, und eben das war einer Kooperation, über Jahre hinweg, abträglich. »Brecht, ein fauler

Kopf, fällt aus.« – »Benn funkt eben gar nicht. Er kommt vor lauter Überkritik zu nichts.«[15] Und Zuckmayer, der Librettist des *Mainzer Umzugs?* Nun – auch der gab sich, nicht ohne Grund, recht verschnupft: zwar habe der *maestro* (»Chef«, sagte Benn) das seine getan: »Master! Master! this is quite a job! Was hawwe Sie geschafft ...! In der Idee oder im Inhalt ... meinem Konzept entsprechend. Schade das aber, was mir nicht gefällt oder liegt, das manchmal Lehr- oder Schulmeisterhafte: ›... die dem Christentum den Weg gebahnt zu Größe und Ruhm‹ ... Steckt wohl so genau mit der Musik zusammen, daß es sich schwer ändern läßt, oder?« Zuckmayers Fazit: »Für den Druck muß auf jeden Fall eine redaktionelle Notiz verfaßt werden, daß der ursprüngliche Text von C. Z. teilweise den Erfordernissen der Musik entsprechend vom Komponisten bearbeitet (oder abgeändert) wurde.«[16]

Blieb also Wilder – der eine, der inständiger als alle anderen zur Weiterarbeit gedrängt wurde – und auch bereit dazu war. Aber, diesmal spielte Hindemith nicht mit. Ein Stück, in dem, so wollte es Wilder, alle unsympathischen Figuren nur sprechen, während die liebenswerten singen: das klänge im Ansatz nicht schlecht, aber eben auch nur im Ansatz – mehr nicht. Die Gefahr sei unvermeidlich, daß der Librettist sich am Ende in einen Komponisten verwandle – und *two composers,* das ergäbe ein Patt, bei dem sich die Partner gegenseitig aufheben würden.

Es hieß also weitersuchen für Hindemith; aber wer immer sich auch anbot oder ihm offeriert wurde, von Ustinow bis Hildesheimer, von Cocteau bis Tardieu: Es wollte sich kein Hofmannsthal melden – und dies eben war Hindemiths Tragik, daß er den einen nicht fand, mit dem er lange Jahre so, Zug um Zug, kooperieren konnte, wie in kurzer, allzu kurzer Zeit, mit Brecht, Benn und Wilder. Nein, es gab den Schriftsteller nicht, der zugleich ein lebender Walt Whitman hätte sein müssen und ein Brecht, der sich, belehrt von seinem Paule Ackermann aus der Oper *Mahagonny*, nicht zum Scholastiker entwickelt hätte, oder ein Benn, der Demokrat geblieben wäre. (»Zur Unterhaltung schicke ich Dir die neue Rede unseres Heimchen am Herd Jottfried« – Hindemith im April 1933 an seine Frau: wahrscheinlich ein Hinweis auf die Absage Benns an Klaus Mann und die literarische Emigration[17] – »Den scheint's ja wirklich ganz arg gepackt zu haben. Es ist halt wie mit den eingewickelten Kindern, die sich erkälten, wenn sie an die Luft kommen: er scheint die ganzen Jahre auf dem Mond gelebt zu haben und ist nun ganz verwundert, daß es noch Welt gibt. Ganz schön, aber von hier bis zum Bruderkuß hätte er eine etwas langsamere Gangart einschalten können.«)

Paul Hindemith – das war ein großer Erzähler und ein schlechter Librettist, ein Stückeschreiber, dem die Musik das erste war und nicht der Text (der war nachgeordnet). Der Librettist hatte zu dienen. Kurzum, die Position, die E.T.A. Hoffmann – *Serapionsbrüder*, Teil 1 – im Dialog zwischen dem Tonsetzer Ludwig und dem Dichter Ferdinand einnimmt, war ganz in Hindemiths Sinn: »Was nun die Worte betrifft, so sind sie dem Komponisten am liebsten, wenn sie kräftig und bündig die Leidenschaft, die Situation, welche dargestellt werden soll, aussprechen; es bedarf dazu keines besonderen Schmuckes, und ganz vorzüglich keiner Bilder… Der Stoff, die Handlung, … nicht das prunkende Wort begeistern; und außer den sogenannten poetischen Bildern sind alle und jede Reflexionen für den Künstler eine wahre Mortifikation.«[18]

So gäbe es also kein einziges genuines Hindemith-Stück

auf der Bühne: mit Ausnahme, allenfalls, des Wilderschen *Long Christmas Dinner*? So präsentierte sich der Poet nur in seinen Briefen: dort, wo er Stimmungen und Landschaften beschreibt, Geselligkeiten auf Überseedampfern, musizierende Wichtigtuer oder ausgetretene Frackschuhe, fehlende Notenpulte und absonderliche Figuren, die wie Puppen eines amerikanischen Panoptikums wirken, krächzende Millionäre also und alte Ladies mit ihren teils liebenswerten, teils abscheulichen *tics*? So hätte sich der andere Hindemith, der witzige Erzähler und nach Skurrilitäten aller Art Ausschau haltende Zeichner, der Mann mit dem bösen Blick, der, erstem Anschein zum Trotz, so viel von Bosch und so wenig von Busch hat, nur in Briefen und Skizzen, kleinen *bonmots* und großen Zeichnungen vorgestellt?

Nun, wer so denkt, hat Hindemiths Ballett-Skizzen vergessen, die *nobilissima visione* und, nicht zuletzt, den (noch unerschlossenen) Entwurf zu einem Tanzstück in Pieter Breughels Manier[19] – mit der Dullen Griet als Protagonistin und einem heuchlerischen Bußprediger, der, eine genuine Figur aus dem großen Bilderbuch Paul Hindemiths, zum Hansnarrn und Liederjahn wird – zwei Menschen, die, mit ihrer Wollust und ihrem Geiz, alle Teufel in der Hölle besiegen.

Breughel im Amerika des 20. Jahrhunderts: Da ist der Mummenschanz so ekelerregend wie die Bigotterie; da wird mit der Hand am Beutel gestorben, wird geschlachtet und verreckt, Mammon regiert die Welt, und die Blinden fahren, in einem grandiosen Schlußbild, in die Grube hinab – Gestürzte, die an den daniederliegenden Flieger im *Lehrstück* und zugleich an Ikarus erinnern, dessen Tod in der zweiten Fassung des *Cardillac* apostrophiert wird.

Je genauer sich der Betrachter in Hindemiths Gesamtwerk vertieft, desto deutlicher treten Kongruenzen und Kontinuitäten ins Blickfeld. Die starre Trennung zwischen dem Avantgardisten der zwanziger Jahre und dem Neoklassizisten in der Mitte des Jahrhunderts erweist sich als falsch, weil die vorausdeutenden und zurückweisenden Zitate, Allusionen und Umakzentuierungen nicht ins Gesamtbild eingefügt werden, und der Interpret, zum Beispiel, vergißt, wie früh schon jene Zeichen eines spirituellen, ja sakralen Verständnisses der Welt in ihrer Verfallenheit, Verzweiflung und Hoffnung aufleuchten. Hindemiths letzte Rede, sein Zornspruch über die *Sterbenden Gewässer,* wird, was die Schändung der Schöpfung angeht, in den Skizzen zum Breughel-Ballett antizipiert. Das *Gleichnis von den Blinden* deutet voraus – ein Gleichnis, das, wie die Parabel vom Aufstieg zum Berg, ein Augenmensch entworfen hat, ein Zeichner, dem nirgendwo so viel einfiel wie bei der Betrachtung von Bildern. Grünewalds Stuppacher Madonna und Isenheimer Altar, Giottos Bardi-Kapelle in Florenz und Breughels Szenen aus Flandern – angeschaut aus einer Perspektive, die von Entzücken und Betroffenheit zeugt und sich in der Begeisterung jener Schulkinder spiegelt, deren unfeierlicher Enthusiasmus im Amerika der Vorkriegsära an glückliche Tage in Deutschland, das gemeinsame Musizieren mit den Kindern beim Plöner Musiktag oder den Unterricht in Neukölln erinnert, dort, wo Hindemith am liebsten war – ein Mann, mitten unter den Leuten.

»Schön war« – ein Brief vom Februar 1939 –, »daß an diesem Tage – es war Samstagvormittag – das ganze Museum voller Schulkinder war, die sich im Nachzeichnen übten. Nichts war vor ihnen sicher, und so sah man kleine Mädchen vor dem Greco sich abmühen, und ich fand einen kleinen Negerbuben, der einen ganz großen französischen

Rückenakt auf seinen Block zauberte – anstandshalber ließ er alles weg, was auch nur einigermaßen anstößig wirken konnte.«[20]

Ich denke, wir tun gut daran, nie zu vergessen, daß Hindemith, zum Ärgernis mancher Puristen, ein Mann *sui generis* war, der das Provozieren nicht lassen konnte, in der Kooperation mit Brecht so wenig wie in seiner letzten Rede, ein *homo pro se,* der mit Döblin und Otto Dix, mit Beckmann und Eisler zusammenzudenken ist (Hanns Eisler, der ihm, nicht anders als Brecht, niemals den Respekt versagt hat: ungeachtet allen politischen Streits), mit Klemperer, aber auch mit Herrn Lutze, dem Leiter der Berliner Boxschule, in der Hindemith rasch reüssierte, obwohl er den Kopf manchmal zu hoch hielt (»ich habe jetzt innen eine etwas geschwollene Oberlippe«) ... dieser Paul Hindemith war zugleich zeitlebens ein Anwalt des Friedens und der Verständigung unter Menschen, die nicht in Habende und Nichthabende, Produzenten und Konsumierende, Herrschende und Beherrschte zerteilt werden dürften. Die Botschaft, die in den zwanziger Jahren artikuliert wurde, *Macht mit! Steht nicht abseits!,* klingt nach in dem 1953 gemeinsam mit Paul Claudel geschaffenen *Gesang an die Hoffnung,* dessen Proömium die Menge auffordert, in den Gesang des Chors einzufallen: » ... Komm zu uns, Ewig allmächtige Hoffnung/ Mit deinen Flügeln, die weit ausgespannt sind.«

Paul Hindemith: das ist der Komponist des *Cantique de l'Espérance,* aber er ist auch der Mann, der bis zum Ende seines Lebens nie die Hoffnung aufgab, daß es ihm einmal doch gelingen werde, mit *seinem* Librettisten eine *Opera buffa* zu schreiben. (Tagebuchnotiz Jean Cocteaus vom 4. September 1952: »Positiver Besuch der Hindemiths. Sprechen über das Oratorium. Aber Hindemiths Traum wäre, nach dem Oratorium, eine moderne Opera buffa mit dem Rhythmus von Figaros Hochzeit. Seine Vorstellungen sind genau und überzeugend. Seine Frau hat etwas von der Art Cosima Wagners. Aber er hört ihr nur mit einem Ohre zu.«)[21]

Ein lustiges musikalisches Bühnenstück also – so war's geplant. Endlich sollte es, im Gedenken an alte, aber nicht abgetane Tage, doch, im Sinne einer Hegelschen Aufhebung des Frühen im Späten, komponiert werden, ein Satyr-Text nach den Tragödien, der, geprägt von der Heiterkeit Mozarts, den Konterpart zum großen Oratorium spiele. Ein serenes, gleichsam schwebendes Pendant zur Johannes-Passion, bei deren Aufführung Hindemith zum letzten Mal in Deutschland am Pult saß, vor seiner Emigration: Berlin, 14. Februar 1936. (Neun Jahre später spielte er, während der Bachschen Musik, wiederum die Viola d'amore – aber jetzt sang er, von seinem Pult aus, die Chorpartien mit: auswendig – er war frei, und der Krieg ging zu Ende: New York, 18. April 1945.)

Ein Mann konnte heimkehren, nach Europa, auch nach Deutschland, nach Berlin, in die Akademie der Künste, die ihn 1956 mit den Stimmen aller Anwesenden der Abteilung Musik als korrespondierendes Mitglied zuwählte, nicht aber, wie 1927, als ordentliches; denn er war ja Amerikaner geworden.[22]

Was mag er gedacht haben, Paul Hindemith, der sich, am Rande vermerkt, in der Akademie nachdrücklich für eine Mitbestimmung der Komponisten beim Scharounschen Entwurf der Philharmonie verwandte[23] (die Positionen von Dirigent, Solisten, Orchester, Chor und Publikum wollten exakt bestimmt sein)... was mag er gedacht haben, bei den Besuchen in jener Stadt, die ihm einmal, inmitten der Freunde, so nah und vertraut war wie keine zweite? Das Frankfurter Institut bewahrt – für mich das bewegendste

Zeugnis, das es über das Leben Hindemiths gibt – sein Adreß- und Telefonbuch auf: Name, Anschrift, Rufnummer und am Rande viele Zeichnungen, kleine Skizzen eines aufrechten Mannes und Musikers, der sich nicht nur weigerte, seine jüdischen Freunde zu verlassen, sondern ihnen im Gegenteil half, wo er nur konnte, und sich mit einer Geste zum Jüdischen Kulturbund bekannte, die wegweisend bleibt: Ja, führt mein Spiel für Kinder *Wir bauen eine Stadt* auf, wann immer ihr mögt – und laßt es in Palästina spielen.[24]

Paul Hindemiths Berliner Adreßbuch: Wir sollten es publizieren, in dieser Stadt – das *libellum* mit seiner unvergleichlichen Furtwängler-Skizze und mit dem Kästchen, das neben dem Namen ›Deutsches Theater‹ eingezeichnet ist: »Programm: Heute Fackelzug. Morgen Judenhetze. Gestern Wahlen. Übermorgen Aufmarsch.«

Und schließlich die Eintragung »Untersuchungsgef. [ängnis] Alt-Moabit«. Rechts davon ein vergittertes Fenster und ein Sträfling mit gefesselten Händen und Ketten an beiden Füßen.

Berlin, Alt-Moabit, Rufnummer 4450: Hier war der Freund und Schwager Hans Flesch inhaftiert. (Er wurde verfolgt und hat den Krieg nicht überlebt.)

In diesem Gefängnis hat Paul Hindemith im Winter 1933 als Bratschist bei einem Weihnachtskonzert mitgewirkt, seinem Freund und den Gefangenen in aller Welt zum Zeugnis, daß er bei ihnen sei. Die Gemeinde sang zu Beginn: ›Dies ist die Nacht‹ und am Ende – man bedenke: ein Gefangenen-Chor! – ›O du fröhliche‹. Paul Hindemith spielte Solostücke von Reger und Bach.

Der Programmzettel hat sich erhalten: Ich bin sicher, daß der Mann, dessen hundertsten Geburtstag wir an diesem Vormittag feiern, ihn vor allen anderen aufbewahrt hätte. »Weihnachtsfeier 1933, Untersuchungsgefängnis Berlin-Moabit unter gütiger Mitwirkung der Herren Prof. Hindemith (Bratsche) und E. Winkler (Gesang). An der Orgel Herr Georg Kempe.«[25]

Hier wird auf ein Wirken verwiesen, das sich, im Bund mit Witz, sozialer Verantwortung und Weltoffenheit, durch Güte bestimmt sieht – und dies wird bleiben.

Ein Mann hat einen Berg bestiegen.

1 Unveröffentlichter, nur im ersten Teil in Manuskript-Form abgedruckter Text. (Im Paul-Hindemith-Institut.)

2 Paul Hindemith: *Unterweisung im Tonsatz. Theoretischer Teil.* B. Schotts Söhne, Mainz 1937, S. 15–17.

3 Paul Hindemith: *Das private Logbuch. Briefe an seine Frau Gertrud.* Hg. v. Friederike Becker und Giselher Schubert. Schott Musik International, Mainz/Piper Verlag, München 1995, S. 361 f.

4 Zit. n. Eintragungen im *Verzeichnis aller fertigen Kompositionen.* (Im Paul-Hindemith-Institut.)

5 *Das private Logbuch,* S. 128.

6 In: Paul Hindemith: *Aufsätze, Vorträge, Reden.* Hg. v. Giselher Schubert. Atlantis-Musikbuchverlag, Zürich und Mainz 1994, S. 12.

7 Paul Hindemith: *Komponist in seiner Welt. Weiten und Grenzen.* Kapitel 8: »Einiges über Instrumente«, Atlantis-Musikbuchverlag, Zürich und Mainz 1994, S. 184.

8 *»Man wird ja nur einmal geboren.« Erinnerungen eines Altfrankfurters.* – Ein Privatdruck, den Giselher Schubert mir zugänglich machte.

9 Hierzu ausführlich Günter Bandmann: *Melancholie und Musik. Ikonographische Studien.* Köln und Opladen 1960, S. 47 ff. u. S. 148.

10 Paul Valéry: *Über Kunst.* Berlin und Frankfurt a. M. 1959, S. 10.

11 *Das private Logbuch,* S. 50.

12 Ebd., S. 88.

13 Thornton Wilder/Paul Hindemith: *The Long Christmas Dinner/Das lange Weihnachtsmahl.* Textbuch. B. Schotts Söhne, Mainz 1961, S. 26.

14 Ebd. S. 27. Zum Verhältnis Wilder/Hindemith vgl. die minutiöse, später von Andreas Briner modifizierte Studie von Norbert J. Schneider: *Thornton Wilder und Paul Hindemith. Zu ihrem Briefwechsel anläßlich der Entstehung von »The Long Christmas Dinner«.* In: *Hindemith-Jahrbuch, Annales Hindemith* XI/1982, S. 147–188.

15 Vgl. zum Problem Hindemith und seine Librettisten grundsätzlich Angela Zabrsa: *Hindemith Opernprojekte.* In: *Hindemith-Jahrbuch/Annales Hindemith* I/1971, S. 42–62. Generaltenor: »Es ist traurig bestellt mit den Libretti« (P. H. an Schott, 21. Mai 1922).

16 Brief vom 25. Mai 1962 aus Saas-Fee (im Hindemith-Institut). Es wäre wünschenswert, die sehr aufschlußreichen Briefe Zuckmayers an den ihm nachbarschaftlich verbundenen Paul Hindemith in Kürze zu publizieren.

17 *Das private Logbuch,* S. 101.

18 E.T.A. Hoffmann: *Der Dichter und der Komponist.* In: *Sämtliche Werke in 15 Bänden.* Leipzig o.J., Bd. 6 (*Die Serapionsbrüder* 1), S. 92f.

19 Das Faksimile des Entwurfs findet sich in dem Band *Paul Hindemith in the United States.*

20 *Das private Logbuch,* S. 310.

21 Jean Cocteau: *Vollendete Vergangenheit.* Band 1: *Tagebücher 1951–1952.* Piper, München und Zürich 1989, S. 303.

22 Protokoll der Akademie der Künste Berlin, Abteilung Musik, 20. Juni 1960: »Tiessen nennt es einen unerträglichen Zustand, daß unser alter deutscher Hindemith, der schon der Preußischen Akademie angehört hat, und die ursprünglich unserem Berliner Musikleben angehörigen Krenek und Vogel wegen ihrer infolge politischer Emigration erworbenen ausländischen Staatsangehörigkeit außerordentliche Mitglieder (z.B. bei Wahlen) seien.

Dagegen war Alban Berg trotz österreichischer Staatsangehörigkeit ordentliches Mitglied der Preußischen Akademie der Künste, weil deren Bedingung nicht die Staatsangehörigkeit, sondern die deutsche Sprache war.«

23 Sitzungsprotokoll der Abteilung für Musik der Akademie der Künste vom 11. Februar 1957 (*Aussprache mit Scharoun über den Philharmonie-Neubau*).

24 Vgl. Else Thalheimer-Lewertoff: *Frühe Erinnerungen an Paul Hindemith.* In: *Hindemith-Jahrbuch/Annales Hindemith* XIX/1990, S. 109: »Der Komponist, gegen den in jenen Tagen die unrühmlichst bekannte Hetzkampagne einsetzte, gab nicht nur seine Einwilligung zu einer Umarbeitung des Textes, die S. B. Lewertoff, mein verstorbener Mann, vorgenommen hatte, und in der die Neue Stadt nach Palästina verlegt wurde, sondern schrieb uns sogar eine Zwischenaktmusik, die es uns ermöglichte, die Oper auf zwei Akte auszudehnen.«

25 Das Programm ist im Hindemith-Institut einzusehen.

Da der Autor sich in dieser Rede auf einem ihm wenig vertrauten Feld bewegt, hat er dem vorstehenden Text als einzigem in diesem Band Anmerkungen beigegeben: dem Leser, aber auch sich selbst zur Absicherung – und, vor allem, als Dank an das Hindemith-Institut in Frankfurt am Main.

AUF EINEN POLITIKER: CARLO SCHMID – EIN MEISTER DER BEREDSAMKEIT

Wer die Besonderheit eines bedeutenden Menschen erhellen möchte, tut gut daran, das Objekt seiner Neugier nicht in raschem (all zu raschem!) Zugriff anzugehen, sondern sich ihm zunächst aus der Ferne, rückblickend und zitatweise zu nähern – so zum Beispiel: »Der Schwabe hat sehr wenig Beredsamkeit; seine Rede ist kurz, arm an Wendungen und Phrasen, aber konkret, anschaulich, und trifft mit einem saftigen Bild den Nagel auf den Kopf; darin liegt freilich das Talent zur höheren Beredsamkeit, dies ist aber keineswegs ausgebildet, der Schwabe muß schon warm und poetisch gestimmt sein, wenn es ihm fließen soll. Der Norddeutsche hat eine ungleich größere, stets zur Hand liegende Summe von schon geprägter Wortmünze, namentlich von abstrakten allgemeinen Ausdrücken, die überall hinpassen; er sagt gern mehr, als er weiß, und der Schwabe weiß oft mehr, als er sagt.« Ich stelle mir die Stunde vor, in der Carlo Schmid diese Sätze zum ersten Mal las – was wäre geschehen? Ein Wutausbruch? Ein Achselzucken? Ausdruck von Verachtung und Ekel? Der Meister einer höchst aparten, ja einzigartigen französisch-deutschen Rhetorik, in deren Bannkreis Bossuet und Hölderlin, Jaurès und Schiller einander begegnen, belustigt sich über einen Ignoranten, dem die schwäbische Beredsamkeit, jener *sermo Carlonis*, der schon in der Kindheit durch Lafontaine und Gustav Schwab geprägt worden war, ein Buch mit sieben Siegeln sei? Gemach! Nicht zu schnell geurteilt, wenn es beliebt! Die Antithese zwischen dem Norddeutschen, der sich allzu rasch im Allgemeinen verliere, und dem tiefsinnigen Schwaben, der das Wissen eher im Herzen als auf der Zunge trüge, sei, hätte Carlo Schmid sagen können, so falsch am Ende nicht; außerdem fasziniere ihn die List, mit deren Hilfe hier ein großer Rhetor den Satz formuliert und in eins damit ad absurdum geführt habe: »Der Schwabe hat sehr wenig Beredsamkeit.«

So etwas – ich folge den Gedanken des halben, Nähe und Ferne, Vertrautsein und Distanz miteinander verbindenden Landeskindes – könne nur ein Autochtoner sagen, einer vom eigenen Schlag also, der seine Landsleute kennte und, in einer Schrift, die sich *Dr. Strauß und die Württemberger* nennt (David Friedrich ist gemeint), über die Undankbarkeit der Ludwigsburger, Stuttgarter und Tübinger klage: »Schwaben hat es ... von jeher geliebt, seine edelsten Kinder zu verleugnen. Es hat Schiller erzeugt und fortgeschickt, es hat Schelling und Hegel erzeugt und fortgeschickt, es hat Strauß erzeugt und grausam aus seiner Laufbahn geworfen. Es ist nicht die erste Mutter, die ihr eigen Kind verstößt.«

Ein wenig übertrieben vielleicht, hätte Carlo Schmid gesagt, bei der Lektüre des Traktats, aber im Kern durchaus richtig – wobei er, zumindest am Rande, der Häme gedacht haben mochte, mit der ihn, zum Beispiel, ein geballtes Tübinger Fakultäten-Mittelmaß über die Jahre hinweg verfolgte: Carlo Schmid, ein Professor von eigenen Gnaden.

Nun, der Ärger hielte sich in Grenzen; nicht ohne Grund nahm es der Bundestagsabgeordnete Schmid (Frankfurt) noch Jahre nach seiner Umsiedlung ins Hessische freundlich auf, wenn ihn Präsident Gerstenmaier als Schmid (Tübingen) etikettierte.

Zurück zu *Dr. Strauß und den Württembergern.* Was immer der Leser C. S. über die eine oder die andere These gedacht haben mag: *eins* hätte den *homme de lettres* und Stilkünstler in zwei Idiomen mit Bewunderung erfüllt, und zwar uneingeschränkt – der Glanz einer geschliffenen Prosa, geformt durch Hellsicht und Prägnanz: »Der eng geschlossene [schwäbische] Familiengeist bringt es … mit sich, daß die Glieder der Familie sehr spät, in gewissem Sinne gar nie der Familie entwachsen. Ein schöner Zug kindlicher Zutraulichkeit bildet sich dadurch in dem Individuum, und es fühlt sich sozusagen immer in seinem Taufnamen. Was unseren Schiller so ungemein beliebt macht, ist nicht bloß die Höhe seiner Ideale, sondern der eigentümliche Zug von Zutraulichkeit, Treuherzigkeit, der spezifisch deutsch und näher schwäbisch ist. Nicht nur die Liebe, wie namentlich zwischen Thekla und Max, spricht diese süße, herzensgute Sprache, sondern selbst der Held: ›Max! Bleibe mir. – Geh nicht von mir, Max! – Max! Du kannst mich nicht verlassen! Es kann nicht sein, ich mag's und will's nicht glauben, daß mich der Max verlassen kann!‹ Ein Schwabe ist ein Gemüt, das heute von einer hohen Frau einen freundlichen Blick bekommt und morgen schon hofft, sie werde ihm in schwesterlicher Zutraulichkeit einen abgerissenen Knopf an den Rock annähen.«

Kein Zweifel, bei der Lektüre dieser, das Erhabene und das Bescheidenste (hier der Feldherr Wallenstein, dort der flickbedürftige Kittel) im Komischen vereinenden Sätze hätte Carlo Schmid in die Hände geklatscht und einem Mann Reverenz gezollt, der, so steht zu vermuten, für ihn so etwas wie die Rolle eines Verwandten spielte: Friedrich Theodor Vischer, Ästhetiker und Rebell, Feuerkopf und Professor, Weltkind (zum Ärger der schwäbischen Orthodoxie) und genialer Prosaist, vor allem aber – hier schließt sich der Kreis –

Meister jenes Lehrers Joseph Schmid, Carlos Vater, der Vischer als amanuensis Korrekturdienste leistete und sich dafür wenn nicht mit hohem Salär, so immerhin mit einer handschriftlichen Widmung im Roman *Auch einer* belohnt sah. (Fazit: Die Beziehungen zwischen schwäbischen Genies sind enger als mancher glaubt und folgen bisweilen überraschenden Wegen.)

Wenn Carlo Schmid den Traktat *Dr. Strauß und die Württemberger* las (es wäre ein Wunder, wenn er es *nicht* getan hätte), dann begegnete er *seinem* Vischer – so wie Schiller für ihn zeitlebens *unser* Schiller blieb: ein Mann nach seinem Herzen, der, wie er selbst, die Einsicht ins Alltägliche, Armut und Not vor allem, denen durch soziale Reformen zu begegnen sei, in überzeugender Rede beschrieb. »Erst muß der Geist vom Joch der Notwendigkeit losgespannt werden, ehe man ihn zur Vernunftherrschaft führen kann« – Brief an den Herzog von Augustenburg, 11. November 1793 – gewiß, »der Mensch ist noch sehr wenig, wenn er warm wohnt und sich satt gegessen hat, aber er muß warm wohnen und satt zu essen haben, wenn sich die bessere Natur in ihm regen soll.« Aber diesen Realitätssinn verband Schiller mit jenem Sinn für das Politische im Großen und Allgemeinen: »den Gegenstand, *in* dem und *an* dem der Mensch sich im Höchsten, dessen er sich fähig weiß, darzustellen und zu erweisen vermag«, wie Carlo Schmid am 8. Mai 1955, anläßlich des 150. Todestags von Schiller bei einer Veranstaltung im Berliner Sportpalast (!) formulierte, die unter dem Motto stand »Schiller und das unteilbare Deutschland« und durch keinen würdiger vertreten werden konnte als durch den einen, der alles andere als ein Nur-Politiker war.

Nein, weit mehr Parlamentarier und Literat, Rhetor auf illustrem Podest und Sachwalter der kleinen Leute; ein

Mann, dem die *Hütten* so vertraut waren wie die *Paläste* – der Abgeordnete Carlo Schmid, ein Herr auf seiten der Linken, dem, bei aller kritischen Distanz im Detail, immer wieder der Beifall aller Parteien galt, und dies selbst dann, wenn sich der Respekt bisweilen ein wenig zurückhaltend artikulierte: »Herr Präsident! Meine Damen und Herren!« – so Kanzler Adenauer am 23. Januar 1958 – »Ich fürchte, ich muß Sie aus dem Höhenflug der Gedanken, den wir soeben von dem Kollegen Schmid gehört haben, wieder auf den Boden der Erde zurückführen.«

Nun, Carlo Schmid war's gewohnt, daß man ihn im Parlament bisweilen als eine Art von humanistisch gebildetem Fabelwesen ansah (das, zum Ärger mancher Hinterbänkler, lateinische Zitate nicht übersetzte; wagte er es einmal *principiis obsta* zu sagen, wurde prompt gerufen: Deutsch bitte!) – ein Fabelwesen, das sich aus einer Zeit, in der hochgebildete und polyglotte Parlamentarier, Virchow und Eugen Richter, Windthorst und, natürlich, Bismarck eine Kerntruppe bildeten, die – der Kanzler immer voran – einander jene lateinischen und französischen Zitate um den Kopf schlugen, nach denen, wenn im Parlament eine treffende Sentenz gesucht wurde, auch Carlo Schmid bisweilen gefragt wurde – und niemals vergeblich. »Lieber Helmut«, Brief vom 9. September 1978 an den Bundeskanzler: »Das Wort de Gaulles, das Du mich aufzuschreiben batest, lautet: ›Sartre aussi est la France‹ – auch Sartre ist Frankreich. Du batest mich weiter, Dir den Satz aufzuschreiben, den ich danach in einer Bundestagsrede über Karl Marx sagte: ›Auch Marx ist Deutschland.‹«

Ein sozialistischer Causeur und Citoyen inmitten der Genossen: Carlo Schmid war geachtet und einsam zugleich – einsam, weil ihm nicht nur die Gleichgesinnten fehlten,

Freunde, wie er sie einst im Kreis der Georgeaner gefunden hatte, die von einem dritten Humanismus träumten, sondern auch Gegner, die ihm an Geist, Witz und Brillanz gewachsen waren. Wie anders, kurios zu denken, hätte er sich in vorrepublikanischen Zeiten entfalten können, als Bismarck zum Rednerpult schritt, um Horaz und Vergil zu zitieren oder, noch lieber, in sein Diplomaten-Französisch zu verfallen, wenn es galt, Parlamentarier mit Hilfe von Pointen in die Schranken zu verweisen: »Ich wünsche dem Herrn Abgeordneten Glück zu der Geschicklichkeit«, heißt es in einer Reichstagsrede vom Juni 1884, »aber ich möchte ihm als Warnung zurufen, was der französische Dachdecker im Fallen sagte: Ça va bien, pourvu qe ça dure.« (Das Reichstagsprotokoll vermerkt Heiterkeit; die Abgeordneten verstanden offenbar den heute vom Beschaulichen ins Monumentale verwandelten Witz: Ein Mann springt vom Wolkenkratzer und ruft auf der Höhe des 30. Stockwerks: »Nun, bisher ging alles noch gut.«)

Carlo Schmid, Lassalles Position übernehmend, im Gespräch mit Otto von Bismarck, auf französisch natürlich – denken ließe sich das schon, im Olymp zumindest, à la Lukian, mit Pointen, Sottisen, Sarkasmen und Kübeln von Ironie; aber in der Realität? Im Hier und Jetzt? Wohl kaum; da war weit und breit kein Bismarck zu finden. Das Niveau, auf dem Carlo Schmid bisweilen zu kämpfen hatte, zunächst als Landesdirektor, Kultus- und Justizminister, als Präsident des Staatssekretariats und stellvertretender Regierungschef in Württemberg-Hohenzollern, später dann als Abgeordneter in Bonn, nahm sich, von wenigen Glanzauftritten abgesehen: dann vor allem, wenn es dem *anderen* Altphilologen, Franz Josef Strauß Paroli zu geben galt, eher bescheiden aus – *wie* bescheiden, das zeigt eine längst in Vergessenheit geratene Schlacht zwischen Tübingen und der durch einige akademische Hinterbänkler verstärkten Stadt Reutlingen, die vor allem in der Lokalzeitung *Reutlinger Generalanzeiger* zum Austrag kam, befördert von einer Chefredaktion, die ausgerechnet in Carlo Schmid den Vernichter schwäbischer Denkungsart sah. Und warum? Sehr einfach: Weil dieser Mann, ein Halbfranzose und Kosmopolit, es gewagt hatte, Koryphäen aus allen deutschen Landen, Männer wie Walter F. Otto, Romano Guardini, Eduard Spranger e tutti quanti auf Kosten der Landeskinder an den Neckar zu locken, und zwar mit wahrhaft erschreckendem Resultat. »Nach dem Vorlesungsverzeichnis für das Jahr 1951«, so die Philippika der Reutlinger, »zählt die Universität 90 ordentliche und außerordentliche Professoren. Davon sind 74 Nichtwürttemberger, nur 15, also ganze 16½ Prozent stammen aus der engeren schwäbischen Heimat, der allein die Aufgabe zufällt, die Mittel zur Unterhaltung jenes kostspieligen Instituts [gemeint war offenbar die alma mater] aufzubringen.«

Und keine Chance für die Eigenen, für Professoren und, dies vor allem, für Studierende? Nicht die geringste: »In vielen Fällen«, ließ der um die Landesuniversität besorgte Reutlinger Zensor wissen, »ist die Arbeits- und Denkweise des neuberufenen nichtwürttembergischen Lehrers für den schwäbischen Menschen so absurd oder fremd…, daß die Assistenten das Interesse an ihrem Institut verlieren. Die dem schwäbischen Menschen eigene Denkweise kommt nicht zum Durchbruch, wird lächerlich gemacht, wertvolle, dem schwäbischen Volk eigentümliche Begabungsrichtungen werden verkannt und mit einer Handbewegung abgetan.«

Also alles verloren, in Württemberg, das Erbe der Väter, nicht zuletzt durch die Machenschaften eines Einzigen, leichtfertig verschleudert? Für den Augenblick: ja. Doch gäbe es Rettung – die unverzügliche Einführung einer Schwaben-Quote, nach der über 50 Prozent (!) der vorhandenen Professuren, Oberassistenten- und Assistentenstellen mit Württembergern zu besetzen seien.

Eine Provinzposse, in der Tat – und doch nicht nur eine Krähwinkelei in fernferner Zeit, sondern eine Debatte, die, aus der Froschperspektive, exemplarisch zeigt, mit welchen Schwierigkeiten ein Mann zu kämpfen hatte, der nach der Befreiung unseres Landes vom Nationalsozialismus den Versuch unternahm, im Rekurs auf das andere, republikanische, weltoffene Deutschland eine Hochschule zu begründen, in deren Umkreis Wissenschaft auf höchstem Rang praktiziert werden konnte – mit exzellenten Gelehrten, nicht zuletzt aus dem Kreis der Kaiser-Wilhelm-Gesellschaft, modernen Unterrichtsweisen und einer ins Weite und Offene weisenden Weltläufigkeit: ein Hauch von Harvard am Neckar, geprägt durch Dispute zwischen Natur- und Geisteswissenschaften, Spranger und Butenandt in einem Boot.

Nun, die Chance wurde verspielt; aus politischen Gründen entlassene Professoren kehrten zurück; der Mohr hatte seine Schuldigkeit getan. Herrenchiemsee und Bonn, Parlamentarischer Rat und Bundestag öffneten ihre Pforten, und die Zeit des großen Redners begann. Der Professor und homme de lettres hielt seine Kollegs auf der politischen rostra: hoch-pathetisch, profund, geistreich, amüsant – und immer ein bißchen zu lang. Sobald er ins Reden kam, Carlo Schmid, vergaß er die Zeit und bedachte zu wenig die Sentenz aus Martin Bubers *Legenden der Chassidim,* die da lautet: »Wenn Rabbi Elimelech am Sabbat das Gebet der Heiligung sprach, mußte er von Zeit zu Zeit auf das Ziffernblatt seiner Uhr schauen, denn die Worte, die er sprach, zogen ihn mit Macht in die Zeitlosigkeit.«

Nun, er wußte darum, im Bebenhausener Landtag nicht anders als im Deutschen Bundestag, und hat mit jener ihm eigenen Selbstironie, die für Bescheidenheit und Humanität stand, seine *verbositas,* das Luthersche »Wäschen«, karikiert, am elegantesten in anno 1948 verfaßten Versen, mit deren Hilfe er, nach der Charakterisierung anderer Debatten-Redner, sich selbst die Leviten las, im Bebenhausener Kloster: »Einen vergaß ich. Er wälzte, ein Klotz, sich/ die Treppe zur Bühne/ keuchend hinan und ergoß plätschernd gelehrsames Naß/ hin über alle die Helden, erbarmungslos redend/ und redend./ Schweige, o schweige doch! so fleht der Leidenden/ Aug. Doch er versandte die Worte – er kann ja das/ Reden nicht lassen –/ Eins um das andere wie einst Odysseus den Köcher geleert.«

In der Tat, ein *homo pro se,* ein unverwechselbares Individuum, ist Carlo Schmid gewesen: kampflustig in Bataillen gegen die Mächtigen und eher nachsichtig, ein bißchen altersmild, wenn es um mediokre Scharfmacher ging. »Man sollte nicht so höhnisch böse auf seine politischen Gegner sein«, sagte er, mit der Narrenkappe auf dem mächtigen Schädel, in der Aachener Karnevalsrede, »und sich lieber gelegentlich sagen: solchen Unsinn hast du auch schon geredet ... Das ist besser, als mit den Pultdeckeln zu klappern. Ich habe manchmal einfach Lust, wenn einer so recht tierisch-ernst daherredet, zum Rednerpult hinaufzurufen: ›Ach, Schnucki...‹ Aber ich tue es nicht. Es wäre unparlamentarisch, und ich kann mir doch nicht selber einen Ordnungsruf erteilen.«

Distanzwahrung, Verzicht auf Poltern, Schimpfen und Dröhnen, das war Carlo Schmids *eine* Force: Ein Kavalier haßt nun einmal den Bierzelt-Jargon. Die andere – wichtigere, ja entscheidende, ihn im letzten prägende – Stärke: seine Fähigkeit, sich in andere hineinzuversetzen, mit ihnen zu fühlen, ihre Gedanken, Sorgen und Ängste zu teilen und davon in einer Redeweise zu zeugen, die in der Rhetorik *evidentia* heißt: konkrete, durch Anschaulichkeit und verläßliches Zeugnisablegen bestimmte Darstellung.

Nein, dieser Mann sprach nicht, wie's heute, in der Kohl-Ära geschieht, von den »Bürgern draußen im Land« (Frage: Wer ist eigentlich drinnen?), sondern rief Einzelne auf, Da! Schaut her! Dieser Mann! Dieses Kind! – und nannte Individuen beim Namen, deren Sache er, ein Verteidiger zumal der Mühseligen und Beladenen, zu seiner eigenen machte: Hier! der gebeutelte, von den Nationalsozialisten gemarterte Kurt Schumacher! Dort der Jude, der ein Bürger und nicht nur ein Mitbürger ist und über die Jahre hinweg auf eine Entschädigung wartet, die denen, die an seinem Elend schuld sind, längst ausbezahlt worden ist. Und dann der Arbeiter, den die Eigentumsverhältnisse daran hindern, jenes unverwechselbare Ich als freies Subjekt und autonome Person zu realisieren, das allein in einer Sozietät entfaltet werden könne, die zugleich demokratisch und, im weitesten, also *nicht marxistischen* Sinne, sozialistisch sei – einer Gesellschaft, in der, unter Citoyens, materielle und nicht nur formale Gleichberechtigung herrscht.

Mitzuhelfen, eine umfassende, von unten her bestimmte Demokratie zu schaffen, die auch und gerade den ökonomischen Bereich mit eingemeindet – im Sinn Rudolf Virchows zum Beispiel: »Capital und Arbeit müssen mindestens gleichberechtigt sein und es darf nicht mehr die lebendige Arbeit dem todten Capital unterwürfig sein« –: das war Carlo Schmids politische Lebensaufgabe; das war der kategorische

Imperativ eines Mannes, der stolz darauf war, ein *Bürger* zu sein, kein Klassenkämpfer, sondern ein patriotisch (genauer, mit seinem geliebten Hölderlin, *vaterländisch*) denkender Citoyen, der dafür Sorge zu tragen hatte, daß aus Deutschland ein Gemeinwesen wurde, in dem die Fähigkeit zur *Selbstachtung* für alle Einzelnen absolute Priorität habe.

Dafür hat er gearbeitet, über die Jahre und Jahrzehnte hinweg, in harter Kärrnerarbeit hinter den Kulissen und lieber noch auf der rostra; der Macht von Argumenten vertrauend, die sich auf dem Kampfplatz des Parlaments (einer seiner Lieblingsbegriffe) in öffentlichem Streitgespräch zu bewähren hatten und denen er schon von der ersten Stunde an Prägnanz, Luzidität und pointierte Schärfe gab. Unvergeßlich die Sätze über die vaterländische Verantwortung, geschrieben im Herbst 1945, in denen er die Lage der Deutschen mit der Not auf offenen Meeren verglich: »Auf dem Floß kann es nötig sein, die wehende Flagge abzunehmen, um damit ein schmutziges Segel zu stopfen; es kann auch nötig werden, teure Güter, die es gefährlich beschweren, über Bord zu werfen, ja sogar das Schlepptau von dem anzunehmen, der das Schiff in den Grund gebohrt hat – lauter Dinge, auf die grundsätzlich nur verzichten kann, wer entschlossen ist, unterzugehen. Diesen Entschluß aber können nur einzelne fassen, ein ganzes Volk nie, und dies wiederum bedeutet, daß, wer an sein Volk denkt, die Armen und Elenden und Verzweifelnden, die es ausmachen, sich selbst den Heroismus des Untergangs versagen muß, denn keiner kann sich überflüssig machen.«

Das, denke ich, sind Sätze eines Schriftstellers von Rang – eines Literaten, der ein Mensch in seinem Widerspruch blieb: sozial und elitär, ein Weggefährte Ernst Jüngers und, einige Stufen höher, ein Anwalt des jungen Karl Marx, ein Jurist, der zwei Männer als seine Lehrmeister nannte, wie sie, in politicis, verschiedenartiger nicht so rasch zu finden sind, Hermann Heller und Erich Kaufmann. Carlo Schmid war ein George-Schüler mit dem roten Fähnchen der Revolution in der Hand, war Deutscher und Europäer, ein Freund des Epikuräers Danton und zugleich ein Arbeiter von großer Disziplin, kurzum, ein radikaler Demokrat, der sich immer wieder Ausflüge in Gegenden gestattete, in die ihm seine politischen Gefährten nur ungern nachfolgen wollten.

Aber es machte ihm nun einmal Spaß, seine geliebte *coincidentia oppositorum* nicht nur in Rede und Schrift, sondern auch in munterem, gelegentlich provokantem Sich-Umtun zu praktizieren. Doch wenn's drauf ankam, dann war er verläßlich wie kaum ein anderer; er liebte das Spiel, vor allem in der von ihm bevorzugten Form von Geistergesprächen, die zu wechselseitiger Erhellung der Standpunkte dienten (wobei er, wie Lessing, gern den Part dessen übernahm, der ihm *contre coeur* war), aber er wußte auch, wann das Spiel zu Ende ging und Solidarität verlangt wurde.

Carlo Schmid stellte sich den Forderungen des Tages und hat gleichwohl niemals den Traum von einer Welt aufgegeben, in der das bessere Mögliche über das schlechtere Wirkliche triumphierte, die Vision über jene inhumane, durch soziale Entfremdung bestimmte Wirklichkeit, die, Marx antizipierend, unser Schiller mit den Worten beschrieb: »Ewig nur an ein einzelnes Bruchstück des Ganzen gefesselt, bildet sich der Mensch selbst nur als Bruchstück aus, ewig nur das eintönige Geräusch des Rades, das er umtreibt im Ohre«, wird er, »anstatt die Menschheit in seiner Natur auszuprägen, bloß zu einem Abdruck seines Geschäfts.«

Der Überwindung dieser Misere, die für ihn durch eine radikale Teilung der Gesellschaft in Verfügende und Abhängige, souveräne Subjekte und nachgeordnete Objekte gekennzeichnet war, hat Carlo Schmids parlamentarische Tätigkeit, mit großen Höhen und schmerzlich erfahrenen Tiefen, mit Triumphen und Demütigungen, gegolten – die Praxis eines Mannes, der die Würde eines genuinen Oppositionspolitikers lebte und, unter diesem Aspekt, im klassischen englischen Parlament, als Burke, Fox und die beiden Pitts einander ihre homerischen Schlachten lieferten, so gut zu Hause gewesen wäre wie, unter (besser: *neben*) Bismarck in der Leipziger Straße 4, dem alten Reichstagsgebäude.

Die Sitzordnung freilich hätte ihm in London mehr zugesagt als in Berlin. Carlo Schmid hielt die Ausrichtung auf den einen Redner hoch droben und die erhöhte Regierungsbank mit den tuschelnden, aktenlesenden, Audienzen abhaltenden Damen und Herren der Exekutive für würdelos und autoritär. Aug in Aug sollten sich, rechts und links vom *speaker,* die Politiker gegenübersitzen, einander ins Gesicht sehen und, von gleich zu gleich, ihre Debatten austragen, im *pro et contra* zwischen Ich und Du.

Diese These hat er oft vertreten, Carlo Schmid, auch im Deutschen Bundestag und hätte dabei einmal *fast,* aber eben nur *fast,* an einem stramm rechts gesinnten F.D.P.-Mitglied den Meister gefunden – geschehen am 8. März 1961 in Bonn. Blättern wir nach im Protokoll: »Es wäre gut«, so Dr. Schmid (Frankfurt), »wenn in diesem Raume der Bundeskanzler – der jeweilige Bundeskanzler – dem jeweiligen Führer der Opposition so gegenübersäße, daß beide das Weiße im Auge des anderen sehen könnten.« Das Protokoll vermerkt Heiterkeit, danach fährt Carlo Schmid fort: »Manches würde vielleicht anders gesagt werden ..., und manches würde vielleicht nicht gesagt werden, wenn der Sprecher sähe, daß sein Gegenüber sein Gesicht fest ins Auge faßt. Vor allen Dingen wäre es gut, wenn wir, wie es im englischen Unterhaus der Fall ist, von unserem Platz aus reden ... und das Auge des Präsidenten einfangen könnten, um das Wort erteilt zu bekommen, nicht irgendwann, sondern unmittelbar nach einem bestimmten Gesagten. Das ergäbe dann endlich eine lebendige Diskussion.«

So weit, so gut, und alles scheinbar im Lot, aber eben nur *scheinbar.* Das Unheil nahte, als Vizepräsident Dr. Jäger sich beim Redner erkundigte, ob eine Zwischenfrage des Abgeordneten Zoglmann gestattet sei? Selbstverständlich, nur immer zu. Daraufhin Zoglmann, witzig und ganz à jour: »Herr Kollege Professor Schmid, Sie haben eben gesagt, daß sich die Gegner Auge in Auge gegenüberstehen müßten. Würden Sie bitte die Frage beantworten, was Sie dann mit diesem Saal tun, wenn im Parlament vielleicht einmal eine große Koalition besteht?«

Wieder Heiterkeit, aber keine Replik Carlo Schmids. Der Frage Zoglmanns war, offenkundig, nur mit einem Sophismus beizukommen; aber woher ihn nehmen in der Eile? Es galt also Zeit zu gewinnen ... leider, so Schmid (der ansonsten vortrefflich hörte) habe er die Frage akustisch nicht verstanden. Und so wird dann wiederholt: »Ich habe Sie gefragt, Herr Kollege Schmid, was Sie dann tun, wenn in diesem Haus eine große Koalition amtiert?« Diesmal hat Carlo verstanden – besser gesagt: ihm ist eine Replik eingefallen. »Herr Abgeordneter Zoglmann, das würde ich dem Talent der F.D.P., sich wandelnden Situationen gegenüber wandlungsfähig zu verhalten, überlassen.« Großer Beifall und Heiterkeit. Carlo Schmid hatte wieder einmal bewiesen, daß er das Parlament niemals triumphaler auf seine Seite brachte als dort, wo er Zwischenfragen stellte, sie beantwortete oder, auch das kam einmal vor, sie sich verbat – so wie es ihm im Fall jener legendären und nicht oft genug zu zitierenden Zurechtweisung eines Opponenten gelang, der, nehmt alles in allem, einzig durch Carlo Schmids Zurechtweisung in die Geschichtsbücher einging: »Herr Abgeordneter Schäfer. Bitte machen Sie keine weiteren Zwischenrufe. Sonst antworte ich Ihnen.«

Das war magistral, gewiß. Und süffisant dazu, aber gleichwohl der Tradition jener großen Parlamentsredner folgend, die, im Unterschied zu kleinen und großen Kriegshelden, Erfindern, Staatslenkern und Schriftstellern, hierzulande, ganz anders als im Vereinigten Königreich, heute kaum jemand kennt: Eugen Richter, Herr Westerwelle, der witzigste Parlamentsredner Deutschlands und ein Freisinniger dazu – was wissen Sie von Ihrem Ahnherrn? Nichts? Wirklich? Dann rate ich Ihnen, den Brief Theodor Fontanes an Julius Rodenberg vom 21. Februar 1895 zu lesen: »Eben habe ich in der Vossin Richters Rede gegen Mecklenburg und die Mecklenburger gelesen. Wenn Sie vielleicht zu denen gehören, die Reichstagsreden nicht lesen, so erlaube ich mir, Sie auf diese Richtersche Rede hinzuweisen; Sie werden einen großen Genuß davon haben. Es ist das im höherem Stile Witzigste, was ich seit langem gelesen habe. In jedem anderen Lande würde man darüber vor Vergnügen kopfstehen, aber die Deutschen, die kaum ein schlechtes von einem guten Hammelkotelett unterscheiden können, wo sollen die den Geschmack hernehmen für eine so glänzende Leistung?« (Das war übrigens ein bißchen übertrieben. Richters Bemerkung, das in jeder Weise zurückgebliebene Mecklenburg habe seine Existenz einzig der Tatsache zu verdanken, daß die Zahl der unehelichen Geburten in diesem Land so groß wie in keinem anderen sei, sonst wären die beiden Großherzogtümer längst ausgestorben, blieb kalauernd hinter dem oft bewiesenen – und von Bismarck gefürchteten – Esprit des freisinnigen Parlamentariers zurück.)

Aber der Satz von den Deutschen, die von parlamentarischer Beredsamkeit nicht das geringste verstünden, nichts von ihrer Hohen Schule, ihrem – freilich nur selten zutage tretenden – Glanz und ihren Florett- (bitte nicht: Degen-) Künsten – der hat immer noch Gültigkeit. Wäre es anders – Carlo Schmid, der ein Leben lang darum gekämpft hat, im Parlament wieder und wieder die *eine* Frage zu behandeln, von der die politische Kultur unseres Landes abhänge: Wie ist der Geist der Verfassung, als das höchste Gut, in die Wirklichkeit zu übertragen? ... wäre es anders – Carlo Schmid stünde in unseren Lesebüchern auch dann noch Seite an Seite mit den ersten Essayisten des Jahrhunderts, wenn er nur die eine große, wieder und wieder in Schulen und Seminaren zu zitierende Rede gehalten hätte: sein Meisterstück, auf das die Republik stolz zu sein allen Grund hat. Ich meine die Proklamation vom 28. Juli 1950, in deren Verlauf der französisch-schwäbische Homme de lettres über die Selbstachtung der Legislative sprach, über die Würde einer demokratischen Institution, die sich fragen müsse, ob sie es mit ihrer gesellschaftlichen Reputation vereinen könne, einen Mann zu tolerieren, den Wirtschaftsminister Erhard, der die Entscheidung des Abgeordnetenhauses, die Brotpreise stabil zu halten, durch die Bemerkung verhöhnt habe, diesen Beschluß hätten nicht unabhängige Parlamentarier (Männer und Frauen also, denen die Regierung verantwortlich sei), sondern eine Versammlung von Hysterikern gefällt.

Ein belangloser Fall, nicht wert, mit Kanonen auf Spatzen zu schießen? Von wegen Spatzen und Bagatellen! So einfach sei der Fall bei Gott nicht abzutun! Wenn in einer Demokratie das Parlament ein geachtetes und von den Bürgern freundlich zur Kenntnis genommenes Haus des Volkes sein wolle, dann, so Carlo Schmid an diesem unvergeßlichen Julitag des Jahres 1950, käme alles darauf an, daß die Abgeordneten gemeinsam dem Zynismus der Macht, den Provokationen der Herrschenden und dem Übermut der Ämter Paroli böten. »Wenn ein Volk sagen kann, gegen dies alles verteidigt uns das Parlament, dann wird dieses Parlament ihm ans Herz wachsen. Denn es will sein Parlament nicht sehen als ein Gremium von ›Fachleuten‹, als eine Art diskutierender Ersatzbürokratie, nicht als ein Kollegium von Technokraten, sondern als eine Einrichtung, bei der es auch – und ich möchte sagen: vordringlich – aufs Herz ankommt.«

Das Parlament, in dem sich's wohnen läßt, für die Bürger ein verläßliches Domizil, in dem man, und zwar nach Möglichkeit unisono, den Regierenden, wenn sie's zu arg trieben, ein »bis hierhin und nicht weiter« zuriefe – »Hier geht es darum zu entscheiden: Wer ist wem verantwortlich, das Parlament den Ministern oder die Minister dem Parlament« – welch ein anderes, wahrhaft republikanisches, von demokratischem Elan bestimmtes Parlament stand Carlo Schmid anno 1950 vor Augen als jenes abstrakte Hohe Haus, in dem man irgendwelche Menschen weit draußen anspricht – grad so, als sei dies Parlament, tief drinnen im Herzen der Macht, ein Mittelding von Zitadelle und Schloß, und draußen, durch Dimensionen vom Allerheiligsten getrennt, lebten die Untertanen mit ihrer Einfältigkeit und ihrem *Sozialneid.* (Wie ingrimmig, wie witzig und lustvoll hätte Carlo Schmid diese Vokabel zerpflückt, die auf der Sentenz beruht: »Es kann nicht nur Störche, es muß auch Frösche geben – sagen die Störche.«) Das Wahlvolk, so die Devise weiter, habe sich gefälligst nicht um die Dialektik von Krankengeldkürzungen und Aktionärsgewinnen zu kümmern, sondern sich mit jener ihnen von der Obrigkeit zugestandenen formalen Gleichheit zu begnügen, die der Wanderer zwischen zwei Kulturen gern und häufig mit dem Diktum des Anatole France karikierte: »Was wollt ihr denn, in unserem republikanischen Frankreich herrscht volle Gleichberechtigung; denn der Millionär und der Bettler werden gleichermaßen bestraft, wenn sie Brot stehlen.«

Nein, für Carlo Schmid war Parlament, emotional besetzt und in pathetischer, aber präziser Rede beschworen, zuallerletzt ein Schauplatz, in dem eine den Klassenkampf von oben fördernde Exekutive (!) das erste Wort hätte, sondern unser aller Bundestag, um dessen demokratischen Geist die Abgeordneten sämtlicher Parteien, mit Verve, Witz und Konsequenz, ihrem Verfassungsauftrag gemäß, besorgt zu sein hätten: »Meine Damen und Herren! Wenn es sich darum handelt, ob ordnungsgemäß gefaßte Beschlüsse dieses Parlaments von der Regierung beachtet werden, dann sollte sich jeder in diesem Hause – ob er hier sitzt oder ob er dort sitzt – in erster Linie als Verteidiger der Prärogativen dieses Hauses fühlen und nicht als Eideshelfer der Regierung.«

Parlament – das ist für Carlo Schmid kein Floskelwort, sondern eine Formel gewesen, die nach Würde, Stolz, Demut und – vor allem – Dankbarkeit verlangte: Dankbarkeit, in einem Gemeinwesen leben zu dürfen, das, repräsentativ, von Freien und Gleichen bestimmt werden möge und nicht von Führern, denen, unter Preisgabe von Ehre und Einsicht, zu gehorchen sei.

Ich denke, wenn etwas von diesem Mann bleiben wird, dessen wir in diesen Tagen gedenken, dann sind es nicht seine Memoiren, die, des lebendigen Gegenübers entbehrend, sich über weite Strecken hin wie Aktuarien lesen (Theodor Eschenburg, Schmids alter Weggefährte, hat schon recht, sie verkrampft und unoriginell zu nennen: »Wenn schon ein Memoirenschreiber in seiner Einleitung schreibt, er wolle niemand etwas zuleide tun, dann kann man das Buch nur mit Skepsis lesen«), und es sind auch nicht die Geschichtskollegs ad usum Delphini, entwickelt nach dem Motto: Von den Griechen bis zur Aufklärung im Sauseschritt – wohl aber sind es die großen parlamentarischen Grundsatzreden über die Verschwisterung von Macht und Geist im Zeichen der Kultur und, als letztes, ist es natürlich die Artikulationsmacht eines großen Causeurs, der am Ende seiner Tage, vielfach gebeutelt, aber aufrecht und zupackend wie eh und je, die Züge eines weisen Hausvaters der Republik gewann.

Jedesmal, wenn ich ihn sah, habe ich an Grillparzers Beschreibung des alten, seinen Garten versorgenden Goethe gedacht: »Sein Anblick mit den ... weißen Haaren hatte etwas unendlich Rührendes. Er sah halb wie ein König aus und halb wie ein Vater.«

König und Vater bei ungebrochenem Geist: so wird er seinen Freunden im Gedächtnis bleiben, Carlo Schmid, der Homme de lettres und Rhetor, der sich in die Pflicht nehmen ließ, und der Politiker, der niemals aufhörte, ein Sachwalter jener Poesie (im weitesten Wortsinn) zu sein, die, nach Goethe, weltbürgerlich und national zugleich zu sein habe – und eben deshalb interessant.

AUF EINEN SCHRIFTSTELLER: WOLFGANG HILDESHEIMER ZUM 80. GEBURTSTAG

Zehn Jahre ist es her, daß, in voradventlicher Totengedenkzeit, Wolfgang Hildesheimer in der Klosterkirche Königsfeldern Mozarts »Requiem« begleitete, indem er die Partien bis zum (wiederholten) Lacrymosa durch knappe Zwischentexte zäsurierte.

»Die Sendung wurde verstanden«: Zuhörer vor Ort und Fernsehschauer sahen sich einbezogen ins Wechselspiel von *Klage und Anklage* – der *Klage* um das mühselige Ende des Einzigen (»Mozart starb in Qual, gedemütigt nicht vom Tod, sondern gedemütigt vom Leben und den Lebenden, befreit vom Tod. Freilich: das Sterben vor der endgültigen Erlösung mußte er, wie schließlich die meisten, schwer und bitter erfahren.«) und der *Anklage* gegen die Mächtigen unserer Zeit, die Zerstörer der Erde und Vernichter eines Lebens, das doch den Namen »menschenwürdig« verdienen sollte: »Laß kein Requiem für sie sein, Herr! Nicht für die skrupellosen Schänder ..., die Verpester der Sphären! Nicht für jene, die uns ewige Verlierer manipulieren und berauben, nicht für diese Zyniker, die Nutzbarmacher und Rationalisierer, die unter dem Deckmantel der Erschließung unsere Welt mit Umsicht und System zunichte machen. Herr, kein Requiem für sie. Denn das erwarten sie. Sie betrachten die Erde als ihr Eigentum, und bis sie schließlich verschwinden, sind wir, ihre Opfer, längst verschwunden. Sie werden das letzte Wort behalten, und die letzte Tat, und die letzten Dinge. Sollen sie wirklich der ewigen Ruhe teilhaftig werden? Wäre ich gläubig, so würde ich sagen: sie sollen es nicht. Ihnen soll das ewige Licht nicht leuchten.«

Ich stelle mir vor, dieser Text, der in die Reihe der großen Fluch- und Klagereden der Literatur gehört (so hat einmal ein Ackermann den Tod, nach dem Sterben seiner Frau, verflucht; so hat, bei Jean Paul, Shakespeare seine Worte an eine Welt gerichtet, die kein Gott regiere) ... ich stelle mir vor, die nach dem *dies irae* beginnenden und im Anschluß an das *Amen* ausklingenden Zorn-Meditationen seien, ohne Namensnennung, in einer Anthologie erschienen: Wer, würde man fragen, mag der Autor dieser geistlichen Zornrede sein? Ein Schriftsteller? Gewiß. Die Einheit von Pathos und Präzision, hoher Moralität und genauer Benennung deutet auf einen Vertreter der Zunft und nicht auf einen geistlichen Herrn. Ein Apostat vielleicht (»wäre ich gläubig«)? Eine Frau oder ein Mann aus dem Umfeld jener *ecclesia sub cruce* (»uns ewige Verlierer«), die, wer weiß, ein letztes Mal, ihren aussichtslosen Kampf gegen jene mit der Macht verbündeten Sachwalter der *ecclesia militans* führen, große Herren, denen die Aktienpapiere der »Bank des Heiligen Geistes« zur Verfügung stehen?

Nein, hier spricht kein Christ, weder einer, der seinen Orden wegen unheiliger Allianzen an der Spitze (»Herr Woytila und sein Knecht Mincus«) verließ, noch einer, der, Dostojewskij folgend, dem Nazarener ungeachtet der Umkehrung seiner Botschaft, die einmal den Hungrigen und Leidtragenden galt, treu geblieben ist.

Der Autor der Fluch- und Bußrede vom Totensonntag des Jahres 1986 ist Jude, ein weltläufiger, wenngleich die Einsamkeit liebender Mann, witzig und beredt (die Papst und Bankier geltende Verspottung in Brechtscher Manier stammt von ihm), polyglott dazu, mühelos hin und her wechselnd zwischen dem mit einem Hauch von Ironie akzentuierten Oxford-Englisch und einem makellosen Hochdeutsch, wie es einmal auf deutschen Elite-Internaten gepflegt wurde. (Der Sprecher stammt aus Hamburg und besuchte die Odenwaldschule.)

Wolfgang Hildesheimer also, Schriftsteller und Maler, Musikologe und Essayist in Personalunion. Ich denke, das Erstaunen der Kenner, die von Hildesheimer viel, aber, zu ihrem Schaden, leider nicht alles kennen, die Totenrede zum Beispiel, wird groß sein. Wolfgang Hildesheimer? 1986? Tatsächlich? Also ein paar Jahre, nachdem er aufgrund eines spektakulären Entschlusses (spektakulär für die Öffentlichkeit, weniger für ihn selbst) das Schreiben aufgegeben hatte, um sich von nun an ganz seiner ersten Passion, der bildenden Kunst, zuzuwenden? Hatte er denn nicht ausdrücklich erklärt, seine Entscheidung sei definitiv und unwiderruflich, in überzeugender Argumentation und ohne Hinblick auf einen *dolus eventualis* formuliert: Wer weiß, vielleicht, man kann ja nie wissen, kehre ich eines Tages doch auf die Bühne zurück? An illustren Beispielen für ein solches *come back* fehlt es ja gottlob nicht in der Literatur.

Nein, nichts davon; der Entschluß, sich von nun an dem reinen Spiel des Collagierens, Konfigurierens und Zitierens mit der gleichen Verve zuzuwenden, wie er sie einst in der Literatur praktiziert hatte (der Sprung war also in Wahrheit gar nicht so groß, sondern, philologisch gesprochen, eine *metabasis eis allo genos,* will heißen: einen Übergang in eine andere künstlerische Verständigungsweise oder, höchst simpel, eine Vertauschung von Schreibmaschine und Schere, dem Konzept und dem Ingres-Papier) … der Entschluß also, sich von der Poesie zu trennen, war irreversibel, bedeutete aber (Kritiker haben das oft übersehen) keineswegs, daß Hildesheimer damit auch auf politische Manifestationen, das Sicheinmischen als Bürger unter Bürgern (mit entsprechender Formulierungskunst natürlich) zu verzichten bereit war.

Der Anwalt der Gezeichneten und Verlorenen, der von Verfolgung und Schwermut Bedrohten, ein Parteigänger Leonces in Büchners Lustspiel oder des Watteauschen Gilles, hörte, man kann es nicht deutlich genug sagen, keineswegs von einem Tag zum anderen auf, sich ins politische Alltagsgeschäft einzumischen, versperrte also nicht die Tür, wenn seine Freunde von »Greenpeace« Beistand erbaten. Er trennte nur die Bereiche, unterschied, nachdrücklicher als vorher, zwischen *vita activa* und *vita contemplativa,* verschrieb sich, kontemplierend, der Leidenschaft, über Farbtöne und Papierstärke zu meditieren, bedachte, wie ein später Meister aus dem Orden der Glasperlenspieler, die Art und Weise, in der sich Zitatelemente verbinden ließen (seine alte Passion, das Geschäft Sir Anthony Marbots!), tat das aus Freude am Überraschungseffekt der Ineinssetzung heterogener Elemente, brachte solche Tätigkeit verbal auf den Begriff, blieb also Schriftsteller. (Wort und Bild gehören in seinen späten Collagen zusammen: die Genese einer zufälligen, aber am Ende überzeugenden Zusammenfügung wollte bestimmt sein.)

Kurzum, Wolfgang Hildesheimer gab sich dem Vergnügen hin, seine Experienz in verschiedenen Kunstformen anschaulich zu machen – nicht ohne den Betrachter zu kreativem Mit-Spiel einzuladen, und kehrte derart zu seinen Anfängen zurück, den Tagen, da er in Jerusalem Zeichenunterricht erhielt, um es später, in Deutschland, zum Meister zu bringen.

Die Malstaffel als Zentrum eines Refugiums, das dem Bedrohten half, die Widrigkeiten der Welt zu ertragen: Wie nachhaltig deutet da Frühes – Malerei in Nürnberg – auf Spätes – Collagieren in Poschiavo – voraus. »Drei Jahre lebte ich als Angehöriger der Besatzungsmacht« – Hildesheimer war Simultandolmetscher bei den Nürnberger Kriegsverbrecherprozessen – »in einem großen Zimmer im Grand-Hotel in Nürnberg«, heißt es in der (gerade heute zu durchdenkenden) Schrift *Mein Judentum,* »das ich mir als Atelier eingerichtet hatte, um mich beim Zeichnen und Malen von dem Schrecken dieser Vorgänge abzulenken, was mir gelang.«

... *was mir gelang:* Kunst als Antidot, das zuerst in Nürnberg, wo Hildesheimer die Protokolle zu redigieren und später mit herauszugeben hatte, ein Maler und ein (freilich bescheidener) Schriftsteller schon damals, und Jahrzehnte danach in Poschiavo seine Wirksamkeit bewies – zu einer Zeit, als dem Vielbegabten alles möglich war, außer dem einen: in Zeiten, deren Ende er erwartete, einfach so weiterzumachen.

Wenn der Augenblick, an dem die Mächtigen der Erde, gestützt auf die Propaganda-Techniken ihrer Ideologen, dabei sind, die Genesis zu widerrufen (Hildesheimer glaubte daran, wie die Totensonntagspredigt von 1986 beweist), und die Apokalypse in greifbare Nähe rücken könnte (*könnte,* sofern nicht eine Umkehr im Aufblick zu den sich rasch fortbewegenden Uhrzeigern erfolgt), dann wird die Region von Birkenau, mit den Gaskammern und den Verbrennungsöfen, zur Vorhölle einer planetarischen Zerstörung. Und dieses Faktum, so Hildesheimer, verlangt von allen Schriftstellern, die ihr Geschäft als ernsthaft ansehen, die Haltung gegenüber einer Welt zu überprüfen, die sich deshalb mehr und mehr dem Zugriff der Poesie entzieht, weil Entscheidungen über Wohl und Wehe nicht im Anschaulichen, sondern im

Unsichtbaren fallen, beim Studium von Tabellen, Chiffren und Formeln, deren Resultat eine Universalität ist, die, unbeschreibbar, in ihrer brutalen Faktizität nur noch auf sich selbst verweist.

Seltsam zu denken, daß um die gleiche Zeit und in einem und demselben Land, der Schweiz, zwei Schriftsteller über Zonen nachdachten, Höllenregionen, in denen die Kunst nichts zu suchen habe – Birkenau zum Beispiel, wo nicht mehr zu reden, sondern nur zu schweigen sei. Zu schweigen, zu denken, das Denken zu beschreiben, zu collagieren, um derart, so oder so, eine Vergangenheit zu orten, der, wie das Hier und Jetzt beweise, keine Zukunft mehr gegeben sei.

Wolfgang Hildesheimer und Friedrich Dürrenmatt über Birkenau und über die Folgen meditierend, die sich für einen Schriftsteller, der um die Moralität seines Metiers weiß, daraus ergeben – welch ein Gespräch wäre da zwischen zwei Malerdichtern, im Zeichen des *nostra res agitur,* geführt worden! Hildesheimer, dem Pfarrerssohn aus dem Emmental (der nachdrücklich zustimmen würde) seine Totensonntagspredigt vortragend; Dürrenmatt, die Schlußzeilen seines letzten Traktats, *Das Hirn,* zitierend: »Es ist, als ob der Ort sich selber erdacht hätte. Er ist nur. Sinnlos wie die Wirklichkeit und unbegreiflich wie sie und ohne Grund.«

Friedrich Dürrenmatt (der das Stückeschreiben um die gleiche Zeit in Frage stellte wie sein *alter ego* im Puschlav die Anfertigung von fiktionalen Prosatexten) und Wolfgang Hildesheimer – vereint bei einem imaginären Disput, der nicht mehr in Güllen, Tynset oder Meona angesiedelt wäre, sondern an einern Ort – im Olymp vielleicht, bei einem der von beiden Autoren geliebten imaginären Gespräche –, von dem aus, weit entfernt von Kreta, dem Negev oder Norwegen jene unterste Hölle, der Pfuhl des Infernos ins Blickfeld kommen könnte, der aus zwei auf idyllische Freuden verweisenden deutschen Worten besteht: *Au* und *Birke,* erquickendes Wasser und lindes Gesträuch. »Die Birke«, so das Deutsche Wörterbuch von Jacob und Wilhelm Grimm, »ist ein Baum der Freude und der weidenden Schäfer, mit deren Laub sie sich schmücken, in deren Schatten sie sich lagern, in deren weiße, weiche Rinde sie Namen einschneiden.«

Birken-Au, ein *locus amoenus* (»Die Birken wissen's noch«, heißt es bei Gellert, »wenn wir zusammenkamen, da ward gewiß geküßt, bis daß wir Abschied nahmen«), der durch Schreibtischtäter und ihre Schergen in eine Region der glühenden Schornsteine und der Hügel aus Judenhaar verwandelt wurde – eine Verwandlung von Himmel und Hölle, die Hildesheimer in seiner Klage um die Opfer und der Anklage jener Schuldigen, die alles, was Natur ist (also auch die Menschen), zerstören, ins Licht stellen wollte – diese totale Umkehr könnte in der Tat nicht exakter als durch einen Disput zwischen zwei deutschsprachigen, in der Schweiz lebenden Schriftstellern, die aus verwandter Einsicht vergleichbare Konsequenzen zogen, erhellt werden.

Zurücknahme mag, denke ich, das Leitthema eines solchen Gesprächs sein, Zurücknahme traditioneller poetischer Formen so gut wie einer verspielten Virtuosität als Antwort auf die Zurücknahme einer geordneten, aber von Gott, auf Kosten der Opfer, den Tätern offenbar preisgegebenen Welt: »Wäre ich gläubig, würde ich den Herrn anrufen: Laß sie an Deiner Gnade nicht teilhaben«, so der am Totentag gesprochene Appell an den großen Zwielichtigen unter den Himmeln, »bestrafe sie, bevor das Ende der Menschheit auf der Erde kommt, das sie vorbereitet haben. Denn an diesem Tag werden die Gerechten mit ihnen zugrunde gehen, die Unschuldigen. Gib ein Zeichen, Herr – so würde ich sagen, wäre ich gläubig –, daß Du diesen *Dies irae* wirklich kommen läßt! Wir wollen Zeugen sein – so würde ich sagen –, wie Du den Unterschied zwischen Gut und Böse machst.«

Nun, Wolfgang Hildesheimer hat bis zu seinem – ach, zu frühen! – Tod nicht an solche Wendung geglaubt – und gleichwohl, immer neue, immer vollkommenere Wechselspiele von Wort und Bild, Zitat und Variation des Zitats, Zeichen und Gegenzeichen erfindend, nie jene Hoffnung aufgegeben, die auf der nur scheinbar paradoxen Umkehr des Diktums *spero ergo sum* beruht. Nicht die Hoffnung, so die Quintessenz seines Formens und Schreibens – das Finden immer voran, das Erfinden hintangestellt! –, sondern die Fähigkeit, weiterbestehen zu können, beweist im letzten Jahrzehnt: Ich lebe – und das ist ein Zeichen dafür, daß ich noch nicht verzweifle. »Vielleicht hofft etwas in mir, und es ist das, was mich am Leben erhält?«

Freilich, die Zeit der großen Werke war für immer vorbei – und dieses definitive »abgetan« hatte nicht nur politische, sondern, in gleicher Gewichtung, auch biographische Gründe. Was – so die Erkenntnis eines unbestechlichen, mit einer in unserem Gewerbe nahezu singulären Fähigkeit zur Selbstkritik ausgestatteten Mannes – hätte er nach *Tynset* und *Masante,* nach *Mozart* und *Marbot* noch sagen können? Essays und Aphorismen, Mitteilungen (nicht nur an Max) oder zeit- und personenbezogene Notate: gut und schön; das Tagesgeschäft wollte bewältigt sein, leichthin sogar, denn es verlangte, im Vergleich zu den Zeiten des frischen Beginns, eher weniger als mehr Aufwand.

Der Mann, der seine *opera omnia* zu Beginn der achtziger Jahre, nehmt alles in allem, für abgeschlossen erklärte, schrieb – dies manchem Kritiker, der nicht mehr *Wollen* und nicht mehr *Können* verwechselte, zur Beherzigung gesagt! –

eleganter, witziger und pointenreicher denn je. Wer daran zweifelt, lese, ein beliebiges Beispiel, den Brief an Wolf Rosenberg, einen engen Freund aus gemeinsam verbrachter Zeit an der Odenwaldschule, wo Hildesheimer ausgerechnet seinen Intimus mit Nachnamen anredete, und dabei blieb's dann, ja, »eine Zeitlang wollte ich Dir überhaupt das Sie anbieten, aber das wäre in der Odenwaldschule vielleicht noch mehr aufgefallen als unsere bloße Existenz«. Doch »ich will nicht all zu anekdotisch werden, ... aber ich möchte Dich gern mit angemessener Wehmut daran erinnern, daß wir im Laufe der Jahre so manchen Party-Gast zutiefst beunruhigt haben, zum Beispiel, wenn wir, um nicht verstanden zu werden und um uns selbst nicht zu verstehen, in unser synthetisches Ungarisch verfielen oder wenn Du Deine apodiktischen Aussprüche proklamiertest wie etwa: Bach und Händel in einem Atem zu nennen, ist genauso wie Ludwig den Vierten und Pestalozzi in einem Atem zu nennen, bloß weil sie 1407 geboren sind.«

Geschrieben anno 1985 – und von der gleichen Eleganz, dem gleichen Witz und Esprit bestimmt wie die *Lieblosen Legenden* in den fünfziger Jahren! Wäre es nach Hildesheimers Geschmack gewesen – er hätte für Zeit und Ewigkeit fortfahren können, ebenso amüsante wie vortrefflich konstruierte Etuden zu schreiben, zum Entzücken und unermüdlichem *da capo* aller Welt. Aber er tat es nicht, sondern befolgte, mit zunehmender Strenge und abweisendem Ernst, den Satz Paul Valérys: »In Zeiten, da es gut um die Künste steht, kann man sehen, wie sie sich Schwierigkeiten schaffen, ... Freiheiten beschneiden, die fürchten zu müssen sie begriffen haben, und sich den *Gebrauch der Fähigkeiten* untersagen, mit sicherem Griff und im Augenblick *alles* machen zu können, was in ihrem Wollen liegt.«

In der Tat, das klingt wie eine Handlungsanweisung für den späten Hildesheimer: nur nicht mit leichter Hand arbeiten! Niemals das einmal Gelungene perpetuieren! Um Gottes willen keine Routine, sondern, im Gegenteil, Erdenken von Schwierigkeiten statt des gefälligen Fortfahrens mit Hilfe einer beherrschbaren Technik!

Natürlich hätte Hildesheimer einen dritten Prosatext à la *Tynset* oder *Masante* schreiben können; noch einmal ein Reflecteur – wie wär's, zur Abwechslung, mit einer Frau? –; noch einmal Gedanken- und Traumfeuerwerke des einsamen Protagonisten, die sich, am grandiosesten in *Tynset* (nur Dürrenmatt, noch einmal sei seiner gedacht, hat dergleichen gewagt), in den eisigen Zonen des Weltalls verlieren. Ja, er hätte es gekonnt, Wolfgang Hildesheimer: nichts leichter für ihn als in eigenen Spuren zu gehen. Aber er *wollte* sich nun einmal nicht wiederholen; er haßte Rekapitulationen; sie langweilten ihn.

Zu überbieten war ohnehin nichts – nur zu variieren, und eben das, es sei wiederholt, reizte nicht. Eine zweite Biographie nach dem *Mozart,* an dem er zwei Jahrzehnte lang gearbeitet hatte? Undenkbar. Diese Form überzeugendster und raffiniertester Annäherung noch einmal ausprobieren – wieder, um aus verfremdender Perspektive zu fragen: Wie sah er aus? Wie unterhielt er sich, wie hätten wir uns in Gesellschaft dieses Rätselwesens gefühlt, das, so wenig wie Albrecht Dürer, durch eine noch so perfekte Collage von blitzartig erhellenden Interpretationen als Gesamtfigur ins Licht gestellt werden könnte? Beethoven oder Schubert nach Mozart? Eine Zumutung für den Biographen. Mozart bleibt in gleicher Weise ein Solitär wie Sir Anthony Marbot. Auch der einmal vollkommen geglückte Versuch, eine fiktive Figur mit historischem Personal zu konfrontieren, um derart

Lieblingsgestalten aller couleur, Kochkünstler wie Rumohr (*Gastrosoph* wird er im Index genannt), Sprachmeister und Exzentriker wie de Quincey, kuriose Monarchen (Georg IV. als Kronprinz *tonangebender dandy*) oder, allen voran, Hildesheimers vertrauteste Gesellschaft, Melancholiker von Leopardis Naturell ins Gespräch zu ziehen … auch dieser Versuch ließ sich nicht wiederholen. Vergeblich das Bemühen, in Poschiavo und auch in Tübingen, einen zweiten Sir Anthony in Gestalt eines faszinierten Montaigne-Lesers zu erfinden, der um die Jahrhundertwende leben sollte und zum Beispiel mit George, Harry Kessler und Rathenau Umgang gepflegt haben könnte.

Nein, aufs Podest der großen Quadriga hätte sich nur, im allerletzten *opus maximum,* das ich meinem Freund gar zu gern abtrotzen wollte, eine *einzige* Figur führen lassen: ein Frühverstorbener, der ihm, trotz Leopold Bloom, der bei weitem Vertrauteste war, ein Zwillingsbruder geradezu, mit dem er selbst und, mit ihm, seine erdachten Figuren ein Leben lang Gespräche führten (auf englisch natürlich und nicht auf deutsch oder dänisch) – Prinz Hamlet in allen seinen Masken, seiner Omnivalenz in der Mitte von Traum und Realität, der Poesie und der Politik, Hamlet *again and again:* traurig und dick, schwermütig und närrisch, ein Gefährte Yoricks, der wiederum (Hildesheimers Kombinationskunst war atemberaubend) ein Geschwisterkind des commedia-dell'arte-Harlekins Gilles und, nicht zuletzt, ein ständiger Begleiter jenes *Masante*-Räsonneurs ist, der ihn freilich in der Kneipe »La dernière chance« endgültig loswerden möchte: »Hamlet. Der kam immer wieder, lange hat er mich nicht mehr losgelassen. Den lege ich hiermit endgültig ab, ich schicke ihn in die Wüste. Lange Perioden blieb er fern, tauchte gewöhnlich dann auf, wenn ich andere Modelle suchte, und verdrängte sie. Nachträglich stellte ich fest: ich hatte ihn erwartet, das Verschwinden der anderen war mir so willkommen wie der Auftritt des helfenden Verdrängers ..., und plötzlich war er wieder verschwunden wie der Geist seines Vaters –.«

Ein signifikanter, »Fortsetzung folgt« annoncierender Bindestrich, in der Tat, denn wo, in Wolfgang Hildesheimers Werk, wäre Hamlet, Prinz von Dänemark, *nicht* präsent – am liebsten in Begleitung seines Vaters? Selbst im *Mozart*-Buch taucht er mit schöner Selbstverständlichkeit auf, ein melancholisches Pendant zu Don Giovanni.

Hildesheimer und Hamlet: Das ergibt, mit Shakespeare als drittem im Bunde, eine so einzigartige Konstellation, daß, bei Besuchen im Puschlav, meine erste Frage regelmäßig lautete: »Und wie weit bist Du mit Hamlet?« – »Nun, ich komme voran.«

Leider ist es am Ende denn doch beim Fragment geblieben – eingegangen in die Geschichte der Literatur unter der Rubrik »aus aufgegebenen Werken«.

Und dabei war er, Wolfgang Hildesheimer, wieder und wieder nahe daran, die Fragmente in einem Akt kühner Bündelung zum Ganzem zu runden. Warum tat er es nicht? Nun, ich denke, die Antwort steht in den *Vergeblichen Aufzeichnungen,* wo Yorick mit dem Prinzenkind davonreitet, »auf einem mit Schellen und Klappern geschirrten Apfelschimmel in ein fernes Land, das Reich der ungenutzten Möglichkeiten, das dem Narren das Naheliegende war und in dem auch Hamlet so heimisch wurde, daß ihm später das Reich der eingetroffenen Möglichkeiten, auch Wirklichkeit genannt, dieses Stegreifspiel von Irrsinn, Niedertracht und Mord, zur Hölle wurde.«

Lag das reale Dänemark in seiner rüden Faktizität am

Ende zu nahe bei Birkenau, dem Märchenort, der in ein Leichenfeld verwandelt worden ist? Die Frage klingt absurd und gewinnt doch plötzlich Sinnhaftigkeit, wenn man bedenkt, daß der Erzähler vom Leben und Sterben in einem Land, wo etwas faul ist, nach einer – ich denke der grandiosesten – Überlegung Hildesheimers Jude sein sollte, ein Arzt aus Padua mit Namen Dr. Isaac, von dem niemand dachte, daß er jemals sterben würde, »denn Juden sind, in gutem wie im bösen Sinne, unsterblich«.

In einem Buch, das mit Hilfe gemeinsamer Bemühung zu schreiben ich aus Anlaß des 80. Geburtstags die Connaisseurs aus aller Welt einladen möchte, *Who is who in W. H.* soll es heißen, spielte Dr. Isaac, ungeachtet seiner Zweieinhalb-Seiten-Existenz (welch ein Reiz für uns also, ihn in Hildesheimers Weise auszustaffieren!) die Rolle eines Protagonisten. Irgendwann einmal, glaubt der Hamlet des Fragments, werde Dr. Isaac aufschreiben, was er am dänischen Hof erlebte – nicht zuletzt den Mord, dessen Genese er als einziger kennt.

Hamlet, aus der Perspektive eines frommen Juden beschrieben, der – wie sein Autor – das todbringende Treiben der höfischen Ahnherren von Obwasser und Kabaster betrachtet: welch ein Buch hätte das, ungeachtet aller Einwände, zumal im Blick auf den Satz »Es sei hier ausgesprochen: wir Juden sind anders« – werden können!

Nun, die Paduaner Schreibtischfächer sind leer, und darum bleibt uns, den aufmerksamen, in Wolfgang Hildesheimers Werk mit jeder Lektüre neue Verweise, Parallelen und geheime Antithesen und Korrespondenzen entdeckenden Lesern, die Verpflichtung, Isaacs Text, in vielfachem pro und contra, so wie's den Intentionen seines Autors entsprach, weiterzudenken.

Gleichwohl, diese Hamlet-Biographie ist in meinen Augen auch das einzige Werk, das Wolfgang Hildesheimer (nochmals, aus gutem Grund) uns vorenthalten hat: uns, seinen Freunden, Weggefährten und Bewunderern, deren Phantasie er beflügelt, deren Sinn für die Unverzichtbarkeit des Spiels in finsteren, vielleicht bald zu Ende gehenden Zeiten er geschärft und deren Wunsch, sich weitab von teutonischem Tiefsinn, an Stil, Witz, Noblesse und Eleganz zu erfreuen, er erfüllt hat.

Die Zeichen, die dieser Mann, von den *Lieblosen Legenden* bis hin zum Klage- und Anklagetraktat gesetzt hat, wurden verstanden.

AUF EINEN THEOLOGEN: HANS KÜNG ZUM ABSCHIED VON DER UNIVERSITÄT

Tübingen, im Frühsommer 1960. Während die Universität, seit Jahren im Aufwind, sich anschickte, den zehntausendsten Studenten zu begrüßen, zwischen Lustnau und Derendingen (»und was dann?« wurde nicht nur in der hauseigenen Zeitschrift *Attempto* gefragt), saß im Dekanat der Katholisch-Theologischen Fakultät ein einzelner, wegen seiner Gelehrsamkeit und sanften Noblesse unter den Fachgenossen hoch angesehener Mann und schrieb an einen jungen Gelehrten, der, soeben im Wilhelmsstift abgestiegen, dabei war, den Lehrstuhl für Fundamentaltheologie zu übernehmen.

Sein Name: Hans Küng, ein Schweizer, der sich zwischen Luzern und Rom, Paris und Münster (dort war er, unter der Ägide Hermann Volks, als Assistent tätig gewesen) den Wind um die Nase hatte wehen lassen: wetterfest und polyglott.

»Lieber Herr Kollege«, begann – es war im Mai – ein Brief seiner Spektabilität, Prof. Joseph Möller, an den Hochwürdigen Herrn Dr. Hans Küng im Wilhelmsstift, »recht herzlich willkommen in Tübingen! Da ich ab 10 Uhr leider beansprucht bin, darf ich Sie vielleicht bitten, falls Sie nicht zu sehr ermüdet sind, kurz nach 9 Uhr im Dekanat vorbeizukommen. (Neue Aula, II. Stock, Zimmer 38.) Mit herzlichen Grüßen Ihr Joseph Möller, Dekan.«

Ein Brief *aus einer Zeit, die längst vergangen ist:* Da kommt man, anders als heute, nicht am Computer unverzüglich zur Sache; da wird zunächst einmal Grüß Gott gesagt, *intranti salutem;* da heißt es nicht: »Ich erwarte Sie«, sondern »darf ich Sie vielleicht bitten«, und dieses *darf* und *vielleicht* wird auch noch eingeschränkt durch ein »*falls* Sie nicht zu sehr ermüdet sind« – grad so, als sei, am Ende der Eisenbahnfahrt von Münster nach Tübingen, ein *time lag* in Rechnung zu stellen… und das ausgerechnet bei einem Mann, der, erzogen in der harten Schule der römischen *Gregoriana,* als robuster Germaniker von Jugend an daran gewöhnt war, sich vor Tau und Tag dem Exerzitien-Reglement zu unterwerfen: den kurzen Nächten hatten lange Stunden der Meditation, des Lesens, Schreibens und Disputierens zu folgen – auf lateinisch, wie sich versteht. Das alles wußte Joseph Möller natürlich, aber er war, wie viele Gelehrte seines Schlages, noch in einer Zeit großgeworden, da die Maxime Immanuel Kants, der sich, dem Tode schon nahe, aus seinem Sessel erhob, um den eintretenden, ihn zum Sitzen nötigenden Rektor zu grüßen, in Ansehen stand: »Ich habe den Sinn für Humanität noch nicht verlernt.« Und darum schränkte Joseph Möller – *tempi passati!* – seine Bitte durch ein *falls* und *vielleicht* ein, ersuchte um ein passageres Vorbeikommen, statt, wie es mittlerweile üblich ist, ein pünktliches Treffen anzuberaumen.

Nun, der Hochwürdige Herr aus der Schweiz, juvenil, mit kurzgewelltem Schopf, wird, dürfen wir vermuten, ohnehin vor der Zeit im 2. Stock der Neuen Aula angeklopft haben, willkommen geheißen von einem Gelehrten – Möller wirkte ein wenig weltfremd: er brauchte die Aura des Sonderlichen, um seine Gedanken zu schützen –, der sich nicht zu schade war, dem Novizen bei der Wohnungssuche behilflich zu sein und für ein bescheidenes, zölibatären Verhältnissen angemessenes Domizil zu sorgen: »Herr Direktor Herre«, so ein

Brief vom 24. Mai 1960, »ist bereit, Ihnen ein Zimmer im Wilhelmsstift zur Verfügung zu stellen, bis sich eine andere Lösung findet ... Es ist ein Gastzimmer, also kein kleines Studierzimmer.« (Will heißen: keine dem Hochwürdigen Herrn und Prä-Ordinarius unangemessene Bude.) »Eine andere Möglichkeit, mit der man ziemlich sicher rechnen könnte, wären zwei Zimmer, freilich am Stadtrand. Diese Zimmer müßten jedoch erst zugerichtet werden, und außerdem müßten Sie ... eine Zugehfrau haben, da die alte Dante, die diese Zimmer *evtl.* hergeben würde, schon über 70 Jahre alt ist. Eine andere Möglichkeit entnehme ich der heutigen Zeitung. Die entsprechende Annonce (Schwäbisches Tagblatt Tübingen) füge ich bei.«

In der Tat, Hans Küng wurde nicht allein freundlich, sondern geradezu väterlich empfangen vor 72 Semestern in jener kleinen Stadt, zu deren Größe er während der kommenden Jahrzehnte in aller Welt, zwischen Neckar, Tiber und Hudson, so viel beitragen sollte.

Nein, er wird's nicht bereut haben, anno 1960, daß er, nach kurzer Vorstellung und, so ist zu vermuten, angenehmster Präsentierung, hüben und drüben, am 16. Mai dem Dekan kundtat: »Ich benutze die Gelegenheit, um nochmals Ihnen und allen Herren der Fakultät [eine Dame gab es damals noch nicht] für das große Vertrauen, das Sie mir entgegenbringen, aufrichtig zu danken. Ich freue mich sehr auf meine Lehrtätigkeit an Ihrer Universität.« (*Universität,* nicht *Fakultät* hatte er geschrieben, Hans Küng: eine Unterscheidung, die noch einmal bedeutungsvoll werden sollte.)

Fürs erste freilich war alles im Lot. Zwar zogen sich, zumal in Rom, bereits einige Wolken zusammen, das Manuskript *Konzil und Wiedervereinigung. Erneuerung als Ruf in die Einheit* provozierte Bedenken, Professoren und Kurienkardinäle zeigten sich besorgt, doch, auf der anderen Seite, gab es einen Mann wie Kardinal König, der für ein ebenso persönliches wie nachdrückliches *imprimatur* plädierte ... und was die Situation vor Ort anging, so war sie nicht nur freundlich, sondern geradezu von Enthusiasmus geprägt: »Ich freue mich«, ließ Dekan Möller wissen, »daß Sie zu uns kommen, und heiße Sie (noch einmal) herzlich willkommen ... Ich hoffe, daß es Ihnen hier gefallen wird, und bitte Sie, Herrn Kollegen Volk meine besten Empfehlungen zu übermitteln.« (Ein Auftrag, am Rande vermerkt, der nicht ohne Pikanterie war: Volk verfolgte, seit der Kenntnis der Schrift *Konzil und Wiedervereinigung,* Hans Küngs Publizistik mit äußerster Skepsis: hier, schien es ihm, ging ein Mann eigene Wege.) »Ihnen selbst«, schloß der Brief, durch den Hans Küng einer der Unseren wurde, »wünsche ich viel Freude bei Ihrer Vorlesungstätigkeit in Tübingen« – und an der, *deo gratias,* hat es dann ja auch nicht gefehlt, allen Turbulenzen zum Trotz, bis zum heutigen Tag.

Der Einklang, jedenfalls, war vollkommen, anno 1960, die gefundene Lösung – ein nicht habilitierter, aber vielversprechender Mann als Nachfolger von Heinrich Fries – stellte sich, binnen kurzem, als ideal heraus. Und wie weit war vorher der Weg gewesen, am Ende der fünfziger Jahre, ehe man endlich ans Ziel kam! Da gab es zunächst einmal die Geschichte, die ich aus den Fakultätsakten rekonstruiere (Dekan Niehr und Sekretärin Härle sei Dank) – sie will nacherzählt sein und ist, auf hoher Ebene spielend, zwischen Stuttgart und Rom, höchst spannend zu lesen. Zwar lief am Anfang alles in vertrauten Gleisen: Bernhard Welte aus Freiburg wurde *sensu communi* berufen: aber wer verläßt schon gern eine durch legere vorderösterreichische Katholizität, dazu eine weithin berühmte, vortreffliche Gastronomie geprägte Stadt, um ins protestantisch-karge »Neckar-Tübingen« hinüberzuwechseln, ein *Dorf* (wie es die Herren David Friedrich Strauß und Friedrich Theodor Vischer mit dem Ausdruck dezidierten Abscheus benannten), in dem es zwar viele Genies gegeben hat, zwischen Kepler und Hegel, aber eben auch Legionen von rabiaten pietistischen Brüdern und Schwestern, dazu Theologen, denen, wie behauptet wurde, der Heilige Geist nicht in Gestalt einer Taube, sondern eines Raben erschienen sei.

Bernhard Welte also hielt sich nur für kurze Zeit bedeckt. Es sei reizvoll, ließ er wissen, auf einen Lehrstuhl berufen zu werden, der – wer weiß? – allen anderen schon deshalb vorzuziehen sei, weil er die Möglichkeit eröffne (Hans Küng, später, sollte sie exzessiv nützen), »in kollegialer Fühlungnahme mit Nachbardisziplinen eine selbständige Konzeption« zu entwickeln. Aber abgesagt hat Welte denn doch. Das gewohnte Ambiente gab, wie erwartet, den Ausschlag: Vogesen und Schwarzwald contra Schwäbische Alb, das Münster mit der Stiftskirche verglichen – schon entschieden!

Und so war dann die Stunde gekommen, in der man in Stuttgart unruhig zu werden begann: die *secundo et tertio loco* plazierten Herren, die ihre Tage, beschaulich und wacker, in Paderborn und Dillingen verbrachten (und sie dort, so stand zu befürchten, auch zu vollenden gedächten), erweckten kaum Begeisterung.

Was also war zu tun? Sich noch einmal umzuschauen, im Kreise vielversprechender Jungprofessoren? Aber dieser Aufgabe war die Fakultät ja bereits nachgekommen, Gottlieb Söhngen in München hatte sein Votum längst vorgetragen: Joseph Ratzinger, Professor für Dogmatik in Freising – wer denn sonst? (»Ratzinger hat bei seiner außerordentlichen Begabung und ob seines staunenswerten Fleißes eine bedeutende Zukunft vor sich«); aber leider hatte man sich im Bayerischen, trotz der – wer weiß? bis zum heutigen Tag – vertretenen Devise *extra Bavariam nulla vita* für Bonn entschieden, später dann freilich für Tübingen.

Es waren freundliche Jahre, als Küng und Ratzinger gemeinsam unter uns wirkten; der Herausgeber der Universitätszeitschrift *Attempto,* er hieß anno 1968 Walter Jens, hat die Beiträge »Unfehlbares Lehramt?« (Autor Hans Küng) und »Tendenzen der katholischen Theologie« (Autor Joseph Ratzinger) damals mit wahrem Entzücken nebeneinander gestellt, gefolgt von Studien Jürgen Moltmanns (»Gott und Auferstehung«) und Hermann Diems (»Öffentlichkeitsauftrag und Öffentlichkeitsanspruch der Kirche«) – fürwahr eine wahrhaft hinreißende Konfiguration!

Wußte der Editor, welch ein Zauberkunststück ihm damals gelang? Ich denke ja, das Vorwort vom Dezember 1968 spricht für sich selbst: »Ein theologisches Heft, aktuell und profund, so war es geplant, und die Ausführung hat die Phantasmagorie weit überboten. Den Diemschen und den Moltmannschen Bericht hatten wir uns gesichert ... doch das Pendant der anderen Fakultät, die so gut die eine wie die andere ist ... woher es bekommen? Hans Küng verwies auf einen im Druck befindlichen Band – ein Essay daraus mit einer Einleitung für *Attempto* versehen ... das ließ sich hören; Joseph Ratzinger kündigte Grundsätzlicheres an – doch stellte eine Grippe das Unterfangen in Frage. Und dann, dieser Glücksfall! [Es kam doch] ein Grundsatzartikel aus Ratzingers Feder, Fundament fortwirkender Überlegungen; daneben, kühn in die Lüfte steigend, eine Rakete, abgefeuert aus helvetischen Marken, nun über Tübingen kreisend ... und in der Redaktion die Frage auslösend: sollte der Papst kein Leser von *Attempto* sein – wie könnten wir ihm unsere Zeitschrift zugänglich machen? Dank den Theologen ... ein solches Gunstgeschenk erleben Redakteure nicht alle zehn Jahre«: Küng und Ratzinger, für eine kurze Zeit in unserer Neckar-Polis vereint, forderten, so oder so, das Jahrhundert in seine Schranken.

Schluß des Exkurses, leider (er hätte, die Vision einer *concordia discors* ausspinnend, getrost länger sein können), und, noch einmal, einen Augenblick lang, zurück in die Vor-Küngsche Ära am Ende der fünfziger Jahre, nach dem Ende der Hoffnungen auf Bernhard Welte. In Stuttgart – das dafür gepriesen sei! – schlug man mit der Faust auf den Tisch. Ein Riese wie Heinrich Fries sollte mitsamt seinem Erbe in Paderborn-Dillingen vergessen werden? Undenkbar! Kommando zurück! *Put in your first team* hieß die Devise: Hans Urs von Balthasar – und niemand anders! Gewiß, gewiß, an Bedenken fehle es nicht; schließlich sei Balthasar, auf einen Dogmatik-Lehrstuhl berufen, schon einmal an der Verweigerung des *nil obstat* gescheitert; diesmal aber – dies wisse Bischof Leiprecht von Rottenburg aus verläßlicher Quelle – werde Rom seine Zustimmung geben. Keine Bedenken gegen die Besetzung des Lehrstuhls für Fundamentaltheologie!

Und, siehe, schon begannen die Drähte zu spielen, lief die Geheimpolitik auf vollen Touren, rückte Pater Roberto Leiber, Papst Pius' XII. Privatsekretär, ins Blickfeld der Stuttgarter Pläne; ja, Gebhard Müller, Ministerpräsident und später Vorsitzender des Bundesverfassungsgerichts, kündigte eine Demarche bei Johannes XXIII. an – und das, ich habe mich zu berichtigen, bereits in einem Augenblick, als Welte noch gar nicht abgesagt hatte: Balthasar *unico loco* plaziert, wie wäre denn das? Natürlich wolle man der Fakultät nichts aufzwingen, wo käme man denn da hin – trotzdem: wie sähe es aus, wenn zunächst einmal der Bischof vorfühlte, ganz inoffiziell, unter Freunden?

Nun Leiprecht schrieb – und Balthasar auch: allerdings anders als erhofft. Zwar bekundete er dem Bischof seinen »ergebensten und ehrfürchtigsten Dank für alles – Unangenehme! –, was er für mich getan hat und was ihm aufgebürdet wurde. [Aber] diese Professur ist mit allen meinen Lebensplänen nicht vereinbar, so verlockend sie an sich wäre«.

Helvetia locuta causa finita: Was blieb dem Rottenburger Oberhirten anderes übrig, als – so geschehen im Januar 1959 – der Fakultät Balthasars kategorisches und eindeutiges Nein mitzuteilen: privat formuliert, nun aber, durch das bischöfliche Schreiben amtlich geworden.

Ein erregendes Schauspiel fürwahr! Der Lehrstuhl für Fundamentaltheologie an einer deutschen Universität als Zentrum von Bemühungen auf obersten Rängen – und mit welchen Akteuren! Welchen Schauplätzen! Welchen illustren, unsere Zeit *in theologicis* prägenden Namen, Ratzinger, Balthasar und schließlich Küng.

Jawohl, Hans Küng: Als sich die Ordinarienliste im Wesenlosen zu verflüchtigen drohte (selbst aus Dillingen hatte man Tübingen mittlerweile die kalte Schulter gezeigt), entschloß sich das Ministerium zu einem Befreiungsschlag: Es wäre bereit, auch einen nicht habilitierten Theologen zu berufen, der wissenschaftlich und charakterlich (!) für die Übernahme des Fundamentaltheologischen Lehrstuhls geeignet wäre.

Fakultät und Senat atmeten auf. Eine Ergänzung der Liste – das war die Lösung, und zwar keine Not-, sondern eine Ideallösung: Hans Küng, wohnhaft zu Münster in Westfalen, Frauenstraße 5–6, vorgeschlagen von der Fakultät in einer *laudatio,* deren Tenor den Leser heute denken läßt: Warum nicht gleich so, wozu die Umwege? »Alles, was über Küngs Werdegang und seine Persönlichkeit verlautet, läßt«, so Senatsberichterstatter Ernst Zinn, »darauf schließen, daß ihm die bisher noch fehlenden Lehrerfahrungen in der Praxis rasch zuwachsen werden. Da die bisherigen Arbeiten ein ebenso starkes philosophisches wie ökumenisches und kontroverstheologisches Interesse bekunden, wäre durch seine Berufung zunächst vor allem für diese beiden wichtigen Gebiete des Lehrstuhls gesorgt. Es [steht] aber zu erwarten, daß die bisher bewiesene jugendliche Kraft der Durchdringung zentraler Probleme, die Küngs ganze Erscheinung zu einer verheißungsvollen macht, sich in Zukunft auch auf historischem oder im engeren Sinne fundamentaltheologischem Gebiet bewähren wird.«

Der Weg war also frei und Hans Küng konnte im Herbst des Jahres 1960 an die Arbeit gehen: begleitet vom Wohlwollen seiner Kollegen, lebhaft akklamiert, binnen kurzem, aus den Reihen der Studierenden – endlich wieder Schwung, Elan und weite Perspektiven, eröffnet von einem jungen, urbanen, vielsprachigen und vom Scheitel bis zur Sohle weltläufigen Mann, einem Schweizer Bürger und Kosmopoliten, dessen Seminare sich dabei so gediegen ausnahmen, daß man ihn für einen… aber lesen wir selbst, was Küngs, seinem Landsmann in Habitus und Lebenslauf – Luzern, Paris und Tübingen! Praktisches Amt und gelehrtes Sich-Umtun! – vielfach verwandter Kollege und Freund Herbert Haag 1963, als Dekan, an einen auskunftheischenden Mediziner namens Fischer schrieb: »Wir können Ihnen antworten, daß Herr Professor Dr. Hans Küng nicht Jesuitenpater ist, sondern Priester des Erzbistums Basel.«

Ja, er war auch Seelsorger, Hans Küng, zumal in seinen ersten Tübinger Jahren, als er mit Vorliebe Seminare über

Probleme der Ekklesiologie hielt – wie sie sich in Barths *Kirchlicher Dogmatik,* in der Enzyklika *Mystici Corporis* oder Calvins *Institutio* manifestierte. Kein Wunder, so betrachtet, daß die Beziehungen zwischen Tübingen und Rottenburg sich binnen kurzem geradezu herzlich ausnahmen. Im Januar 1962 ersuchte der neu berufene Fundamentaltheologe – Tübingen, Gartenstraße 103 – das Kultusministerium, es möge der Bitte Bischof Leiprechts entsprechen, von ihm, seinem Berater Hans Küng, nach Rom zum großen, am 11. Oktober beginnenden Konzil, begleitet zu werden: »Dieser Bitte glaube ich wegen der Wichtigkeit des kirchlichen Ereignisses nachkommen zu müssen, zumal auf diese Weise auch das gute Verhältnis zwischen Ortsbischof und Fakultät demonstriert wird.«

Erbeten und schon genehmigt – und das nicht nur einmal. Auch für die zweite Session ließ sich Bischof Carl Joseph Leiprecht von seinem vertrauten Peritus begleiten. Die Vorlesungen freilich konnten erst im Dezember beginnen – aber was tat's schon? Ein Vertreter war rasch gefunden, und zwar ein Mann, der sein Handwerk verstand: »Auf Vorschlag von Herrn Professor Küng wird, bis zu dessen Rückkehr aus Rom, Assistent Dr. Walter Kasper die Vorlesungen übernehmen.« (»Der Stellvertreter« im schwäbischen Ambiente: von heute aus gesehen fürwahr eine aparte Konfiguration.)

Nun, *es kamen härtere Tage;* nicht nur Ärger, wie ihn Tübingens erste Geister zu allen Zeiten erlebten, Vischer und Strauß, zum Beispiel, Romano Guardini nicht zu vergessen, den Carlo Schmid nach dem Zweiten Weltkrieg nur zu gern für alle Zeiten fest an Tübingen gebunden hätte – da freilich kannte er seine Pappenheimer schlecht: Die Wünsche der Landesregierung seien »Wünsche, nicht Anordnungen, denen sich die Fakultät zu fügen habe«, zumal Professor X auf

Grund von Erkundigungen bei Kennern »die Leistungen Guardinis eher als edle Erbauung denn als Wissenschaft bewertet wissen will«.

Tübinger Peinlichkeiten über die Jahrhunderte hinweg: Drangsalierungen von freien Geistern, die auf die Konkordienformel der protestantischen Orthodoxie zu schwören hatten, zopfige Beckmesserei im Namen vermeintlicher Rechtgläubigkeit, Inhibierungen gelehrter und privater Aufmüpfigkeit! Es gab Zeiten, da der Ruf »Nach Heidelberg« in Tübingen fast so verlockend klang wie die Sehnsuchts-Melodie von Tschechows *Drei Schwestern:* »Nach Moskau! Nach Moskau!«

Und trotzdem: Dossiers vom Range des römischen Akten-Konvoluts, das die Inventarnummer 399/57i trägt, hat es niemals gegeben in der Geschichte der *alma mater Tubingensis* – Dossiers, kraft deren Registratur sich der Gelehrte Hans Küng unversehens in Kafkas Landvermesser Josef K. verwandelte: ein freisinniger, gestern noch von beifälligem Applaus seiner Oberen geleiteter Gottesmann, der sich plötzlich einer Inquisitionsbehörde mit Kastellanen und Verwaltern, Ober- und Unterbeamten, Boten und Schreibern, Latinisten und Sublatinisten, Lehramtsbewahrern, Stellvertretern und Stellvertretern der Stellvertreter gegenübersah, die allesamt über eine höchst besondere Nomenklatur verfügen (»Rapport« versteht man als »Colloqium«, »Befehlsempfang« als »Gespräch«) und sich dabei, nehmt alles in allem, in ihren Verlautbarungen einer Sprache bedienen, an der gemessen sich Paragraphen aus Gesetzbüchern wie wahre Poesie ausnehmen: ein Geist, der, statt eingedampft zu werden, hoch über Meeren schwebt.

»Jesus Christus hat gewollt«, heißt es in der Erklärung der Glaubenskongregation vom 5. Juli 1973, »daß das Lehramt der Oberhirten, denen er seine Sendung übertragen hat, seinem ganzen Volk und der gesamten Menschheitsfamilie, das Evangelium zu verkünden, bezüglich Glaubens- und Sittenfragen mit dem entsprechenden Charisma der Unfehlbarkeit ausgestattet wurde. Da sich ein solches Charisma nicht aus neuen Offenbarungen herleiten läßt, deren sich die Nachfolger Petri und das Bischofsamt erfreuen könnten, werden diese nicht von der Notwendigkeit befreit, mit geeigneten Mitteln den Schatz der göttlichen Offenbarung in den heiligen Büchern zu erforschen, in denen die Wahrheit, die Gott um unseres Heils willen niederschreiben ließ, unverfälscht gelehrt wird ... Bei der Ausübung ihres Amtes ... steht ihnen der Heilige Geist hilfreich zur Seite. Sein Beistand ist dann am wirksamsten, wenn sie das Gottesvolk in der Weise unterrichten, daß sie aufgrund der Verheißungen Christi an Petrus und alle übrigen Apostel eine Lehre verkünden, die notwendig irrtumsfrei ist.«

Einspruch, Euer Ehren, schon aus sprachlichen Gründen, Einspruch von einem Einzelnen, dem Vermesser des biblischen Landes Hans K. im Namen Jesu Christi, der, so Küng in überzeugender Darlegung seiner – einst reformatorischen, heute ökumenisch akzeptierten – Ansicht, niemals eine Kirche gründete und, was das Lehramt der Oberhirten angeht, sich diesen Begriff, nach langem Schweigen (so wie es einst Dostojewskij beschrieb), zunächst einmal ins Aramäische hätte übertragen lassen müssen, um dann, nach verwunderter Anhörung des offensichtlich zwischen dem Himmel und Rom bestehenden – unfehlbar verbürgten! – Übermittlungsverfahrens, unverzüglich das Weite zu suchen – einsam wie im letzten Satz der Novelle vom Großinquisitor: »Der Gefangene geht hinaus.«

Das Lehramt freilich würde sich um diese, Dostojewskij

als Quintessenz seines Traktats dienende Geste so wenig kümmern, wie es bis heute niemals ernsthaft erwog, Hans Küngs auf der Schrift basierende Anfragen zur Kenntnis zu nehmen. »Wenn die Päpste in ihren Akten«, so die zentrale These der von Pius XII. verantworteten Enzyklika *Humani generis,* »zu einer bis dahin umstrittenen Frage vorsätzlich Stellung nehmen, dann ist allen klar *(omnibus patet),* daß diese Frage nach der Absicht und dem Willen derselben Päpste nicht mehr als Gegenstand der freien Erörterung unter den Theologen *(liberae inter theologos disceptationis)* angesehen werden könne.«

Ich denke, solche Sätze lesend, es ist wahrlich an der Zeit, die päpstlichen Enzykliken der letzten Jahrhunderte, mitsamt ihrer autoritativen, auf Exegesen der Sachkenner – Neutestamentler voran! – verzichtenden Verlautbarungen, zu denen mit dem Pontifikat des amtierenden Papstes eine bisweilen zum Exzeß entartete Mystagogie kommt, durch interdisziplinäre Symposien von Theologen, Sprach- und Literaturwissenschaftlern präzise zu analysieren, mit Hans Küng als Symposiarchen, wie sich versteht.

Die am 12. November 1988 auf dem internationalen Moraltheologenkongreß aufgestellte Behauptung, die Lehre der Enzyklika *Humanae vitae* sei nicht nur eine von Menschen erfundene Lehre, sondern vielmehr »von der Schöpferhand Gottes in die Natur der menschlichen Person eingeschrieben und von ihm in der Offenbarung bekräftigt worden« (»Sie zur Diskussion zu stellen bedeutet daher, Gott selbst den Gehorsam unseres Verstandes zu verweigern. Es bedeutet, daß wir das Licht unserer Vernunft dem Licht der göttlichen Weisheit vorziehen.«): Diese Behauptung, die auf die These hinausläuft, neun Zehntel der Menschheit versagten, dank ihrer vernünftig begründeten Praktiken in *sexualibus,*

Gott den Gehorsam und stellten seine Heiligkeit in Frage, bedarf, unfanatisch vorgetragen, einer sprachkritisch (was ist unter einer »schreibenden Schöpferhand« zu verstehen?) und theologisch fundierten Widerlegung – unter Berücksichtigung der Erklärung ›Pastor Aeternus‹, die als Summe des ersten Vatikanischen Konzils, die Päpste in Ketten legt, aus denen sich zu befreien, dies hat Hans Küng mit Hilfe sorgfältigen und humanen Eingedenkens in die Seelenlage der Heiligen Väter wieder und wieder betont, den Bruch mit der gesamten Tradition bedeuten würde. Selbst das vernünftigste »Nein« enthielte, sofern es sich in Widerspruch zu vorangegangenen Zentralthesen stellte, das Eingeständnis, daß der Heilige Geist sich geirrt habe – und mit ihm das Lehramt.

Es ist ergreifend zu lesen, mit welcher Intensität gerade Hans Küng, am Beispiel des von seinem Vorgänger, Johannes XXIII., als Hamlet (»Amleto«) apostrophierten Montini-Papstes, des zögernden und skrupulösen Intellektuellen auf dem Stuhl Petri, jene durch das erste Vaticanum vorausbestimmte Unausweichlichkeit analysiert hat, der auch der liberalste Papst nicht entgeht – um wie viel weniger Doktrinäre, an deren Verlautbarungen gemessen, sich selbst die Bulle *Exsurge Domine* Leos X., in der Martin Luthers Irrtümer aufgezählt werden – es sind 41, darunter die These, »daß Häretiker verbrannt werden, ist gegen den Willen des Geistes« –, nahezu human ausnimmt ... geprägt, immerhin, von bunter Variationskunst: »Die vorgenannten Artikel bzw. Irrtümer verurteilen, mißbilligen oder verwerfen Wir samt und sonders, ganz und gar als ... haeretisch oder anstößig oder falsch oder fromme Ohren verletzend oder einfache Gemüter verführend und der katholischen Wahrheit widerstrebend.« *Piarum aurium offensivos vel simplicium mentium seductivos:* ein Labsal, diese variationsreiche Diktion, verglichen mit der imperialen Monotonie und der dumpfen Rekapitulation des einen und einzigen Musters »Gott hat befohlen, daß …« zeitgenössischer Entscheidungen.

Und dabei läßt sich – eine These, die zu praktizieren Hans Küng sich über Jahrzehnte bemüht hat – von Gott nicht nur in stroherner Verwaltungssprache mit ihrem sinistren aktuarischen Latein und den schematisch wiederholten Formeln und Sentenzen reden. Ein paar Sätze aus Augustins *Bekenntnissen* reichen aus, um den Amtswalter-Jargon der Denzingerschen Scholastik vergessen zu machen: »Du hast gerufen, geschrien, den Bann meiner Taubheit gebrochen, hast geblitzt, gestrahlt und meine Blindheit verscheucht. Deinen Duft hab ich geatmet und seufze nach dir. Ich habe dich geschmeckt und hungere und dürste nun. Du hast mich berührt, und ich bin entbrannt in Verlangen nach deinem Frieden.«

Nein, ich werde die Tage nie vergessen, im Sommer 1945, wenige Wochen nach der Befreiung unseres Landes vom Nationalsozialismus, als ich im Hamburger Elternhaus gemeinsam mit Ernst Zinn, der später einmal Senatsberichterstatter in Sachen Küng werden sollte, das 10. Buch der Augustinischen *Bekenntnisse* las und wir uns der durchgegliederten Struktur mit den Parallelismen und Antithesen, des Rhythmus und der Klauseln vergewisserten, deren Summe das Geheimnis dieser nie wieder erreichten, in jedem Detail, bis hin zum Raffinement des Kola- und Tempus-Wechsels auskalkulierten, aber gleichwohl enthusiastischen Rhetoren-Prosa ausmacht: *vocasti et clamasti et rupisti surditatem meam, corucasti, splenduisti et fugisti caecitatem meam, fragrasti et duxi spiritum et anhelo tibi, gustavi et esurio et sitio, tetigisti me et exarsi, in pacem tuam.*

Das ist Pathos hoch unter den Himmeln, herzbewegende Rede und kein Spruchband-Latein aus Registraturen und Offizinen. Hans Küng weiß ihn zu schätzen, diesen *splendor artis rhetoricae,* was freilich nicht hindert, daß er ihm immer ein wenig suspekt bleibt. Er hält es nun einmal lieber mit Sallust als mit Cicero und Augustin – und mit dem Lineal Johannes XXIII. natürlich.

Ein Lineal? Was soll das? Nun, der römische *peritus* aus freundlichen Tagen pflegt gern zu erzählen, wie der Bergamasker Papst, wenn ihm Schriftstücke vorgelegt wurden, sein Lineal an den Papierrand legte: »Dieser Satz ist mehr als sieben Zentimeter lang. Machen Sie zwei daraus. Sie werden sehen: Ihre These wird an Schärfe gewinnen.«

Ein Ratschlag aus Rom – und nicht der einzige! –, der in Tübingen befolgt worden ist. Hans Küng liebt die *brevitas:* Hauptsatz an Hauptsatz gereiht – eine Prosastruktur, die überzeugt, aber den Puls nur selten höher schlagen läßt; die Kunst des *movere,* ein genuines Rhetorenhandwerk, überläßt er lieber den Poeten, deren Schaustellertricks er zwar bewundert – aber eben nur mit Maßen. Histrionen haben es nötig, ihre Metaphern blitzen zu lassen; Fundamentaltheologen können darauf verzichten. Ihrer Prosa gibt die – kunstreich variierte, nie zur Formel gerinnende – Genauigkeit Glanz.

Wenn Hans Küng zu dozieren beginnt, dann verleugnet er den Scholastiker, der gelernt hat, in cartesianischen Reitstiefeln zu argumentieren, so wenig wie den Katecheten, der, bei seinen *operationes spirituales* am liebsten, *ex negativo,* nach dem Muster votiert: Ist etwa A richtig? Nein. Dann vielleicht B? Kaum. (Bestenfalls.) Also C? Wiederum falsch. Erst nach Beendigung abschlägig beschiedener Lösungsversuche folgt, wohlüberlegt und *luce clarius* vorgetragen, die einzig richtige Antwort: »Jesus ist weder ... noch, ist dies alles nicht, sondern vielmehr ... ist also in Wahrheit«, und nun hebt sie sich doch noch ein wenig, die Stimme, gleitet *suo loco* für einen Augenblick ins *genus movendi* hinüber, ohne deshalb das dritte, jedem Redner von Rang verfügbare Kunstmittel, das *genus delectandi,* außer acht zu lassen – eine Unterhaltungsweise, die dem Ethos und nicht, wie das *movere,* dem Pathos zugeordnet ist.

Docere also: Das ist das erste für Hans Küng, die Kunst des anschaulichen Unterweisens, streng, überzeugend (nie überredend) und gelegentlich ein bißchen gewagt – dann vor allem, wenn der Meisterschüler der Gregoriana seine Vorlesungen mit den Worten beginnt: »Ich gliedere meine Untersuchung in elf Punkte auf«, um derart den Hörer, einer alten Rhetorenvorschrift entsprechend, zugleich aufmerksam *(attentus),* lernbereit *(docilis)* und wohlwollend *(benevolus)* sein zu lassen – und dieses Ziel erreicht er, was die Aufmerksamkeit und Lernwilligkeit angeht, mit seiner Dispositionsankündigung Stunde für Stunde aufs schönste: Man weiß, woran man ist, und verliert niemals den Faden. Das Wohlwollen freilich kann, wenn die Partitiones sich über zu lange Zeitläufte erstrecken, auch einmal verebben: »Mein Gott, er ist erst bei Punkt 4, sieben stehen noch aus, und die Uhr zeigt schon fünf Minuten nach neun. Wie soll das enden?« Das sind die Augenblicke, in denen, dank überstrapazierter *benevolentia,* einige Zuhörer anfangen, über den berühmten Kritikersatz nachzudenken, der da lautet: »Als ich gestern abend, bei der Premiere, um Viertel nach zehn auf die Uhr sah, bemerkte ich, daß es erst Viertel nach neun war.«

Aber gemach! Vollständig gibt Hans Küng die Zügel nie aus der Hand: und das schon deshalb nicht, weil es ihm an jedem Montagabend gelingt, die Zuhörer als Partner in seine Denkfiguren einzubeziehen. Da wird nicht eingehämmert, nicht magistral verkündet und, mit gehäuftem »so und nicht anders«, die antipapistische Wahrheit verkündet, sondern, in einem Akt lauten Denkens heiter prä-cogitiert, immer aufs Verständliche bedacht, gleichwohl aber ständig die Rhetorenregel im Auge behaltend, die da besagt, es sei Aufgabe des Redners, zwischen dem Intelligenzgrad des Publikums und der Schwierigkeit des zu vermittelnden Gegenstands jene Balance herzustellen, die nicht dem Anfänger, sondern erst dem Meister gelingt.

Hans Küng, ein Anwalt der kunstreichen Rede – wird da ein Freund nach eigenen Maßen entworfen und Theologie in raschem Zugriff von der Rhetorik in Dienst genommen? Ich denke: nein; der Mann, der auch als Emeritus, *deo volente,* von sich sagen wird: *numquam minus sum otiosus quam si otiosus sum* (nie bin ich weniger müßig, als wenn ich müßig bin), ist nicht zuletzt ein Meister der königlichen Kunst des Wechselgesprächs. Monologe unter Freunden sind ihm ärgerlich; er möchte lieber etwas Neues erfahren, als unentwegt selbst zu dozieren (ein Causeur wie Fontane dachte ganz ähnlich: die *maîtres grandparleurs* hören, zur Enttäuschung ihrer Besucher, gern zu. Goethe schwieg oder verlor sich in Bagatellen, bisweilen so lange, daß es peinlich wurde, und Thomas Mann tat es ihm nach. Er langweilte sich, wenn man ihn zitierte).

Mag Schweigen auch unter Christen so hoch im Kurs stehen wie die Geheimnisbewahrung im Innern der Seele und der Verzicht auf Heiterkeit und fröhliches Lachen: Hans Küng fechten dergleichen schon von Ambrosius am Ende des 4. Jahrhunderts formulierten geistlichen Anstandsregeln nicht an. Schweigen mögen die Mönche, bramarbasieren die Kanzelrhetoren, Befehle erteilen die Beichtväter, unanfechtbare Wahrheiten verkünden die Oberhirten: *Er* liebt den Dialog, die Rede von gleich zu gleich, gesellige Konversation und heiteres, schwebend-leichtes Parlando. Gesprächskultur bestimmt die Szenerie auf der Waldhäuser Höhe, Konversation in platonischer oder ciceronianischer Weise: ein Hauch von Florenz muß dabei sein, Cosimo und Lorenzo im Kreise der Freunde, und von Paris natürlich, dem Quartier Latin, in dessen Cafés sich Madame und Monsieur, Sartre und Simone de Beauvoir, abends unter die Studenten einreihten.

Es geht gesellig zu, auf dem Berg, vom morgendlichen Team-Gespräch bis zum Abend mit Gästen. Marianne Saur und Hans Küng sind Freunde der *comitas Helvetica et Suevica,* in deren Bannkreis Tiefsinn wenig gilt, freundliches Kommunizieren, Habermasisch-herrschaftsfrei, um so mehr. Tagtägliche Dialog- und Mahl-Gemeinschaft – Eleonore Henn und Sibylle Abt immer dabei – sind an die Stelle von monologisierenden Grübeleien in der Zelle getreten; Luther in Tübingen hat einem spanisch-römischen Ignatius den Garaus gemacht: »Es ist ja ein stummer Mensch gegen einen redenden, schier als ein halb todter Mensch zu achten«, heißt es in der ›Vorrede auf den Psalter‹, »und kein krefftiger und edler werck am Menschen ist, denn reden. Sintemal der Mensch durch reden von anderen ... am meisten geschieden wird, mehr denn durch die gestalt.«

Luther als Hausgott im Hause Küng? Nicht eher Erasmus, der Friedensfreund, der in den *opera omnia* des Fundamentaltheologen und Ökumenikers so gern als wahrer, ja eigentlicher Reformator und Vertreter des dritten Wegs auf den Schild gehoben wird? Nein, vielleicht doch nicht, dachte ich, als ich, bei der Vorbereitung dieser Abschiedsrede von Guido

Kisch eingewiesen, in den Briefen des Humanisten auf antijudaistische Formulierungen stieß, die es selbst mit Luthers rabiater Feindschaft gegen alles, was hebräisch war, aufnehmen können: »Dieses Gesindel wird erst Deutschland und dann den übrigen Erdkreis überschwemmen.« – »Es gibt nichts Feindlicheres und Gefährlicheres für Christi Lehre als diese Pest.« – »In Italien sind viele Juden, in Spanien kaum Christen. Ich fürchte, daß unter diesen Umständen jene einst schon unterdrückte Pest wieder ihr Haupt erheben könnte. Auch sollte die christliche Kirche nicht so großen Wert auf das Alte Testament legen.«

Das sind Sätze, die, wenn ich recht sehe, von Hans Küng nie zitiert worden sind – Sätze, die er vielleicht wirklich nicht kennt (so daß er sich beim Abschied des solonischen Diktums erfreuen darf: »Ich werde älter und lerne unermüdlich dazu«); Sätze, die ihn bekümmern müssen, denn wenn einer das Jüdische im Christentum herausgearbeitet hat: konzentriert im Juden Jesus, dessen Nachfahren ermordet worden sind zu Millionen, dann ist es Hans Küng – in konsequenter Absage an eine Tradition, die selbst in finstersten Zeiten deutsche Christen protestantischer Prägung so wenig wie katholische Oberhirten in Frage gestellt haben.

Noch anno 1941, die Deportationen hatten längst begonnen, ließ Freiburgs Erzbischof Conrad Gröber die Gläubigen in seiner Diözese wissen, daß Jesu Tod »der unausgesetzten Wühlarbeit der Pharisäer und Schriftgelehrten und der so leicht zu beeinflussenden Menge« zu verdanken sei: Juden als Christi Erz- und Todfeinde! Juden mit ihrer »Weltherrschaftbegier«! Juden, die Widersacher des Herrn in *saecula saeculorum!* »Über Jerusalem«, so Erzbischof Conrad Gröber, »gellt der wahnsinnige, aber wahrsagende Selbstfluch der Juden: ›Sein Blut komme über uns und unsere Kinder.‹ Der Fluch hat sich furchtbar erfüllt. Bis auf den heute laufenden Tag.«

Geschrieben in Deutschland, einem Regime zuliebe, das alles auszurotten suchte, was – und sei es von fern – an das Vermächtnis des Juden Jesus erinnerte, an Ihn, an Paulus oder an Petrus, den Inbegriff eines erzsympathischen *homo fallibilis.* Petrus, ein Clown (dessen Erben, wie Heinrich Böll nachdrücklich betont, unter anderen aus Bergamo stammen), ein Fischersmann, der, was er auch tat, falsch gemacht hat; Petrus, der *miles gloriosus* – so hat ihn Hans Blumenberg in seinem Traktat *Matthäuspassion* beschrieben –, Petrus, der Versager, Petrus, der Jud: Ich würde gern noch einmal im Studium generale ein Gespräch mit Hans Küng über jenen ersten Papst führen, der, als Harlekin aus Israels Haus, von seiner Kirche, allen Huldigungen zum Trotz, nie in seiner Wesenheit verstanden worden ist, dem ständigen Zuspätkommen, der Prahlerei und den falschen Einschätzungen von Situationen, die ihn alles in allem gleichwohl so von Herzen liebenswert machen – liebenswerter zumindest als Paulus.

Da freilich würde Hans Küng nachdrücklich Einspruch erheben: »Diese poetische Lizenz führt zu weit.« Der Intellektuelle, der, als geistig weit Überlegener, Petrus ins Angesicht widersteht, ist unantastbar für ihn – scharf umrissen und so einzigartig, wie alle Gestalten in Küngs Riesenwerk sind: genau fixiert und im konkreten Augenblick historisch exakt festgehalten. Da wird nicht geschönt und freundlich verallgemeinert; da sieht der Leser, dank der *evidentia,* der genauen erzählerischen Veranschaulichungskunst, die uns zu Zeitzeugen von Triumphen und, mehr noch, von Qual, Marter und Elend macht, das Kreuz vor Augen, an dem der Jude aufgehängt wurde – ein gemarterter, um Erbarmen flehender Mensch in seiner letzten Einsamkeit, ein Preisgegebener, der sich, anders als die vermeintlich unfehlbaren Päpste, geirrt hat: *Ihr werdet die Apokalypse erleben, vor eurem Tod.*

Christus in seiner zeichensetzenden Unverwechselbarkeit aufleuchten zu lassen, gespiegelt im Zeugnis verläßlicher Frauen und Männer um ihn herum: Diese Aufgabe hat ein Katholik in Zwiesprache mit Ferdinand Christian Baur oder Ernst Käsemann in Tübingen angepackt, ein Oekumeniker, dem es, zuerst und zuletzt, um jene *Religion Christi* zu tun ist, die, nach Lessing, keineswegs mit *christlicher Religion* identifiziert werden darf: so wenig – fügen wir, auf Kierkegaard blickend, hinzu – wie das politisch sanktionierte, im Dogma erstarrte *Christentum* mit einer *Christenheit* in einem Atemzug zu nennen ist, die sich durch den lebendigen Geist, das Charisma der Ersten Stunden, geprägt sieht.

Je länger ich mich, in den letzten Monaten und Wochen, in Hans Küngs Schriften vertiefte, desto deutlicher ist mir geworden, daß hier Fragen aufgeworfen werden, die, statt eine rasche Antwort zu finden, im Sinne des Kafkaschen Axioms: »Unter deinen steigenden Füßen wachsen die Treppen aufwärts« immer neue Fragen entfachen – Fragen und Probleme, für deren Präzisierung jener Mann steht, der ein Leben lang Anwalt der rechten, weil einzig humanen Sache geblieben ist: der Sache der Mühseligen und Beleidigten, der Schwachen und Benachteiligten, der Sache der Ausgeschlossenen: der von der Machtkirche, im Aufstand gegen das Versöhnungsgebot ihres Herrn, an Leib und Seele Gefolterten, der ›Hexen‹, ›Häretiker‹ (im wörtlichen und übertragenen Sinn) – der Sache all derer im Dunkeln, zu denen bis in unsere Tage zumal Frauen gehören, die ein Mann in Rom noch 1988, im apostolischen Schreiben *mulieris dignitatem,* mit dem Satz in die Schranken verwies: »Wenn Christus nur Männer als seine Apostel berief, verhielt er sich auf gänzlich freie Weise und nach eigenem Recht.«

Wahrlich, es ist an der Zeit – zeigt in solcher Lage Hans Küng –, daß die Kirche endlich Brüderlichkeit und Schwesterlichkeit, will heißen, jene Gleichberechtigung unter allen Menschen praktiziert, deren Einklagen es ihr ermöglicht, den anderen Weltreligionen Partnerin zu sein: vielleicht sogar imstande, ihnen im Sinn von Kants These über die Emanzipation der Philosophie aus dem Ungeist einer verstockten Theologie die Fackel voranzutragen.

»Alle sind eingeladen, niemand ausgeschlossen« hat die Humanität verbürgende Zentralthese der Religionen zu lauten, wenn man mit Hans Küng auf den bis heute nicht eingelösten Paragraphen 34 der französischen Revolutionsverfassung von 1793 blickt: »Die Gesamtgesellschaft ist unterdrückt, wenn auch nur ein einziges ihrer Glieder unterdrückt ist. Jedes einzelne Glied ist unterdrückt, wenn die Gesamtgesellschaft unterdrückt ist.«

Zwei Sätze – gerichtet an die Welt, in der Menschenrechte gelten sollten, und an eine wahrhaft demokratische Kirche; zwei Sätze, die vor bald einem halben Jahrhundert, 1948, in Tübingen Bedeutung gewannen, als in den Kreisen der Studentengemeinden leidenschaftlich Karl Barths Schrift *Christengemeinde und Bürgergemeinde* diskutiert wurde – ein *libellum,* in dem es – Hans Küngs Zentralthese antizipierend – heißt: »In der Christengemeinde wird in der Nachfolge Christi ... nicht geherrscht, sondern gedient. Sie kann darum auch als Bürgergemeinde alles Herrschen, das als solches nicht Dienen ist, nur als Krankheits- und nie und nimmer als Normalzustand anerkennen. ... Bismarck, um von Hitler gar nicht zu reden – war (trotz des Losungsbüchleins auf seinem Nachttisch!) darum kein vorbildlicher Staatsmann, weil er den Staat grundsätzlich von oben nach unten, weil er sein Werk auf die ›Macht an sich‹ aufbauen wollte.«

Das sind, noch einmal, Sätze, wie sie später auch Hans Küng formuliert hat. Barths These, nur, bei radikaler Blickwendung von oben nach unten, aus den Himmeln in den Staub, dorthin, wo die Opfer leiden, die nicht länger Opfer sein dürfen, würde die Welt – gewiß nicht als Gleichung, wohl aber als Gleichnis des Reichs Gottes – Humanität und Würde gewinnen, ... Barths These könnte für das Buch *Christsein,* und für das *Projekt Weltethos* ohnehin, als Motto und Leitmotiv dienen, im Sinne eines Mannes, der im Laufe seines Lebens immer politischer wurde ... wie sehr, das zeigt, scheinbar marginal, in Wahrheit von hoher Signifikanz für das Gesamtwerk, die Interpretation des Wagnerschen *Parsifal* als eines Dramas, an dessen Ende, so Hans Küng, die Überwindung der brutalen Mönchs- und Männerwelt im Zeichen von Liebe, Mitleid und verantwortlicher, dem ›anderen‹ zugewandter Tätigkeit steht: der *praxis pietatis* in der Weise des Lessingschen *Nathan.*

Ich wünschte mir, *sub clausula Iacobea* (»so Gott will und wir leben«, wie unsere Großeltern sagten), daß Hans Küng, nach Vollendung seines Buchs über den Islam, Zeit finden möge, in Erinnerung an eine unvergessene Kooperation zwischen uns beiden bei der Arbeit für das Tübinger *studium generale,* sich noch einmal der Kunst, der Musik, Literatur und Malerei zuzuwenden: tätig auf einem Gebiet, das – ich sage: gottlob – *in toto* keine starren Paradigmenwechsel kennt, sondern, vom Gesetz der Ungleichzeitigkeit bestimmt, die Gegenwart transzendierend erinnert und vorausdenkt, Mnemosyne verehrt und die konkrete Utopie, in Gleichnis und Bild, anschaulich macht.

Da bedarf's, lieber Freund, keines Verweises auf die Postmoderne, da will die Aufklärung als unvollendetes Projekt verstanden sein: ein Projekt, das, so Jürgen Mittelstraß, eben nicht im Sinne Horkheimers und Adornos mit ihrer »Selbstentfaltung in Zweckrationalität [und] Optimierungsstrategien« identifiziert werden kann – eine Aufklärung also, die Aufklärung verhindert. Wer das Unabgegoltene des großen, allen Fundamentalismen Paroli bietenden Zeitalters der Emanzipation ins Blickfeld rücken möchte, hat vielmehr zu bedenken, daß Kant sehr wohl wußte, warum er zwischen *Vernunft*, die für ihn Einheit von *raison* und *coeur* war, und *Verstand* unterschied und daß Lessing in der *Erziehung des Menschengeschlechts* ausgerechnet die Religion als Element des Fortschritts ins Recht gesetzt hat: kein Hemmnis, sondern ein *movens* auf dem Weg zu allgemeiner Befreiung des Menschen in einer Zeit, da sich Offenbarung und Vernunft, göttliche Vorsehung und menschliches Mittun bei der Realisierung jenes Großen Bauplans miteinander verbanden, den der Jude Nathan, in einer Szene, die, exemplarisch und unüberbietbar, zeigt, was Aufklärung ist, beim Gespräch mit dem Klosterbruder beschwört – nach dem Holocaust, dem er seine sieben Söhne hingeben mußte, und nach der Rettung einer einzigen, des Christenmädchens Recha: »Nathan, Nathan!« so der Klosterbruder, »Ihr seid ein Christ! Ein bessrer Christ war nie!« Darauf Nathan: »Wohl uns! Denn was/ Mich Euch zu Christen macht, das macht Euch mir/ zum Juden! Aber laßt uns länger nicht/ Einander nur erweichen. Hier brauchts Tat!«

Das nenne ich mir einen – die Scholastik der Paradigmen überwindenden – Vorschein des *Projekt Weltethos* im 18. Jahrhundert! Literatur ist, von der Musik ganz zu schweigen – dies Hans Küng zu nachdrücklicher Beherzigung –, nun einmal nicht auf einen paradigmatischen *mainstream* fixiert. Sie nimmt vielmehr vorweg, was oft genug erst Jahrhunderte später Realität wird, ist ihrer Zeit voraus und sorgt zugleich dafür, daß das scheinbar Überholte niemals vergeht – ist also mit einem Begriff wie Postmoderne schon deshalb nicht faßbar, weil vor ihr, in glücklichen – freilich allzu seltenen – Augenblicken, alles *prae* und *post* bedeutungslos wird.

Man sieht, ganz so nahtlos wollen wir die Domänen des *laudandus* und seines *laudators* denn doch nicht ineinander übergehen lassen. Wir werden auch fürderhin voneinander zu lernen haben, auf dem Grenzrain von Theologie und Literatur – die Homiletik im weitesten Sinn nicht zu vergessen, deren Reglement Hans Küng – nachzulesen in den *Leitlinien einer zeitgemäßen Theologie* – als eine auf Verbindlichkeit, wissenschaftliche Interdisziplinarität, dialogisches Miteinander, ökumenische Gesinnung und Praxisbezogenheit abzielende Disziplin analysiert hat und – man schaue sich in seinen über die Kontinente verstreuten Auditorien um – eine höchst wirksame dazu: geprägt von Charisma, Gelehrsamkeit und narrativem Witz im Sinn der Aufklärung.

Studierte und Unstudierte in gleicher Weise belehrend, hat Hans Küng ein Kunststück fertiggebracht, das selbst Schiller – und der, weiß Gott, beherrschte perfekt wie kaum ein anderer, mit Ausnahme Luthers und Lessings natürlich, die Kunst der zu Herzen gehenden Rede – dröhnend beklatscht hätte, wäre er im Tübinger Hörsaal Hans Küng am Montagabend begegnet: »Ich hörte Herdern predigen«, heißt es in einen Brief vom 12. August 1787 an Gottfried Körner, »der Text war der ungerechte Haushälter, den er mit sehr viel Verstand und Feinheit auseinander setzte. Die ganze Predigt glich einem Diskurs, den ein Mensch allein führt, äußerst plan, volksmäßig, natürlich ..., weniger eine Rede als ein vernünftiges Gespräch. Ein Satz aus der angewandten Philosophie angewandt auf ... Lehren, die man ebenso gut in einer Moschee als in einer christlichen Kirche erwarten könnte. ... Er fühlt sich als einen überlegenen Kopf, von lauter untergeordneten Geschöpfen umgeben. Herder's Predigt hat mir besser als jede andere, die ich in meinem Leben zu hören bekommen habe, gefallen – aber ich muß aufrichtig gestehen, daß mir überhaupt keine Predigt gefällt. Das Publikum ... ist viel zu bunt und zu ungleich, als daß seine Manier eine allgemein befriedigende Einheit haben könnte, und er darf den schwächlichen Teil nicht ignorieren, wie der Schriftsteller. Was kommt also heraus? Entweder er gibt [den Gebildeten] Alltagswahrheiten zu hören – oder er muß diesen ... verwirren, um den ersten zu unterhalten. Eine Predigt ist für den gemeinen Mann – der Mann von Geist, der ihr das Wort spricht, ist ein beschränkter Kopf, ein Phantast oder ein Heuchler.«

Soweit, vor zweihundert Jahren, Schiller nach dem Besuch einer Predigt: Hätte er in unseren Tagen gelebt und wäre Hans Küng, dem Meister des *studium generale,* gefolgt – sein Urteil, ich bin dessen sicher, wäre anders ausgefallen: *Bei Gott, der Kerl beweist mir, daß es, wenn einer nur die rechte Sache mit der rechten Sprache vorträgt, am Ende doch möglich ist, ein geistliches Wort zu formulieren, das wenn nicht jedermann, so doch die Besten aus allen Kreisen, nicht nur der Abrahams-Religionen, überzeugt* – und eben dies ist in fünfunddreißigjähriger Arbeit einem Mann gelungen, dem einst ein Philosoph, Joseph Möller, bedeutete, daß er der Richtige am rechten Platz sei – und das, nochmals, war er denn auch, ist es geblieben und wird es auch in Zukunft sein.

Dank an Hans Küng, der dafür sorgte, daß man uns Tübinger ein wenig beneidet in aller Welt, und im Pantheon der Literatur, wo Schiller und Herder einander in zwieträchtiger Eintracht umarmen und auf uns hinunterschauen, tut man's erst recht – womit dann die Geschichte vom Lehrer und Redner Hans Küng, dem jungen Fundamentaltheologen und dem Meister *cum missione oecumenica,* an ihr Ziel gekommen ist – eine Geschichte, die vor einem Drittel Jahrhundert im Zimmer 38 der Tübinger Neuen Aula begann und heute, auf ihrem Höhepunkt, ausklingt: Die Arbeit aber geht weiter.

Epilog

DAS TESTAMENT DES PHILIPP MELANCHTHON

Personen

Philipp Melanchthon
Scholar Jonas
Lucas Cranach d. J.

Melanchthon, von einer schweren fiebrigen Erkrankung gezeichnet, im Sessel, der als Bett zugerichtet ist. An seiner Seite ein kleiner Tisch mit Arzneien, daneben Bücher. Auch auf dem Boden und einer Art Etagere liegen, ungeordnet, Druckschriften unterschiedlichen Formats, Schreibpapier und -gerät. Melanchthon, am Tag vor seinem Tod, also am 18. April 1560, trägt seine Anweisungen, Meditationen, Selbstgespräche und Gebete mit prägnanter Intonation vor: geschwächt, aber klaren Sinns. An der Fußseite des Sessels sitzt ein Scholar, Jonas, dreizehnjährig, kindlich redend und intelligent. Im Hintergrund der Schatten einer nur umrißartig erkennbaren Figur, die als Schreiber gedeutet werden könnte – offenbar hat sie eine Tafel oder einen Block auf den Knien; von Zeit zu Zeit sind raschelnde Geräusche vernehmbar, als ob jemand schriebe oder zeichnete. Die Figur wird von Melanchthon als Joachim angesprochen: Er glaubt augenscheinlich, daß sein ältester und nächster Freund, der Philologe Joachim Camerarius, anwesend sei.

MELANCHTON: *Von nun an auf seinen schweigenden Partner, eine imaginäre Person, der er gleichsam eine testamentarische Beichte vorträgt, bezogen:* Leben des Melanchthon, von Joachim Camerarius beschrieben, *durchblättert einen Papierstapel auf seinen Knien,* zweihundert Blatt, viel zuviel wieder einmal, die Hälfte genügt. Du bist zu weitschweifig, Joachim. Ich bin's auch, Doktor Martinus ohnehin. Erasmus ebenfalls. Leider. Die Buchdruckerkunst hat uns alle verdorben: Heute ein Gedanke zuhaus, morgen ein Manuskript in der Offizin, übermorgen gesetzt, und in ein paar Wochen in aller Welt. Jeder von uns: ein beinahe göttliches Werkzeug. Schreib das auf, Camerarius. Es ist wichtig. *Beugt sich vor, doziert mit ausgestrecktem Zeigefinger:* Stell dir das vor: Aristoteles und Thomas in einer Druckoffizin, beide Schreiber und Korrektoren in einer Person – um sie herum eine Schar von gebildeten Leuten: »Gefällt euch das Druckbild?

Ich habe mir erlaubt, einen Absatz einzufügen. Der Text liest sich jetzt leichter. Und die neuen Typen? Phantastisch, nicht wahr?« – Dantes *Divina Commedia,* herausgegeben im Hause Manutius zu Venedig; die *Summa* des heiligen Thomas, gedruckt bei Amorbach in Basel oder in Tübingen, wo Magister Philippus für die Bonität der Firma Anselm besorgt ist. *Blättert im Manuskript.* Schade. *Ein* Kapitel fehlt in deinem Manuskript: Ich nenn's *loci amoeni Melanchthonis* oder Wo du deinen Freund zu suchen hast, wenn du sagen möchtest: Er war, trotz aller Widrigkeiten, ein glücklicher Mensch. Also schreib, eins, zwei, drei, recht nach der Ordnung, so wie ich es mag. Melanchthons Lieblingsplätze. Erstens: die Druckereien, in denen gearbeitet wird. Zweitens: In ihrer Umgebung die Gärten, wo – wie denn sonst? – die ersten Geister Europas bei einem schlichten Mahl und amüsanten Gespräch, wenn's nach uns beiden ginge, auf griechisch, ihre Gedanken austauschen, mit willkommenden Gästen natürlich: Platon und Augustin, Cicero und Galen, dazu Terenz, damit es nicht gar zu feierlich wird. – Wo war ich stehengeblieben? Richtig. Selbstverständlich Punkt drei: Das Katheder, das Pult in *meinem* Auditorium, dem größten in Deutschland. Fünfhundert Studenten in einem einzigen Saal, auf Treppen und Gängen, vor mir, in meinem Rücken, überall. Philipp Melanchthon, achtzehn Jahre alt, hält zu Wittenberg seine Antrittsvorlesung – um ihn herum die Avantgarde der gebildeten Welt. Ich habe immer noch – nach vierzig Jahren! – das Trampeln und Klopfen im Ohr. Welch ein Tag, dieser 29. August 1518: Laßt euch ein, Kommilitonen, aufs Gespräch mit den Alten, Römern und Griechen, bedenkt, daß Geist und Frömmigkeit untrennbar zusammengehören – *sapere audete:* Bekennt euch zu eurer Intelligenz! *Sinkt erschöpft zurück, gibt dem Gehilfen einen Wink:* Einen Schluck Wasser, rasch! Und dabei – ich hab's wohl bemerkt – sahen sie sich an und tuschelten miteinander, als ich den Hörsaal betrat; nur Doktor Martinus, ich erinnere mich genau, nickte mir zu: Hab keine Furcht, Kind, Abraham, dein Vater, hat dich geleitet – aber die anderen: Spott, nein, Belustigung, wohin ich auch blickte. Was will dieses Kind hier bei uns? Ein halber Zwerg noch, der sich erst einmal auswachsen mag, reicht ja dem Luther kaum unter die Schulter! Und dann das Schlimmste, dieses Getuschel ringsum, als ich den Rektor begrüßte: *magnifice domine.* Ich bekam die Worte einfach nicht aus dem Mund. *Blättert wieder im Manuskript. Philippus balbutit.* Das hat mir gefallen, Joachim; da hast du, statt drum herum zu reden, die Dinge beim Namen genannt. *Zum Scholaren:* Kannst du das übersetzen, Jonas? *Der Knabe zuckt die Achseln.* Adjektiv *balbus,* hängt mit *balare* zusammen, und *balare* heißt, du weißt es bestimmt, wie? *Blöken* natürlich, *blöken* und *meckern.* So wie die Ziegen und Schafe. Also, noch einmal: *balbus* bedeutet?

DER JUNGE: *Nach kurzem Zögern: lallend.*

MELANCHTHON: Nun, betrunken war ich gewiß nicht, damals. Aber ich stotterte. Der *praeceptor Germaniae,* wie man ihn nennt, hatte einen Sprachfehler. Ein Jahrzehnt lang habe ich gearbeitet, ehe ich reden konnte wie die anderen. Komm, gib mir das Bild, Jonas, du weißt schon, die Zeichnung. *Der Junge holt eine Kopie der berühmten Dürerschen Zeichnung, Bildnis des Philipp Melanchthon von 1526, vom obersten Bort.* Eine Kopie natürlich. *Die Gestalt im Hintergrund erhebt sich: so, als wolle sie zusammen mit Melanchthon und dem Jungen das Bild betrachten, setzt sich dann aber rasch wieder hin.* Gar nicht schlecht, aber leider ein wenig geschmeichelt –

sehr geschmeichelt, sogar. Weißt du, was sie schreiben werden, eines Tages, über dieses Bild? Ich kann es dir sagen: Der Kopf eines großen Gelehrten mit hoher Stirn und Augen, die auf die Tiefe seiner Seele deuten. Der Mund zeigt: Dieser Mann weiß vortrefflich zu reden. *Kichernd:* Von stottern sagen sie nichts. Dafür aber – wollen wir wetten? – schmächtige, sanftmütige Wangen, die auf eine rührende Verbindung von Intelligenz und Kindersanftmut verweisen. Kurzum, dies Bildnis ist der Spiegel einer Seele von zartester Sittlichkeit. Tu's weg! Rasch!

Kindersanftmut! Zartheit! Sittlichkeit! Der friedliche Philipp Melanchthon! So schwach, so liebenswert und so mild! Ich bestehe darauf, Joachim, hörst du, ich bestehe darauf, daß du mit diesen Lügen ein für allemal ein Ende machst, in deinem Buch. Ich bin kein freundlicher Gesell, schon lange nicht mehr. Wer mich unter den Seraphim sucht, geht in die Irre. Friedfertigkeit? Narretei! An meinen Händen klebt Blut. Ich habe, wenn man mich fragte, immer für die Todesstrafe plädiert, wann ich es für notwendig hielt. Wenn die Bauern und Ketzer, all die Schwärmer und Propheten, die kleinen Leute, die sich erleuchtet fühlten durch den Heiligen Geist, Gnade erhofften, vor Gericht, dann war ich für sie der Staatsanwalt und nicht ihr Verteidiger. Ich, Philipp Melanchthon – du mußt schneller schreiben, Joachim! – bin ein Mann gewesen, für den *ein* Wort zuallerletzt galt, *Aufblick zum Kreuz,* das Wort meines Herrn: Barmherzigkeit. Du glaubst mir nicht, lieber Freund? Nun, warte nur ab. *Gibt dem Jungen wieder einen Wink.* Schnür das Paket auf, Jonas. Und leg mir das Brett auf die Knie. Hier! *Akte Michael Servet,* geboren, so wird berichtet, anno 1511 in Spanien, hingerichtet am 27. Oktober 1553 zu Genf. Wir kannten einander, flüchtig, haben

Briefe gewechselt. Die Apologie an Melanchthon hast du gelesen, Camerarius. Gutes Latein. Der Mann war begabt und außerdem ehrlich. Kein Diplomat und Fintierer wie ich, mit meinem ewigen: Was werden die Katholischen denken, wenn ich ... oder was reden die Schweizer, was meint der Kaiser, was begehren die eigenen Leute? Ich habe mein Leben lang immer paktiert – hab's *müssen,* Jonas, weil's keinen anderen gab, der so genau – so systematisch – formulieren konnte wie ich. Aber da war auch keiner, der sein Mäntelchen so flink nach dem Winde zu drehen verstand wie Magister Philipp! *Zu ›Camerarius‹:* Ich vermisse ein Kapitel in deiner Schrift, Joachim, das die Überschrift trägt: Vergleich der Werke Melanchthons von Auflage zu Auflage oder: »Was ein Mann für das Gebot der Stunde hielt«.

Hieß es am Anfang: »Nur die Bibel zählt«, dann habe ich später gesagt: »Die apostolische Überlieferung will ich denn doch nicht vergessen.« Und schon war ich bei Augustin, bei Hieronymus, und so ging's weiter von einem Jahrhundert zum andern, bis am Ende die Tradition der einen gemeinsamen Kirche die Heilige Schrift zu verdunkeln begann. *Zu ›Camerarius‹, auf den Jungen deutend:* Er versteht nicht, was ich meine. Oder hat er nur Angst? Nun, Jonas, vielleicht übertreibe ich auch. »Über die Gewalt und den Primat des Papstes«: Diesen Traktat werden mir die Römer niemals verzeihen. Sollen sie auch nicht. »Und Paulus widerstand Petrus ins Angesicht«: Dabei bleibt's, Herr Babest im Vatikan. *Gerät ins Grübeln, zitiert gedankenversunken:* »Der römische Bischof nennt sich Stellvertreter Christi auf Erden. Wir meinen und bekennen, daß dies falsch, gottlos und für die Kirche schädlich ist.«

Ja, das trifft ins Schwarze, das werd' ich nie widerrufen.

Aber da stand auch das andere. Das Schlimmste. Servet! Gerechter Gott! Er hatte doch genau dasselbe gesagt wie ich: Es steht in der Heiligen Schrift kein Wort über die Dreieinigkeit von Vater, Sohn und Heiligem Geist ... und hatte recht damit! Ich wußte, warum ich in der ersten Auflage meiner Lehrschriften – wir Philologen reden nun einmal gern von »Auflagen«, Camerarius, denn wir wissen: damit kann man uns packen! –, ich wußte, warum ich die Trinität nicht erwähnte. Aber später hab' ich's dann nachgeholt; die Sache wurde zu gefährlich für uns evangelische Leut, also mach', wer kann das besser als du, wieder einmal einen Kompromiß, Philipp Melanchthon! Servetus aber blieb sich treu; das war ein Kerl und kein ... *Dreht sich mit dem Oberkörper hin und her, neigt dann ehrerbietig den Kopf: Zeichen eines diplomatischen Sachwalters.* Der hat einmal von mir gelernt, Servet; der war kein Mann des Kaisers und der spanischen Granden, *zu ›Camerarius‹:* hast mir ja selbst geraten, sein Werk zu studieren. Servet stand aufrecht, und das hat ihm mein Freund Calvin niemals verziehen.

Jawohl, ich sage Freund, denn keiner – außer dir natürlich, Joachim – hat mich so genau durchschaut wie dieser Mann, der meine Schwäche kannte, den Knechtssinn, der mich den Mächtigen in aller Welt gehorchen ließ.

»Du verrätst deinen Herrn«, hat er gesagt – und ich tat es wirklich, aber anders, Camerarius, *ganz* anders, als Calvinus es meinte. Der nämlich war schuld, daß Servet in den Flammen verbrannte.

Du mußt das beschreiben, mein Freund, Punkt für Punkt – und unter Tränen! Sie sollen lesen, in saecula saeculorum sollen sie's lesen, die Menschen, wie unser Bruder Servet starb: hingerichtet von den eigenen Leuten, der Inquisition einer gottverlassenen protestantischen Kirche – wie er um Gnade flehte und doch standhaft blieb, wie er den Himmel anflehte: »O Gott, errette meine Seele, Jesus, Sohn des ewigen Gottes, habe Erbarmen mit mir!«

Und dann *Melanchthon spricht immer rascher: so, als stünde ihm das Geschehen unmittelbar vor Augen.* wird er mit einer eisernen Kette an den Pfahl geschmiedet, dann pressen die Folterknechte sein Buch zwischen den Leib und die Ketten – jetzt siehst du, Mann, wohin du's gebracht hast mit deiner Leugnung der heiligen Trinität! –, und schon brennen, unten am Boden, die trockenen Hölzer, kommen näher und näher, fressen den Körper an, hüllen ihn in Rauch, und die Menschen ringsum rufen: »Schaut alle her! Dies hier war mal ein Mensch! *Bedeckt seine Augen mit der Hand.*

Ich aber – was tat ich? Dachte an meinen gemarterten Herrn, der uns Erbarmen gelehrt hat? Betete die Worte nach, die er am Kreuz sprach: »Mein Gott, mein Gott, warum hast du mich verlassen«? O nein! Ich schrieb, es ist erst sechs Jahre her, mit dieser verfluchten Hand hier: »Der Magistrat der Genfer Republik hat ein frommes und für alle Nachwelt denkwürdiges Beispiel gegeben, wie man Lästerungen bestrafen müsse, indem er den Aragonier Servet hinrichtete. Freilich wundere ich mich, daß es Menschen gibt, welche jene Strenge mißbilligen: unbegreiflich, wie man von den Richtern über ein solches Verbrechen Milde erwartet.«

Beugt sich vor, sieht ›Camerarius‹ an: Ein Mann wurde gefoltert und bei lebendigem Leibe verbrannt und ich, Magister Philipp, habe in die Hände geklatscht: recht so getan, ihr Frommen in Genf! *Nimmt das letzte Blatt aus der Akte.* Calvin aber winkte mir zu und lobte – hier steht es –

meine *strahlende Lobeserhebung* für ihn und applaudierte meinem Eifer in der Unterdrückung der Gottlosigkeit des Servet.

Zum Jungen: Tu's wieder weg, ich kann's nicht mehr sehen, und dann komm näher zu mir und lies mir vor – zuerst auf griechisch und dann auf deutsch, was der Evangelist Matthäus im siebenten Kapitel, Vers zwölf, geschrieben hat. *Der Junge schiebt das Buch beiseite.* Ich sehe, daß du den Satz auswendig kannst. Gut so, Jonas.

DER JUNGE: *liest auf griechisch und deutsch den Satz:* Alles nu das Jr wöllet das euch die Leute thun sollen das Thut jr jenen, das ist das Gesetz und die Propheten.

MELANCHTHON: *Wieder zu ›Camerarius‹:* Es ist jetzt drei Jahre her, etwas mehr, eine Winternacht, Mars und Saturn regierten die Stunde, daß er mir zum ersten Mal erschien, Servetus: Sein Leib brannte, aber die Augen standen weit offen. Er sah mich an, mit einem Ausdruck, wie ich ihn noch niemals sah. So, denke ich – er kommt immer wieder, in meinen Träumen, wenn die Sterne feindlich sind … so hat unser Herr ausgesehen, am Kreuz, als er die Schächer anredete … nein, das ist falsch! Denn Servet tröstet mich nicht; er will mich warnen: Stell dir vor, Magister Philippus, du stündest an meiner Stelle, mit deiner Confession zwischen dem brennenden Pfahl und deinen Schultern, und würdest Qualen leiden, wie du sie dir niemals ausgedacht hast, du frommer Mann in deiner Klause, wenn du ein Dokument unterschriebst, das die Obrigkeit aufforderte, Frauen und Männern und halben Kindern zum letzten Stündlein zu läuten. Hast du ein einziges Mal gefragt: Und wenn ich es nun wäre? Oder mein Weib? Mein Sohn? Meine Tochter?

Ich weiß, ich weiß, mein Joachim: Auch Erasmus hat

frohlockt, als Zwingli auf dem Schlachtfeld elendig starb. Aber – sei ehrlich! – entschuldigt das mich? Nein, da gibt's kein Verzeihen, eines Tags, wenn Servet mir gegenübersteht unter den Himmeln am Tag des Gerichts und der Herr über Leben und Tod den Satz Calvins verliest, der da lautet: »Mögen undankbare Menschen unsern Senat zu Genf in Staub zu ziehen versuchen: Es genügt, daß Magister Philippus diesem Senat in einer öffentlichen Schrift das Zeugnis ausstellte, er sei ein Muster der Gerechtigkeit: würdig, von allen christlichen Fürsten des Erdballs nachgeahmt zu werden.« *Zum Jungen:* Noch ein Schluck Wasser, Jonas, und die Medizin. Zehn Tropfen, du weißt.

DER JUNGE: Soll ich den Arzt ...? Er wartet unten im Haus

MELANCHTHON: Nein, laß ihn. Fürchte dich nicht, Kind. Wenn einer die Wahrheit gesagt hat, stirbst es sich leichter für ihn. Und dann – soll dieser Mann da *zeigt auf ›Camerarius‹* schreiben, wer sein Philipp Melanchthon in Wirklichkeit war: – ein Mann des Friedens zuallerletzt! Dafür war er zu ängstlich. Ein Zauderer, wie er im Buche steht: Schließlich wollte er's ja mit keinem verderben – nicht mit dem Kaiser, nicht mit Luther, nicht mit Erasmus; nur die Schwachen, die Mühseligen und Beladenen, an die er sich nicht anlehnen konnte, die hat er niemals geschont. Die waren ihm im Wege, wenn es galt, seine verfluchte Heilige Ordnung zu verteidigen, die Ordnung der Gestirne, an die er glaubte. Sternbild Wassermann – das sind Leute, mein Joachim, die wieder und wieder hören wollen, daß sie zu den Auserwählten gehören. Und dann die Ordnung der Gesetze, natürlich, die unantastbar wie die Sterne sind: Wer ihnen Widerstand leistet, dabei bleibe ich, zerstört die Harmonie der Welt. *Im Nachdenken versunken.*

Zeig mir noch einmal das Bild, Jonas. *Schaut sich auf-*

merksam jedes Detail an, die Zeichnung einmal hierhin, einmal dorthin wendend. Zu Jonas: Kannst du die Schrift übersetzen?

DER JUNGE: Viventis potuit Durerius ora Philippi. Mentem non potuit pingere docta manus. Dürer konnte ... *stockt*

MELANCHTHON: ... die Züge Philipps nach dem Leben zeichnen.

DER JUNGE: Den Geist konnte ...

MELANCHTHON: *Verbessernd:* ... den Geist aber konnte sie nicht zeichnen, die Hand. Die zweite Zeile läuft auf einen Gegensatz hinaus.

DER JUNGE: Den Geist aber konnte die gelehrte ...

MELANCHTHON: Sagen wir lieber: die *kundige* Hand.

DER JUNGE: *nicht* zeichnen.

MELANCHTHON: Glaubst du, daß der Text von Dürer ist?

DER JUNGE: Da er's doch gemalt hat, Herr.

MELANCHTHON: Aber nicht geschrieben. Ich nehme jede Wette an, das ist Humanisten-Latein. Da war ein Literat am Werk, ein Künstler, der weit auseinanderzieht, was nach den Regeln der Grammatik zusammengehört: viventis am Anfang und Philippi am Schluß einer Zeile, und dann die blitzende Antithese: ora und mentem. Wirst es schon noch begreifen, Jonas. *Der Junge trägt das Bild zurück.*

Seltsam, Joachim, sobald ich bei unserem Geschäft bin, der Philologie, dann vergesse ich Servet und Calvin. – Es hatte schon seinen Grund, warum ich partout kein Doktor der Theologie werden wollte, mich lieber an Cicero und Terenz hielt und am Ende sogar zum großen Aristoteles zurückgekehrt bin. Vielleicht, denke ich manchmal, war's doch ein Fehler, daß ich so lange hier in Wittenberg geblieben bin, im Norden, unter den Skythen. Und wenn ich nun nach England gegangen wäre, auf den Spuren Erasmi? Oder nach Dänemark, an den Hof, wie's dieser begabte, aber, ach so traurige Prinz, hieß er nicht Hamlet?, mir antrug? Warum tat ich es nicht? Das hast du auch vergessen, in deinem Manuskript. Es ist ganz einfach. Weil mein Horoskop mich vor Reisen in den Norden warnte und mir prophezeite, ich würde auf der Ostsee Schiffbruch erleiden. Nun, ganz so weit ist Wittenberg ja nicht von der Küste entfernt. Das Horoskop hat recht: Hier werde ich kentern, wer weiß, schon in der kommenden Nacht, wenn ich Servet zum letzten Mal sehe. *Spricht vor sich hin:* mentem non potuit pingere docta manus. Ein Irrtum, collega! Die gelehrte Hand vermag sehr wohl Melanchthons Geist zu beschreiben – wenn sie einem Camerarius gehört. Ich kann dir nicht helfen, mein Joachim, du wirst meine Beichte aufzeichnen müssen und wirst die Wahrheit sagen. Die Wahrheit – nichts als die Wahrheit! Schreib also: Ein Theologe war er nicht. Ein Künstler wie Dürer – der hat immerhin unserem Pirckheimer Paroli geboten! – erst recht nicht. Ein Literat also, Korrektor und Philolog: so hat's seine Ordnung. So *hätt's* seine Ordnung gehabt, wenn ich ungehorsam gewesen wäre: ungehorsam, wer weiß, nicht nur gegenüber den Sternen. Ein Mensch, der Bücher liest und Bücher schreibt, die Sprache für das höchste Gut hält, das Gott uns geschenkt hat, und darauf vertraut, daß die Vernunft sich am Ende doch durchsetzen werde: schön wär's gewesen, Camerarius, und Gott allein weiß, ob ich meinen Vorsatz, das Leben der Menschen zumindest um Fingersbreit zu verbessern, nicht im Gespräch unter Freunden, in der Druckerei, im Garten, in der Bibliothek eher hätte verwirklichen können als im Zentrum des Theologen-Gezänks. Stellvertreter unseres Doktor Martinus: ich fürchte, das war meine schlechteste

Rolle – und die undankbarste dazu! Joachim Camerarius' Freund aber und Vertrauter des einzigen Mannes gewesen zu sein, der – nein, widersprich mir jetzt nicht! – noch besser griechisch kann als Philipp Melanchthon: das war meine beste Rolle, auch wenn ich sie, Gott seits geklagt, nur ein einziges Mal habe spielen können – aber diesmal erfolgreich! Du weißt, wovon ich rede. *Zum Jungen:* Bette mich ein wenig höher, Jonas, alte Leute, zumal wenn sie krank sind, geraten leicht ins Stammeln. Senex balbutit – heißt?

DER JUNGE: Der Greis stottert.

MELANCHTHON: Na siehst du: Wer richtig aufpaßt, kommt schon voran. *Zu ›Camerarius‹:* Die beste Rolle. *Spricht weiter, als hätte dieser geantwortet.* Nein, laß auch im Guten nichts aus in deiner Biographie. *Einen* Stein im Brett möchte ich am Ende denn doch noch haben. Also schreib: Ohne Philipp Melanchthon hätte Martin Luther seine deutsche Bibel niemals anpacken können. Du nickst? Natürlich nickst du, weißt schließlich am besten, wie ich ihm geholfen habe, Tag für Tag, wenn er nicht weiterwußte und sich immer wieder in der Vulgata verkroch, die er fast auswendig konnte; aber griechisch konnte er nun wirklich nicht. Hätte ich ihn nicht gedrängt, *geh ans Geschäft auf der Wartburg:* Er hätte sich nicht an die Arbeit gemacht. Ich denke, ich bin ihm ein guter Lehrer gewesen, ein wenig zu streng vielleicht, er mochte das nicht, du verlangst immer zuviel, mein Philipp, von den jungen Leuten, in den Disputationen, hat er gesagt. Nun, man wird milder im Alter, nicht wahr, Jonas? *Oves balunt?*

DER JUNGE: Die Schafe blöken.

MELANCHTHON: Rectissime, puer. *Wieder zu ›Camerarius‹:* Vielleicht war ich wirklich zu streng und nicht so geduldig wie du, lieber Freund. Weißt du noch, wie wir darüber gestritten haben, ob *ependytes* nun Mantel heißt oder Hemd? Ich war für Mantel, du für Hemd, natürlich hattest du recht, und Doktor Martinus durfte sich guten Gewissens für deinen Vorschlag entscheiden. Johannes 21, Vers 7, wenn ich nicht irre. Bitte schlag's nach. *Sehr leise:* Und jetzt? Soll ich jetzt ein Amen sprechen, Lieber, weil alles gesagt ist, im Bösen und Guten, weil noch so viel gesagt sein will, aber die Kraft nicht mehr ausreicht? Wer weiß, vielleicht gibt es in den Himmeln – en tois ouranois, Luther hat das leider falsch übersetzt im Vaterunser – ein kleines Plätzchen, wo wir noch einmal zusammenkommen können, wir beiden, um das Loblied der Heiligen Sprache, unseres geliebten Griechisch zu singen, das uns erlaubt, mit den Evangelisten von Bruder zu Bruder zu reden, du und ich auf einer und derselben Bank in der Schule unseres Herrn. Und jetzt laß mich wirklich Amen sagen, denn ich vertraue darauf, daß alles geschieht, wie ich's dir auftrug. *Reicht ›Camerarius‹ das Manuskript, nachdem er Jonas abgewunken hat:* Ich möchte es ihm selbst geben. *Der Schatten aus dem Hintergrund kommt näher, mit einem großen Zeichenblock unter dem Arm.* Wie? Du bist es, Cranach? Nicht Joachim?

CRANACH: Camerarius ist abgereist, schon vor drei Tagen, als das Fieber nachließ, doch hat er mich gebeten, bei dir zu wachen und dich zu zeichnen, sobald …

MELANCHTHON: Ich verstehe. Auf dem Totenbett.

CRANACH: Es gibt Wunder.

MELANCHTHON: An die ich nicht glaube. Meine Stunde ist da. *Weist auf das Bild:* Zeig her. *Melanchthon, Cranachs Zeichnung genau betrachtend, in einer Haltung, die es dem Zuschauer erlaubt, die Fingerwege des sterbenden Reformators zu verfolgen, vom Kinn bis zum Haar:* Ja, das bin ich. Zeig es Camerarius und bitte ihn, ein Gebet für mich zu sprechen. Sag ihm: mit diesem Mann hier sei es vorbei. Das Bild lügt nicht. Und nun laßt mich allein. *Melanchthon faltet die Hände und spricht wieder mit kräftiger Stimme.* Jetzt wirst du erlöst von der Sünde, Philipp Melanchthon, von den Sorgen und, dies vor allem, von der Wut der Theologen. Du kommst zum Licht, du wirst Gott schauen, ihn und seinen Sohn, und du wirst die Geheimnisse erkennen, die du in diesem Leben nicht begreifen konntest: Warum wir, die Menschen, so geschaffen sind, wie wir sind, und nicht anders. Nicht so viel klüger, lieber Gott.

Vater in den Himmeln, laß die Zeit kommen und befördere sie, da Philipp Melanchthons Erben, um Verzeihung bittend, sagen werden: »Wer einen Menschen tötet, verteidigt nicht eine Lehre, sondern tötet einen Menschen. So einfach ist das.« *Sehr leise, der Tod ist nah, beinahe flüsternd:* Hab' Erbarmen mit mir, Servet.

NACHWEIS DER REDEN

Lob des Gesprächs

Rede zu »500 Jahre Tübinger Rhetorik« am 12. Mai 1997 in Tübingen

Nachdenken über Deutschland

Rede gehalten am 12. Februar 1995 in der Semperoper Dresden.

Deutschsein in Europa

Festvortrag zur Eröffnung der Europäischen Spielzeit 1992/93 am 20. September 1992 im Forum der Stadt Leverkusen

Ein doppelgesichtiges Städtchen: Nachdenken über Bayreuth

Rede zur Eröffnung des Festjahres »800 Jahre Bayreuth« am 6. Januar 1994 im Markgräflichen Opernhaus

Freiburg im Krieg – Memento

Rede zum 50. Jahrestag der Zerstörung Freiburgs im Kaisersaal des Historischen Kaufhauses in Freiburg am 27. November 1994

Ein Fest zwischen Gestern und Morgen

Festvortrag zum 300jährigen Jubiläum der Akademie der Künste und der Hochschule der Künste am 8. Juni 1996 in Berlin

Auf einen Komponisten: Paul Hindemith

Rede zum 100. Geburtstag Paul Hindemiths in der Berliner Philharmonie am 12. November 1995

Auf einen Politiker: Carlo Schmid

Rede am 3. Dezember 1996 in Tübingen

Auf einen Schriftsteller: Wolfgang Hildesheimer

Rede zum 80. Geburtstag Hildesheimers am 8. Dezember 1996 in der Berliner Akademie der Künste

Auf einen Theologen: Hans Küng

Rede am 12. Februar 1996 in Tübingen (Erstdruck im Band *Dialog mit Hans Küng*, München 1996. © Piper-Verlag)

WALTER JENS: SCHRIFTENVERZEICHNIS

Das weiße Taschentuch. Erzählung. Hamburg 1947 (Pseudonym: Walter Freiburger)

Nein. Die Welt der Angeklagten. Roman. Hamburg 1950

Der Blinde. Roman. Hamburg 1951

Vergessene Gesichter. Roman. Hamburg 1952

Der Besuch des Fremden. Hörspiel. 1952. In: Sechzehn deutsche Hörspiele. Auswahl und Nachwort von Hansjörg Schmitthenner. München 1962

Der Mann, der nicht alt werden wollte. Roman. Hamburg 1955

Die Stichomythie in der frühen griechischen Tragödie. München 1955

Hofmannsthal und die Griechen. Tübigen 1955

Ahasver. Hörspiel. Hamburg 1956

Das Testament des Odysseus. Erzählung. Pfullingen 1957

Der Telefonist. Hörspiel. In: Hörspielbuch 1957. Frankfurt a.M. 1957

Statt einer Literaturgeschichte. Pfullingen 1957

Moderne Literatur – moderne Wirklichkeit. Pfullingen 1958

Ilias und Odyssee. Nacherzählt von Walter Jens. Ravensburg 1958

Die Götter sind sterblich. Tagebuch einer Griechenlandreise. Pfullingen 1959

Deutsche Literatur der Gegenwart. Themen, Stile, Tendenzen. München 1961

Zueignungen. 11 literarische Porträts. München 1962

Herr Meister. Dialog über einen Roman. München 1963

Literatur und Politik. Pfullingen 1963

Euripides. Pfullingen 1964

Die Verschwörung. Fernsehspiel. München-Grünwald 1969

Von deutscher Rede. München 1969. Erweiterte Neuausgabe: München 1983

Die Bauformen der griechischen Tragödie. Hg. von Walter Jens. München 1971
Am Anfang der Stall – am Ende der Galgen: Jesus von Nazareth, seine Geschichte nach Matthäus. Stuttgart 1972
Der barmherzige Samariter. Hg. von Walter Jens. Stuttgart 1973
Fernsehen – Themen und Tabus. Momos 1963–1973. München 1973
Die Verschwörung. Der tödliche Schlag. Zwei Fernsehspiele. München 1974
Der Fall Judas. Stuttgart 1975
Der Ausbruch. Libretto. Tübingen-Bebenhausen 1975
Republikanische Reden. München 1976
Eine deutsche Universität. 500 Jahre Tübinger Gelehrtenrepublik. In Zusammenarbeit mit Inge Jens. München 1977
Zur Antike. München 1978
Assoziationen. Gedanken zu biblischen Texten. Hg. von Walter Jens. Stuttgart 1978–1983 (8 Bände)
Um nichts als die Wahrheit. Deutsche Bischofskonferenz contra Hans Küng. Hg. von Walter Jens. München 1978
Aischylos: Die Orestie. Eine freie Übertragung von Walter Jens. München 1979
Warum ich Christ bin. Hg. von Walter Jens. München 1979
Literatur und Kritik. Aus Anlaß des 60. Geburtstages von Marcel Reich-Ranicki. Hg. von Walter Jens. Stuttgart 1980
Ort der Handlung ist Deutschland. Reden in erinnerungsfeindlicher Zeit. München 1981
Die kleine große Stadt Tübingen. Bildband. Photos von Stefan Moses und Joachim Feist. Texte von Walter und Inge Jens. Stuttgart 1981
Frieden. Die Weihnachtsgeschichte in unserer Zeit. Hg. von Walter Jens. Stuttgart 1981
In letzter Stunde. Aufruf zum Frieden. Hg. von Walter Jens. München 1982
Der Untergang. Nach den Troerinnen des Euripides. München 1982
In Sachen Lessing. Vorträge und Essays. Stuttgart 1983
Kanzel und Katheder. Reden. München 1984

Momos am Bildschirm 1973–1983. München 1984
Vom Nächsten. Das Gleichnis vom barmherzigen Samariter heute gesehen. Hg. von Walter Jens. München 1984
Roccos Erzählung. Zwischentexte zu »Fidelio« von Ludwig van Beethoven. Stuttgart 1985
Studentenalltag. Hg. von Walter Jens. München 1985
Dichtung und Religion. Zusammen mit Hans Küng. München 1985
Die Friedensfrau. Nach der Lysistrate des Aristophanes. München 1986
Theologie und Literatur. Zum Stand des Dialogs. Zusammen mit Hans Küng und Karl-Josef Kuschel. München 1986
Deutsche Lebensläufe in Autobiographien und Briefen. Zusammen mit Hans Thiersch. Weinheim 1987
Das A und O. Die Offenbarung des Johannes. Stuttgart 1987
Feldzüge eines Republikaners. Ein Lesebuch. München 1988
Anwälte der Humanität. Thomas Mann – Hermann Hesse – Heinrich Böll. Zusammen mit Hans Küng. München 1989
Juden und Christen in Deutschland. Stuttgart 1989
Reden. Leipzig und Weimar 1989
Die Zeit ist erfüllt. Das Markus-Evangelium. Stuttgart 1990
Dichter und Staat. Über Geist und Macht in Deutschland. Eine Disputation zwischen Walter Jens und Wolfgang Graf Vitzthum. Berlin, New York 1991
Am Anfang der Stall, am Ende der Galgen. Das Evangelium nach Matthäus. Mit Ill. von HAP Grieshaber. Freiburg/Br. 1991
Und ein Gebot ging aus … Das Lukas-Evangelium. Stuttgart 1991
Schreibschule. Neue deutsche Prosa. Angeregt, betreut und herausgegeben von Walter Jens. Frankfurt/M. 1991
Das A und das O. Die Offenbarung des Johannes. Mit Originalholzschnitten von Karl-Georg Hirsch. Rudolstadt 1991
Ein Jud aus Hechingen. Requiem für Paul Levi. Stuttgart 1992
Die sieben letzten Worte am Kreuz. Neuried (Obb.) 1992
Einspruch. Reden gegen Vorurteile. München 1992
Die Friedensfrau. Eine Lesebuch. (Reclam-Bibliothek Nr. 1300). Leipzig 1992

Mythen der Dichter. Modelle und Variationen. München 1993
Am Anfang das Wort. Das Johannes-Evangelium. Stuttgart 1993
Zeichen des Kreuzes. Vier Monologe. Stuttgart 1994
Walter Freiburger [d.i. Walter Jens]: *Das weiße Taschentuch.* Mit 18 Originalholzschnitten von Martin Felix Furtwängler. Berlin und Leipzig 1994
Vergangenheit gegenwärtig. Biographische Notizen. Zusammen mit Inge Jens. Stuttgart 1994
Menschenwürdig sterben. Ein Plädoyer für Selbstverantwortung. Zusammen mit Hans Küng. München 1995
Statt einer Literaturgeschichte. Dichtung im zwanzigsten Jahrhundert. Düsseldorf 1997